大專用書

日本中世近世史

林明德 著

三民書局 印行

國家圖書館出版品預行編目資料

日本中世近世史 ／ 林明德著. -- 初版 -- 臺北
市：三民, 民89
參考書目
　面；　公分
ISBN　957-14-3114-1(平裝)

1. 日本 – 歷史 – 中世(1185-1600) 2. 日本-歷
史 – 近世(1600-1868)

731.24　　　　　　　　　　　88015880

網際網路位址　http://www.sanmin.com.tw

著作人　林明德
發行人　劉振強
著作財　三民書局股份有限公司
產權人　臺北市復興北路三八六號
發行所　三民書局股份有限公司
　　　　地址／臺北市復興北路三八六號
　　　　電話／二五○○六六○○
　　　　郵撥／○○○九九九八──五號
印刷所　三民書局股份有限公司
門市部　復北店／臺北市復興北路三八六號
　　　　重南店／臺北市重慶南路一段六十一號
初版　　中華民國八十九年五月
編號　　S 73008
基本定價　伍元陸角
行政院新聞局登記證局版臺業字第○二○○號

© 日本中世近世史

ISBN 957-14-3114-1 (平裝)

序　言

　　日本歷史是世界歷史的重要構成部分，戰後日本經濟的發展為
世人所矚目，日本各方面的發展變化與中國關係極為密切。因此，
為了瞭解和研究日本歷史，有助於把握日本歷史發展的脈絡，甚至
對於加強雙方經濟文化的合作交流，亦有供作互為借鑑的意義。但
史學界研究日本歷史的成果不豐，尤以斷代史專著為甚，迄今仍乏
日本中世、近世之作，這是本書付梓的緣由。

　　日本史上的中世史，是指武士階級進行樹立封建制度的時代，
亦即前期封建社會。其間武家(buke)排斥了公家(kuge)的統治，樹立
了封建統治體制。中世約四百年可依政治權力的交替而分成鎌倉、
南北朝、室町等各時代，其間不僅政權的所在地移動，連政治與社
會的結構亦有很大的變化。

　　源賴朝於西元1192年任征夷大將軍，即建立幕府體制，鎌倉成
為武家政治的中心。鎌倉幕府的成立乃是武家取代貴族政權而創立
的武家政權。

　　其後由於源氏勢衰，有力御家人北條氏掌權，實行執權政治。
至西元13世紀後半期，蒙古軍二度襲日，給予日本政治、經濟、社
會很大的影響。

　　14世紀的南北朝動亂時期，在社會上造成了很大的變動，承此
而興起的室町時代，確立了武士的霸權。但室町幕府較之鎌倉幕府
的基礎更為薄弱，自始即苦於守護大名（諸侯）的叛亂。室町幕府
在激烈的下剋上的風潮中逐漸喪失其權威。及至室町幕府政權崩潰，

地方群雄並起，遂成為戰國爭亂之世。

16世紀末，織田信長、豐臣秀吉結束分裂的日本，奠立統一全國的基礎，開啟了近世時代的序幕。織田‧豐臣（安土、桃山）時代，傳入基督教和鐵砲，改變了日本的歷史。

德川家康承繼織田、豐臣的遺業，完成統一，確立了封建統制的幕藩體制。家康等三代將軍奠定了幕府鞏固的基礎，不但強有力的統制全國大名，且控制了朝廷與寺社的勢力。德川幕府在政治上建立了封建統治體制，經濟上亦相當發達。復因武士之聚居城下町、「交替參觀」制度的實施，促進了商業、都市與交通的發達。

自16世紀中葉傳來的基督教，以及「南蠻貿易」，給予日本文化、經濟相當大的影響。但幕府戒懼基督教與海外貿易的負面影響（反封建因素），而實施鎖國政策，結果壟斷了海外貿易。

日本文化雖有其獨特性，但其與中國的關係異常密切。學界研究日本與中國關係的著作如鳳毛麟角，對有承先啟後，極具歷史研究價值的「中世」與「近世」更是忽略。遺憾的是對中世、近世數百年間歷史的研究，過分集中於日本與西方的交往而忽略了與中國的關係。本書旨在彌補此一缺陷。

本書所敘述的時間，上自1192年鎌倉幕府之成立，下迄1868年江戶幕府之滅亡。全書分成中世與近世兩部分，中世史共分三章十一節，近世史共分四章十五節。本書著意在概括日本中世史、近世史的全貌作一提綱挈領、重點式的敘述，並對此一時代的政治、社會文化與經濟詳加闡述，俾有助瞭解日本封建時期的歷史文化背景。

林明德

於南港中央研究院近代史研究所

2000年4月

日本中世近世史

目　次

第三章　封建政治的展開

第四章　戰國時代

第二部　近世史

第一章　統一政權的成立

第二章　幕藩體制的確立

第一部

中世史

　　　世界史上的中世，乃是確立了封建制度的時代，但日本史
上的中世史，則是指武士階級進行樹立封建制度的時代，亦即
前期封建社會。其間武家(buke)排斥了公家(kuge)的統治，樹立
了封建統治體制。

　　　日本的中世約四百年，可依政治權力的交替而分成鐮倉、
南北朝、室町等各時代，其間不僅政權的所在地移動，連政治
與社會的結構亦有很大的變化。

　　　12至13世紀的鐮倉時代，在東國（近畿以東，即關東）產
生了武家政權，但京都依然存在著全國性的政權朝廷，土地與
人民仍處於封建莊園體制之下。

　　　14世紀的南北朝動亂時期，在社會上造成了很大的變動，
承此而興起的室町時代，確立了武士的霸權。至此政權事實上
歸諸於武士之手，莊園體制亦開始崩潰，成立了守護大名的守
護領國制。至16世紀的戰國時代，確立了戰國大名的分國統治。

　　　此際莊園內部有農民之成長，都市工商業者的活動亦極活
潑。貨幣經濟日益進展，京都町眾（商人與町組織下住民）的
活動與堺的特權商人取得了自治權。

　　　在文化上武士與庶民逐漸得以發揮，出現公武二元性之克
服與庶民文化的抬頭。鐮倉文化仍是傳統公家文化的主流，而
室町文化則屬於武家文化的創造時期，尤其繼北山文化之後的
東山文化，強烈顯示其受禪宗的影響。鐮倉文化最顯著的是庶
民性的強化，到了室町時代更展現了庶民文化的發展。

第一章　封建制度的成立

序言——中世文化的特徵

　　世界史上的中世，乃指古代之後，歐洲近代社會成立以前的時代。此一時代世界各地成立了幾個文化圈，各自形成其獨自的社會與文化。亞洲方面，中國大陸有蒙古人滅亡宋朝，建立元朝，旋有漢民族的明朝代元而起。朝鮮半島雖然高麗服屬於元，其後則成立了李氏王朝。

　　日本史上的中世，乃指12至16世紀之間鎌倉、室町幕府時代，此一時代是新興的武家（武士階級）取代了過去的統治者「公家」❶，建立了封建制度的時代。

　　12世紀末，繼平氏政權之後，源賴朝於1192年建立鎌倉幕府的體制，鎌倉成為武家政治的中心。鎌倉幕府的成立乃是武家取代貴族政權而創立的武家政權。鎌倉幕府是以土地為媒介，結合將軍與「御家人」❷的主從關係（封建關係）為基礎所建立的政權。在文化上，除了原有的公卿文化，加上武家文化的抬頭。在宗教方面，救世的佛教，因為鎌倉佛教的誕生而廣泛的成為庶民所信仰。

　　其後源氏勢衰，有力御家人北條氏掌權，實行執權政治❸。至

❶　公家(kuge)，亦稱公卿，即三位以上的朝臣。

❷　源賴朝麾下的關東地方的武士稱為御家人(gokenin)。

❸　北條氏藉機掌權，任政所別當（長官），稱之為「執權」，即宰相之意。執權獨斷的政治稱之為「執權政治」。

13世紀後半，蒙古軍二度襲日，給與日本政治、經濟、社會很大的影響。

鎌倉幕府之後，皇室原欲乘機收回政權，一時奏效，進入建武中興，但僅能維持短暫的政權，旋又演變成南北對立五十餘年之局。

14世紀後半，經過南北朝對峙的動亂，進入室町時代。足利氏在京都開設室町幕府，成為第二個武士掌權時代。但室町幕府較鎌倉幕府的基礎更為薄弱，自始即苦於守護大名❹的叛亂。

統治時期超過二個世紀的室町政權，是武家壓倒公卿的時代，無論在政治、文化上，武士儼然已確立其優越的地位。14世紀末室町時代的北山文化，乃是室町幕府第三代將軍足利義滿創建金閣寺所象徵的文化，充分顯示吸收公卿文化而發展的武家文化的成長。接著在15世紀末，有東山文化的展開，這是第八代將軍足利義政所建造的銀閣所代表的文化，表現出禪僧具有恬淡優美的武家文化。

室町幕府在激烈的「下剋上」風潮中，逐漸喪失其權威。及至應仁之亂（15世紀中葉）起，幕府政權崩潰，地方群雄並起，遂成為戰國亂世。

從另一方面來看，室町時代乃是庶民抬頭的時代。庶民亦能參加而享樂的藝能，能、狂言與連歌❺等，表示一般市民與農民逐漸成長為文化主角的過程。16世紀的戰國動亂時期，「中央」的文化，經由連歌師與僧侶之手，普及到各地，而南蠻人（西洋人）之航抵日本，傳入西歐文化，更注入嶄新活力的文化氣息。

---

❹ 守護大名(daimyo)，即各地的諸侯。

❺ 連歌是日本詩歌的一種體裁，由二人以上分別輪流吟咏上下句，通常以一百句為一首。

第一節　天皇與攝關政治的鬥爭

一、藤原氏專權與攝關政治

　　自遷都平安京之後，朝廷逐漸喪失其軍事力量，9世紀中葉，更失去統制地方豪族的力量，以致盜賊橫行，變亂頻傳，連中央政府亦不斷發生貴族間的明爭暗鬥❻。在此鬥爭過程中，藤原氏為首的外戚集團，逐漸控制了朝廷的大權。

　　藤原氏的發跡是9世紀初，藤原冬嗣得嵯峨天皇的信任，與皇室締結姻親關係開始。到了9世紀中葉，由於清和天皇幼年即位，藤原良房遂得以外戚（天皇的外祖父）和攝政的雙重身分攬權❼，並利用「承和之變」❽，排除異己，掌握實權。其養子藤原基經，復得「關白」❾之職，藤原氏北家❿勢力驟盛。9世紀中葉以後，藤原氏

---

❻ 紛爭並非外在的叛亂，而是在狹窄的宮廷內部發生的連續性陰謀，對國家基本政策毫無關連，而有公私混淆之概。

❼ 藤原良房不僅取得天皇的外戚身分，而且製造了一連串的政治事件，壓抑其政敵，終由右大臣一躍而為太政大臣（857年）。旋又以太政大臣身分為清和天皇之攝政（866年，正式獲得攝政的稱號）。依據律令制，太政大臣為一人（天皇）之師，四海之儀，並無具體的職掌，至此卻成為總攝庶政，無異創設了攝政的官制。藤原良房便以太政大臣和外戚的雙重身分獨攬大權。

❽ 承和之變係藤原良房策劃擁立道康親王的陰謀。藤原良房為了擁立與其有血緣關係的皇太子，以便控制皇權，遂以叛亂罪逮捕伴健岑以及但馬權守橘逸勢，誣告其奉恒貞親王，陰謀起事。並迫使朝廷宣布罷黜恒貞親王，另立藤原良房的外甥道康親王為皇太子。

更得寸進尺，開始覬覦中央大權，企圖篡奪朝政大權，建立藤原氏專政。

藤原氏為了鞏固其地位，採取各種手段，打擊異己，排除敵對勢力。人臣任攝政，過去並無此例，且不用攝政的名號，但因866（貞觀8）年應天門之變❿，藤原良房乘政界動搖的機會，得攝政之詔，成為名實相符的攝政。

藤原良房父子相繼取得國家最高的職權，奠定了藤原氏北家攝關政治的基礎。獲得此一地位，復為天皇的外戚、姻親，終於取得了最高的權位。

藤原良房病死（872年）後，其養子藤原基經反對清和天皇親臨朝政，甚至以性情兇暴為由，逼退清和天皇，擁立年僅九歲的皇太子（藤原基經的外孫，稱陽成天皇）登基，遂以外舅身分攝政。嗣又為了壓抑反藤原氏勢力，罷黜陽成天皇（884年），擁立年已五十五歲的時康親王（稱光孝天皇）登基⓬，足見關白藤原氏影響力之

---

❾ 關白原是批覽太政官文書，將之稟奏天皇的官職。但古代的政治，文書是聯繫上下，傳達中央與地方的主要手段，因此，關白的權限日益膨脹。

❿ 藤原氏原姓中臣，因其在大化革新時有功，由天皇賜姓藤原。藤原良房次子藤原不比等曾參與制定「大寶律令」，其女光明子則送往宮中為聖武天皇之皇后，遂得以外戚身分，居朝廷要職，奠定了藤原氏隆盛的基礎。旋又分成「藤原四家」，其中唯獨北家一枝獨秀。

⓫ 朝廷舉行重要儀式的朝堂院正門突然發生大火。大納言（官名）伴善男因與左大臣源信長期不和，乃與藤原氏勾結，証指源信放火。源信為此含冤而死，伴善男則升左大臣。但不久，伴善男父子卻被密告指其為火燒應天門的元兇而被捕，全家均遭株連。其實，此一事件是藤原氏一手策劃，排除異己的預謀。

⓬ 時康親王老年登基，感激基經之擁立，甘當傀儡，讓藤原基經攝政。

大。

繼任的宇多天皇，懾於藤原基經的威勢，詔令一切政務「皆關白於太政大臣」，確定太政大臣的任務。至此，由藤原氏所開創，凡是天皇年幼時設置攝政以為輔佐，天皇長大成人後，置關白以綜理萬機的先例，形成了以外戚資格掌握國家政權的特殊政體。

其實，無論攝政或關白，都是天皇私人的輔佐，卻反而攫取了天皇的權力，並由藤原氏一家世襲。顯然的，攝關政治❸是律令政治的變型，為日本歷史上特有的一種政治體制，不啻為大化革新以來所建立律令政治制度的瓦解。

及至藤原基經死後，攝關政治一時中斷（891～929年）。宇多天皇為了壓抑藤原氏的勢力，不再設置攝政或關白，起用善體民情的漢學家菅原道真為右大臣，與藤原基經之子藤原時平（左大臣）共事，以圖恢復天皇親政。但藤原氏卻於繼任的醍醐天皇（879～929年在位）時進讒言，誣告菅原道真策劃廢帝的陰謀，罷黜菅原道真（被貶為九州太宰府權帥），於是朝廷大權再度落入藤原氏之手。

醍醐天皇與村上天皇（946～967年在位）在藤原忠平死後不再設關白之職，而自理萬機，致力整頓律令體制，禁奢侈，獎節儉，

---

❸ 「攝政」、「關白」之詞，皆出自中國史籍「成王既幼，周公攝政」及「諸事皆先關白光，然後奏御天子」等句。日本的「攝關政治」則比中國的外戚專權，宦官當政，重臣執柄更為顯要。藤原氏世襲的攝政、關白，不僅只是擅權當政，甚至操縱天皇的廢立。朝廷日常政務雖仍由太政大臣主持的公卿會議審議，但最後的決定，仍須得到攝政、關白的批准，然後才讓天皇發布詔書。難怪藤原氏自譽「攝關即天子」。顯然，攝關的地位凌駕於天皇之上。當時的貴族社會，母方的血緣關係極被重視，因此，輔佐天皇的人選，均倚重外戚。律令政治乃是天皇透過太政官指揮中央與地方的官吏，統馭全國的體制，攝關政治正亦屬於此一模式。

　　然其努力卻不足以挽回既倒的律令體制。

　　至969年，藤原實賴以天皇病弱為由自任關白，排斥異己，排除左大臣源高明。此後攝政與關白便成為常設的官職，且為藤原北家所獨占，於是確立了藤原氏專權的獨裁體制。

　　藤原氏勢力最大的是11世紀的藤原道長及其子藤原賴通的時代。攝關家族內部雖有權力鬥爭，但在藤原道長時大致已安定。藤原道長在政治上利用與皇室的聯姻 ❹，加強其對朝政的控制，掌權達三十年之久。後一條天皇以下三代天皇，皆為藤原道長的外孫，繼道長之後的藤原賴通，在這三位天皇時代，任攝政、關白長達五十年之久。攝政、關白掌權時期10世紀後半至11世紀的政治，稱之為攝關政治時代。

　　攝關家奠立於律令國家的官僚機構之上，以其廣闊的莊園為經濟基礎，發號施令，以致大權旁落於權臣之手。

　　經過藤原道長、賴通父子兩代長達八十年之久的專權達到巔峰。藤原氏的私邸成為國家議政的權力中心，其家政機關「政所」等於朝廷，朝廷反而成為只是舉行儀式的場所。這是攝關政治的重要特色。

　　藤原氏勢力的抬頭，不僅控制朝政，且又操縱地方的「國司」❺，形成上下結合的政治體制。藤原氏外戚專權，顯示貴族勢力的抬頭，中央集權的政治體制，已因皇權的旁落而名存實亡。

　　但在攝關政治時代，朝廷的政治已成為重視先例與儀式，因此少有專制的政治或積極的方策。反之，政治腐化，官箴極為紊亂，

---

❹　藤原道長曾先後將自己的三個女兒立為皇后，與此前後，連續有八個天皇都是藤原氏的外甥或外孫。藤原氏還制定了家規，女兒懷孕必須回到藤原氏邸宅，分娩、育嬰亦在母家。由於天皇自幼便受到攝關家的庇護，成年後自然會受到挾制。

❺　中央直屬的地方官。

公私混淆，大多熱衷於天皇或攝關家族的榮衰，卻對國家大事和公共政策缺乏政治使命感❶。

攝關政治確非一種進步的政治體制❶，藤原氏以血緣關係、外戚身分控制皇室，獨攬大權。攝關家族占據了朝廷大部分的要職，甚至連朝廷的最高政務機關——公卿會議，亦仰賴藤原氏的最後裁決。至此，律令制度下的太政官制，乃受到削弱而形同虛設。

二、院政

(一)院政的成立

所謂院政，是指天皇讓位而自稱上皇，卻仍在「院」中執政的一種變態的政治形態，這是取代攝政、關白的一種政治體制。

當各地爭亂不斷，各方倚恃源氏與平氏的私人武力之際，中央政界開始有了變動。因攝關政治長期存在的結果，出現了反藤原氏勢力，而院政之成立實由於攝關政治的挫折❶，天皇親政與地方武士自立現象而來。

長久以來，天皇幼小時，由外戚的藤原氏為攝政，執掌政務為慣例，至堀川天皇時，之所以行院政，理由是基於母系尊親，取代了攝關政治，而以父系尊親政權之優越。雖然此時藤原師實為攝政，但後三條天皇（1034～1073年）卻與藤原氏無血緣關係❶。因此天皇的親政，削弱了攝關的地位與實權，連藤原氏本身的基礎亦開始

❶ 1019年，對馬、壹岐等地被中國東北的女真族侵襲，藤原道長卻未採取有效的因應對策。

❶ 攝關政治的規模小，公私混淆為其特色。

❶ 攝關家的財政主要依靠捐獻莊園的社寺、貴族，但貴族卻已無緣躋進中央政治，且由於莊園之濫設與擴大，私人收入來源亦受影響，而對攝關政治懷抱不滿。

❶ 他是10世紀60年代冷泉天皇以來，唯一與藤原氏沒有姻親關係的天皇。

動搖。

藤原氏外戚集團的專權，加深了政治集團內部的對立，必然遭受皇室的怨恨和不滿。攝關政治的主要依據，是天皇為攝關家的外孫，但時年已三十五的後三條天皇，不願充當攝關政治的傀儡，力圖擺脫藤原氏的控制，為反藤原氏的各種勢力的結合，提供了有利的機會。他恢復天皇親政，決意刷新政治，匡正賣官風氣，並積極整理莊園，以加強皇權。

為了打破藤原賴通對朝政的壟斷，後三條天皇重用自己的親信，任村上源氏的源師房與藤原實政為輔佐，更於1069（延久元）年，發布莊園整理令，全面整頓藤原氏所屬的莊園，頗著成果。參與此舉的，大都屬於村上源氏與「受領」❷ 階層，可見其對藤原攝關家的對抗意識。復於1072（延久4）年，制定公定的升斗 ❹，作為整頓莊園的根據，將歸公的莊園劃歸上皇的「院領」。但依當時天皇的身分，卻無此權限，蓋其不能隨心所欲的貫徹其旨意❷。因此，在位僅四年， 即於1072年讓位於白河天皇。 並於退位不久即開設 「院廳」 ❷， 以壓抑攝關勢力，卻於翌年病死。

繼任的白河天皇，在位十三年後，於1086（應德3）年讓位給堀河天皇，卻亦擁護幼小的天皇，自稱上皇❷，任命院官，實施院政。

---

❷ 實際到派任之「國」去處理政務的「國司」（中央直屬的地方官），稱為受領(zuryō)。在平安中期，由於中央官職俱為藤原氏所獨占，就使中下階層的貴族不得不往地方發展，而親任國司之職。以當地徵收之租稅累積財富，並以其雄厚的經濟力量為後盾，進出政界，成為院政的經濟支柱。

❹ 定量穀物的升斗，稱之為「宣旨升」。

❷ 朝廷的一切旨意，均須通過攝關才能下達。

❷ 其設置始於9世紀嵯峨天皇退位時建立的後院（冷泉院）。從10世紀末，圓融上皇時才開始使用「院廳」一詞。

經堀川、鳥羽、崇德三代天皇凡四十三年（1086～1129年）仍於院中聽政。

白河上皇為鞏固皇室的權威，摒棄攝關家的控制，在居住的宮殿建立院廳。院廳設有別當、執事、判官、藏人等官員，負責處理院廳事務，並組織「北面武士」❷，擔任院廳的保衛工作。院廳官員都是上皇的近臣，一般都是中、下級官僚。

實施院政時，上皇所頒布的命令，以「院宣」等方式下達，其權威高於天皇的詔敕。原屬太政官的政務，雖經由公家會議議定，但最後的抉擇，卻由上皇掌握。朝廷官吏的任命，敘勳大權也由上皇決定操縱，上皇的權力高於一切。此後約百年，上皇均行院政，攝關家族的勢力日衰。這在日本史上稱為院政時代。

上皇壓抑天皇而干預政治的例子，8世紀已可看到，但只不過是短暫的現象而已。上皇本身稱為「治天之君」，而被視為取代天皇權威的根源。在攝關政治時期，攝政、關白的權威來自天皇，因此仍以天皇的權威為背景；但院政的權威則來自上皇，而上皇又偏限於天皇的尊親，足見院政與其說是國政的，不如說是具有家長的性格。

院政的形成，表面上是由於皇室和外戚之間的矛盾所引起，但實際上卻反映中下層官僚與大貴族之間的對立。後三條天皇整頓莊園，正是得到對藤原氏專權不滿的中下層官僚的支持。這些中下層官僚，為了取得藤原氏專權的經濟基礎——莊園，改善自己的經濟地位，轉而支持後三條天皇壓抑藤原氏莊園勢力的舉措，以反抗藤原氏的專權。支持院政政權，參與院政的是對抗藤原氏的公卿，尤其源氏。

11世紀中葉，藤原氏占公卿的大部分，在白河上皇院政下的12世紀初，其勢力已大減，取而代之的是源氏的進出。但積極參加，

❷ 上皇出家後稱法皇。

❷ 因其居於上皇邸北面而稱之。

構成院政近臣的是，在攝關政治下屬於中下級身分的貴族。

院政與攝關政治具有各種不同的階級與經濟基礎。攝關政治的經濟基礎是莊園，院政則是知行國制❷，即以一國（地方行政單位）為對象，賦予個人行政權或徵收租稅之權，無異是國家解體的徵兆。

院政的經濟基礎是擁有廣大的莊園。由於院政積極整頓莊園，莊園領主極感不安，惟有倚恃較攝關、天皇更有力的強大政權——院（上皇），因而導致莊園的集中，使院領莊園急遽的擴大。此外，對有力貴族或大寺院捐獻的莊園遽增，豁免租稅的莊園當日益增加，莊園的獨立性當更為加強。

由於上皇篤信佛教，導致僧兵❷的增強。僧兵隨著統制僧人的「座主」或「別當」（主管宗教的長官）權威衰落，進而有左右寺院行政之勢，終於成為寺院的武力，擴展其與其他寺院的爭鬥，甚至向朝廷進行「強訴」❷，使朝廷束手無策，而不得不接受其無理的要求。僧兵的勢力日益擴張，屢與國司相爭，畏懼神佛之力的貴族，無法抗拒，唯有倚賴不畏懼神佛的武士，這就是武士勢力抬頭的主要原因。

(二)院政的意義

院政時代，藤原氏的專權勢力受到排擠和打擊，皇族出身的源氏從藤原氏手中奪回了被篡奪的權力。如後三條天皇時，中央二十四名公卿中，藤原氏竟占有十四、五人，而皇族出身的源氏僅占六

---

❷ 所謂知行國(chigyōkoku)，乃是將一國（省）的行政權、徵稅權，在一定期間內賦予特定的個人的一種政治制度。

❷ 寺院、神社的莊園，為了自衛，組織了僧兵。延曆寺、興福寺、東大寺等勢力強大的寺院，更將多數莊園徵調的農民與下級僧侶（有別於修學的學僧）組織成數千名僧兵。

❷ 僧兵常搬出貴族所最畏懼的神的威勢，如春日神社抬出神木、延曆寺奉日吉神社的神輿進入京都，向朝廷「強訴」(gōso，靜座抗議)。

～九人。1103年，皇室與藤原氏勢力發生了逆轉，在二十四名公卿中，源氏出身者已超過半數，完全壓倒了藤原氏的勢力。

院政和攝關政治都是保守的大官僚貴族專權。院政擁有很多的領邑，很快獲得多數莊園。每當提倡莊園制整理令，就呈現出一次莊園集中於院政的現象。院政的上皇與攝關一樣，大都好大喜功，對於營建華麗的行宮極為熱衷，且盡情的追求享受，因而日趨腐化墮落。白河上皇與鳥羽上皇等信仰佛教甚殷，出家為法皇之後，更熱衷於寺廟的興建，舉行大規模的法會，耗費不貲。為了彌補財政的大量消耗，因此賣官鬻爵之風甚盛，院政日趨紊亂，最後釀成保元、平治之亂。

院政在古代國家體制面臨危機的鎌倉初期，具有代表寄望倚恃經濟基礎的莊園領主（貴族階級）利益的政權性格，而有趨向倒幕的必然性。院方為了確立其絕對的權力，最重要的是集結足以與幕府對抗的武力，遂在北面武士之外設置西面武士，而致力於與寺院僧兵勢力連繫的後鳥羽上皇，於1210（承元4）年，迫使土御門天皇讓位給順德天皇，以圖統一公卿政權內部的勢力，以推動倒幕計劃。

總之，院政乃是在古代貴族政治體制，無法以攝關政治的形態繼續維持的情況下，在統治階級內部發生分裂，在相互抗爭之中，以上皇專制的形式所成立的政治形態。院政可說是從古代的統治形態到農村的變化為背景，產生新武士階級的抬頭，旋即創立武家政權的一種過渡的政治形態。

第二節　武士的興起

一、武士的經濟基礎

　　律令國家的土地公有制度，所採取的是班田收授法，但到了平安時代，由於人口增加，口分田❷之不足，以及班田制❸手續之煩瑣而衰退。既不實施班田制，口分田長期被同一人擁有而產生了土地私有觀念，於是發生偽造戶籍記載而保持多量的口分田，或偽稱逃亡而逃避賦稅的傾向愈為盛行。至此，以土地公有制為基礎的國家財政乃發生破綻。

　　823年，土地制度改為設定官田，或省、寮等新的土地經營方式。公營田很快消失，但官田卻逐漸趨向莊園❸化。莊園是在743年發布「墾田永世私財法」，獎勵墾田以後才產生。至於田畝的開闢與經營，係由莊園所有者僱傭「公民」耕種，或採取放租的方式進行。

　　另一方面，奈良時代開始的墾田卻更為盛行。墾田大多經由一般農民之手而開發，但由於開墾需要一筆龐大的資金與勞力，多數人既無法負擔，遂由貴族與寺社（廟）經營。皇室本身則以親王賜

---

❷　口分田即依唐制，按人口分授的土地制度。

❸　班田制是律令制度下的土地制度。倣照唐朝的均田法，將耕地劃歸國有，平均分配給人民的土地制度。

❸　所謂莊園，乃指莊園地主受到律令國家的委任，向莊園徵收田租，經營其農園的一種土地制度，即存在於8世紀至16世紀的一種土地形態。這是以稻田為主的私有地地主，大多為居住於京都附近的貴族、寺院、神社或官吏。通常在當地設置莊官經營，稱其土地為莊，故有莊園之稱。

田、敕旨田❸等經營墾田的方式，以確保墾田開發的經濟收益。皇族、貴族、寺院等的墾田開發，由於伴隨著廣大空地的圍堵，遂成為包含公領、公民的大土地所有制產生的背景。

由於荒田的開墾，各地農民以及擁有小規模莊園的小領主，為了對抗國司，以確保自己的權益，乃捐獻莊園給中央的貴族、寺院，自任莊官，以保留實質的權益，於是成立了廣泛的捐獻型莊園❸。居於最高政治地位的皇室與攝關，乃成為捐獻的對象。於是權門勢家聚居於畿內與鄰近地方的田園大部分都變成莊園。

以兼併、捐獻手段建立的莊園，大體係由貴族或寺院直接經營，但須按規定繳稅（年貢），只有寺（廟）田、神田等莊園，享有免稅（稱為「不輸」權）的特權。其後，王公貴族亦利用其地位權勢，經朝廷特准，擁有不納錢糧地租的特權，於是不繳租的莊園乃日益擴大。享有免稅權後，續又取得官吏不得進入的「不入權」❸，促成莊園私有化。因此，為了獲得這些特權，乃更盛行對權勢家的捐獻，於是在中央政界最有權勢的藤原氏，以及後來的院政政權，遂多莊園集中的情形。

莊園發展的結果導致國家財政收入銳減，國家權力不及的地域擴大。政府不得不遏阻莊園繼續擴增，屢頒莊園整理令，但大勢已成，似無甚效果。

---

❸　皇室之田及親王之賜田。

❸　地方豪強為了避免國司的干預，將自己擁有的土地「寄進」（捐獻）給皇室或攝關家，名義上雖屬中央權門勢家，但地方豪強仍得以代理人的身分，掌握土地的實權。

❸　因為莊園多不繳稅，影響到國家的財政稅收，國司乃派員取締莊園，於是又有爭取官方不得隨意進入莊園的「不入」之權，至12世紀末，連緝捕罪犯的國司與「檢非違使」（kebiishi，警察人員）亦不能進入莊園。

在莊園制度下的莊民，必須負擔地租、徭役❸的義務，不僅在經濟上受到剝削，在政治上亦受到種種嚴苛的限制。對莊民的越軌或違法行為，均依據嚴格的莊規、莊法予以嚴厲的制裁。

日本的莊園制是封建統治下的土地所有制，即領主制的一種形態，莊園不僅受到國家法律的保護，享有種種特權，領主取代原來的國衙，擁有課稅、賦役，甚至司法、警察的權限。莊園的生產，無論是農產品或手工業品，都是提供給莊園領主衣食住等物品，屬於自給自足的自然經濟。

這種封建莊園，大都是由下而上奉獻土地的形式所形成。莊園的土地領有權，經歷了不斷上移和集中的過程，出現了多層的縱橫分割，造成土地領有關係的混亂與複雜。

至於耕作農民，有流浪的土著，捐獻土地時所有人繼續耕作者，或佃耕莊園田地的農民。由於農民的努力，生產力增加，農民逐漸強化其對耕作地的權利。這類農民稱之為田堵(tato)，其所耕作之田稱為名田(myoden)，其後稱田堵為名主❸。

莊園這種多元領有、多層分割的特徵，卻是日本封建專制統治延續的基礎，且是孕育新統治階級武士的搖籃。

二、武士的崛起

㈠武士的興起

院政的成立，正是各地領主整備其武力組織，武士團大為發展的時代。武士的源流早在9世紀中期即可見到，即在律令制軍團崩潰之際，取而代之的是擅於弓射騎馬的新兵種武裝集團。有「弓馬之

---

❸ 律令制度下的兵役，原屬雜徭的一種，其後廢止，改徵貴族官吏之子弟充當「健兒」(kondei)。

❸ 在莊園內標示自己的名字於田地，以表明土地占有權的，稱之為名田(myōden)，所有人稱為名主(myōshu)。

士」稱呼的「兵」(tsuwamono)，不僅是武裝的，且是以擅長「弓馬之途」等藝能的專業戰士，但在地方，卻成為紊亂地方政治的淵藪。其後被改編為國家權力的武力組織，充當地方治安之責。

武士是在天皇為首的中央集權制的瓦解和莊園制的發展之下產生。自大化革新以來所實行的徵兵制，隨著中央集權制的衰落而日趨鬆弛。9世紀初，曾改為「健兒制」❸，徵調郡司、豪族與富家子弟服役。服兵役成為貴族的特權，軍隊的素質乃一落千丈，武備漸弛。

及至莊園普遍設立，莊園領主之間，常為擴大領邑而發生衝突，武裝的莊民逐漸脫離農業生產而成為專門從事保衛莊園及對外爭鬥的武士集團。甚至連寺院與神社的莊園，亦組織僧兵以自衛。

當中央政權的威令不及於地方，而地方治安紊亂時，莊官（管理莊園的官職）或地主因得不到遠地貴族的保護，唯有設法自力護衛。尤其是在莊園擴大趨勢之下，莊園相互之間，莊園與國衙領（國司所支配的公有地）之間的抗爭轉趨激烈，莊園遂以莊官與有力「名主」為中心，自行武裝以為對抗。武士除了組成小集團外，復與鄰近的武士團聯繫。

國衙領亦有郡司、地方官吏等地方豪族、有力名主之武裝，以對抗國司與莊園。國司亦自我武裝，帶有「郎從」（隨從部下），以鞏固其統制。如此一來，遂發生全國性私人武裝集團 —— 武士階級。

這些武裝集團的成員，不久被組成為國家、貴族的「爪牙」（抗敵而協助主君的武士），獲得了政治身分，且被認定為特定的社會階層，至此所謂「武士」的稱呼才算定型。

在這種武力集團形成過程中，值得注意的是國司的武官化。國司原是文官，不能率領軍隊，但隨著地方政治之紊亂，終於允許其

---

❸　徵調郡司子弟或豪族為「健兒」的一種兵役制度。

佩刀，並有士兵隨從，旋又於叛亂之際統率軍兵。10世紀前半，這類地方豪族轉型為武士，普遍的採用地方軍事貴族，充當中央權門的護衛，成為武士提高其地位的契機，這就是「京武者」、「都武者」的源流。

武士團肇端於東國（關東地區）平氏的內部紛爭，與國司的抗爭，終於導致對律令國家公然叛亂的「平將門之亂」❸ 等。10世紀初，在東西兩地同時發生的內亂，動搖了中央國家的基礎。

各地領主階層所結成的武士團，到底有甚麼樣的結構與組織。他們廣大的領邑，逐漸開發，以分割繼承為原則，分授領邑給其子弟，成為以當地命名的「分家」。但他們並非完全獨立的家庭，依然奉本家為首長，服從其命令。這種本家、分家的集團，在當時稱為一門或一族，首長的本家之長稱為惣領(sōryō)，其他則稱庶子。一旦有事，一門團結而戰，以「惣領」為指揮官。在平時亦祭祀宗祖，一門祖先的祭祀為惣領的權利，也是義務。足見當時的武士團殘留強烈的家族規制。

武士階層的內部是結合同族、所從 ❸、下人 ❹ 及其統制下的隸屬農民等武裝小集團，其後與鄰近的武士階層接觸而加強其相互之間的連繫，遂超過莊園的範圍，成立了主從關係的小武士團。

---

❸ 平將門(Taira Masakado)為關東地方的豪族，據有下總國，因領邑之爭，而與國司對抗，終於935年掀起了叛亂，占據了關東八國。西國亦有國司藤原純友之叛亂（939年）。未幾即先後被敉平。

❸ 所從(syojyū)是中世的隸屬民，在身分上隸屬於主人，而從事農業勞動與雜役，成為繼承、買賣的對象，其人格不為人所承認。其後逐漸獲得解放，而自成一家。

❹ 下人(genin)乃是從平安時代到明治時代對隸屬民的稱呼。在平安、鎌倉時代，隸屬於莊園內的武士、莊官或名主，而從事家事與農耕工作，中世後期以後始自逐漸自立經營而獨立。

10世紀以降，各地紛紛產生以郡、鄉為主的統制領域基礎的武士團。在國司的支配下，一方面抵抗國司的統治，一方面亟欲在更廣大的領域裡，確立更為完整而鞏固的統治力量，因此相互之間不斷重演競爭、衝突與合縱連橫。於是普遍進行弱者對強者之從屬，產生超過個別領域的大武士團的結合。過去小武士團的首長，如今已成為強大主君之下的「郎從」。

在大武士團的統合過程之中，被推舉為首領，而登上「武家棟樑」（大武士團的首領）寶座的是，賴信、賴義、義家等三代，先後平定東國叛亂有功的清和源氏一家。賴義有清和源氏的血統，以河內國為根據地，終被稱譽為「天下第一武勇之士」。至此，遂確立其河內源氏的名聲與社會地位。

(二)武士的倫理

武士團的主要原理是主人與從者之間的主從結合關係。主人從血緣者（宗族子弟）或非血緣者（非宗族子弟）中挑選從者。即於領邑住民之中選擇有能力的人作為從者，授與土地、俸祿等經濟上的利益，給與各方面的照顧與保護。其中宗族出身者稱為「家之子」，非血緣子弟稱之為「郎黨」或「郎從」。家之子是同門的庶流，亦即與同族中之嫡系主人相對的稱呼。其地位較之「郎黨」或「郎從」為高。

從者必須效忠主人，盡軍務、服膺其他義務（稱為「奉公」），主人授與從者土地、領邑等經濟利益及權利的保護，稱「御恩」(goon)。武士團就是在宗族結合的基礎上，以縱的關係為前提，並訂有嚴格的族規和實施主從制支配的武裝團體。武士團是依照宗族和主從結合兩種關係所組成。其首領稱之為「惣領」，下屬稱「庶子」。

從武士團的生活中，養成武士尊重戰場上的武勇與對主君的獻身精神，重視門第的榮譽甚於個人，亦成為武士的基本要求，於是

形成「武家之習氣」、「弓矢之道」等新的生活倫理觀念，成為維持武士團組織的重要思想支柱。可見武士團是訂有嚴格規範，實施主從關係統制的軍事武裝集團。

在京都不得志的貴族之中，多被任命為國司而下放到地方，成為土著，與武士結緣，或利用在廳官僚，組織為武士團。

其後政府登用武士，充任押領使、追捕使、檢非遺使等，充當軍事、司法、警察之任。朝廷亦設置瀧口武士，以擔當宮中的警備。貴族亦召武士作為身邊的護衛、邸宅的警備，稱之為侍(samurai)。

三、平氏的興亡

(一)平氏的抬頭

藤原氏擅權的結果，許多在中央政壇失意的貴族，乃往地方任「國司」，即使任期屆滿，亦不回京城（京都），而成了當地的土著。因門第的關係，頗得地方武士的敬仰，於是以之為中心而形成一大武士集團。其中勢力最大的，即是桓武的平氏與清和的源氏❹。

在國家體制的解體與內部對立之進行、武力衝突的事態之中，為了維持專制統治的院政，當須有倚為左右的武力。白河上皇創始的北面武士制度，將有力武士直接置於院政權威之下加以組織，而奠定了院政的軍事基礎。對於躋進「武家棟樑」的清和源氏，卻採取分化的政策，因此源義家以後的源氏乃衰退。源氏因賴義和、義家在東部諸國立功而得勢。但因義家之子義親暴亂被罰，勢遂不振，代之而起的是平氏武士團。

平氏後裔平正盛因得「院中」（院政的高層）的庇護，而逐漸得勢。平正盛為院中武士，因討源義親有功，聲名大噪。旋又將其伊

❹ 桓武平氏始自桓武天皇的曾孫高望王，賜姓平(Taira)，任上總國司，在東國奠立基礎。清和源氏則是清和天皇之孫經基王，賜姓「源」(Mninamoto)，主要在近畿一帶紮根。

賀國的領邑，捐獻給皇室，上達白河上皇，成為上皇忠實的從者而受到器重。其子平忠盛歷任國司，並與宋商貿易，於是在西日本建立鞏固的地盤。經平正盛、忠盛二代成為院的近臣而提高其地位。這是院政提拔平氏，以取代「武家棟樑」源氏的政策。平氏勢力之急遽上昇得力於平正盛之孫平清盛。

　　平氏等為鞏固擴大其地位，採取與皇室、攝關家締結姻親關係❷，並安插親信，控制中央和地方權勢❸。及至外孫安德天皇即位，如同過去的藤原氏，獲得外戚的地位，遂進入平氏全盛時代。

　　平清盛經由保元之亂（1156年）❹、平治之亂（1159年）❺兩次的平亂而嶄露頭角。旋因戰功而確保了「武士棟樑」的地位，其權力與官位乃急速上昇，不到十年即升任太政大臣，平氏家族亦皆

❷　平正盛將其小姨嫁給後白河上皇，復將三個女兒嫁給藤原氏世家，一個女兒為高倉天皇的妃。

❸　日本全國六十六國（省）中，平氏親信即控制了三十餘國，甚至各省的受領（國司），亦多為平氏勢力所占。

❹　因天皇地位之爭，院政的專制主宰者上皇，與其他上皇或天皇之間，常生齟齬，這在白河上皇與鳥羽天皇之間已肇其端，其後鳥羽上皇與崇德天皇的對立尤甚。朝臣亦分上皇派與天皇派的對立，藤原氏內部則是兄弟爭權，結果於1156年引起保元之亂。起因是崇德上皇擬推翻鳥羽法皇扶植的後白河天皇，卻被天皇派的源義朝等制機先而失敗。此亂起於京內，規模較小，但武士參與政爭，發揮實力，在中央政局顯示其具有舉足輕重的影響力。不僅如此，同屬一門，卻又分成敵我兩方廝殺，甚至在亂後的處分中，竟有子斬其父，姪殺其叔的不倫情事，顯現道義的衰敗。

❺　保元之亂後，後白河上皇再實施院政，但藤原信賴為中心的院政近臣，與藤原通憲相對抗。其間，亦形成武士棟樑平清盛與功臣源義朝的對立，於是戰亂又起，終為平清盛叛平。結果導致平清盛一族的崛起與源義朝一族的沒落。

位居要職，終於掌握朝廷實權。

㈡平氏專權及其滅亡

平治之亂的結果，長期為古代國家統治者天皇與上皇，或攝政關白藤原氏，已暴露其衰微之象。此後，平清盛首次以武士列公卿，成為平氏掌權的肇端。朝廷唯有仰賴武士團的實力，始能維持權力，此一情勢正是平氏武士團崛起的有利條件。

平氏榮華的基礎在於院政近臣的地位，旋又歷任西國的國司，參與日宋貿易❹，而累積財富，並以其經濟力加強其在中央的權力。

平清盛與攝關家接近，並任太政大臣（1167年）。他雖位居最高權位，卻仍仿照貴族慣例，進行政略結婚，藉以鞏固其在政界的地位，但削弱了武士棟樑的立場，而趨向貴族化。

平氏占居古代國家機構內部的要職，作為自己權力的據點，但並非創制一種否定舊制的政治形態。平氏政權的特質乃在努力促進地方，尤其是地方武士的組織化，並以之作為基礎，構築軍事的獨裁制。但地方武士的組織化，集中於領邑一門，為了鞏固權力而積極推動其獨自的施策，乃在內亂之徵兆已顯的1179（治承3）年以後的事。

平清盛雖創設了政所(Mandokoro)，規模甚小，但倚恃平清盛的家父長權威，促使同宗的結合。軍事背景亦非與武士團締結主從關係，而是透過歷任國司、國衙機構，分別組織西國出身的武士階層。易言之，並無武士政權應有的地方組織，其權力核心只是律令制高

---

❹ 以博多為中心，在北九州沿岸、西海岸各地盛行與宋商交易，甚至形成宋人居留地。1151年，發生宋人王昇等有一千六百餘家聚居於博多、莒崎等地，受到襲擊之例。聖福寺、承天寺等建有多數宋朝樣式的禪宗寺院，使博多附近形成國際色彩濃厚的都市景觀。自宋輸入的高級紡織品、香料、宋錢與書籍等，對日本的經濟與文化都有很大的影響。貿易所得利潤，成為平氏的重要財源。

級官僚的地位，外戚的資格，及其武士的同族結合。

平氏的統治方式與前不同，較之藤原氏更為積極。平清盛委派本地貴族為各領邑的國司，或任命武士為莊園的「地頭」（總管），或組織武士階級作為政權的支柱。此外，統制太宰府，興築兵庫港，開通瀨戶內海航線，擴大與宋貿易。這種作風與平安時代的貴族政治完全不同。

因領邑歸屬問題，平氏與攝關家族、法皇發生爭執，竟發動軍事政變，幽禁法皇，停止院政，甚至擁立年僅三歲的安德天皇。平清盛則以外戚身分獨攬大權，確立了平氏的獨裁統治。由於其官邸在京都的六波羅，因而稱之為六波羅政權。

但由於平氏只是寄生於原有的國家體制之內，倚恃官職的獨占而統治，因此受到被排除的舊勢力之強烈反制，尤其與院勢力的對立日益加深。

其實，平氏獨裁政權的建立，同時也是平氏衰落的肇端。蓋平氏掌權後，其生活豪奢淫逸，引起權貴的不滿，旋又採取高壓的手段壓制後白河天皇發動的政變，雖一時奏效，但激起反平氏勢力的結合，終於引發源氏舉兵，平氏的沒落。

隨著平氏耽溺於權勢，過著驕奢淫逸的生活，反平氏勢力的活動亦轉趨活潑，此即後白河上皇為中心的院政政權，接著又有延曆寺為中心的寺院勢力之反撲。1177（治承元）年，院政的近臣藤原成親等聚集攝關家、南都（奈良）北峰貴族和寺院的反平氏勢力，企圖打倒平氏，卻因事機不密而遭受鎮壓。

此後平氏派遣密探到京都，逮捕反對派，實行恐怖統治。院方亦加強其反平氏的態度，及至平重盛歿，朝廷乃沒收其子維盛在越前國的領邑，加以壓迫。清盛則派遣數千騎入京，驅逐關白基房等貴族四十餘人，軟禁後白河天皇於鳥羽殿，完全掌握獨裁權力。

公然否定院政的平清盛，雖構築了統一權力，但其強硬的作法，

卻引起舊勢力的反擊，平安京遂成為陰謀、策動的策源地。地方武士團與貴族、大寺院，對平清盛專制不滿。1180年，見此情勢的後白河法皇的皇子以仁王(Mochihitoō)與攝津的源賴政，舉兵攻擊平氏。流放到伊豆的源賴朝（1147～1199年）以及躲藏於信濃木曾谷的源義仲等各地的武士團先後起事，大寺院的僧兵亦起而響應，終於掀起了全國性的叛亂。

平清盛沒收園城寺的莊園，強制性的遷都到福原（神戶市），擬以畿內為中心，鞏固統治體制，以剿平叛亂。但遷都引起貴族的反感，反而使平氏更為孤立，內亂遂波及於全國，於是在各地展開了前後五年的源平爭霸戰。

源賴朝雖舉兵後於石橋山戰敗，卻於安房再起，糾合東國（關東地區）諸豪族，進軍鎌倉，迎擊平氏討伐軍獲勝，並在關東建立獨自的勢力。他一方面向朝廷表態盡忠，又得信濃的木曾義仲與甲斐源氏等舉兵呼應，平氏的追討軍疲於奔命，終於敗退。

1181年，平氏任命平宗盛為五畿內總管，平盛俊為丹波國諸莊園總管，準備反擊，火燒東京寺，壓制寺院勢力。但諸勢力保持均衡，戰局得保一時小康狀態。

其間，源賴朝自舉兵以來即進行加強其豪族的組織，專心於關東地區的經營，鞏固地方勢力。1183年，以歸還其所占莊園與公領作為代價，獲得朝廷承認其支配關東地區的行政權。

平清盛掌握昔日腐朽的王朝機構，本身卻又陷於腐化，無法開創新的局面。對於院中藤原氏與寺社等舊勢力則屢加壓迫。其後源平之爭愈益擴大，與源氏無關的各地武士也相繼起事，平氏遂陷入苦戰之中。在木曾舉兵的源義仲席捲北陸一帶，進向京都。但因無法壓制部下的掠奪，而喪失民心，且與上皇及貴族對立，甚至發動政變，逮捕法皇，放逐反對派，自任征夷大將軍。

後白河上皇遂密召源賴朝入京，征討義仲。在關東地區鞏固勢

力的源賴朝遣弟範賴與義經率兵西上，進軍京都，打敗源義仲（1184年）。最後在長門（下關海峽）的壇之浦(Dannoura)消滅平氏（1185年），前後六年的源平內亂於焉告終。平氏僅二十六年即滅亡。

第二章　武家政權的樹立

第一節　武家政治的開始
——挾天皇而令天下

源（氏）平（氏）的抗爭為中心所展開古代末期內亂的結果，產生了12世紀末的鎌倉幕府。鎌倉幕府的成立意味著武士取代貴族政權，而創造了武家的政權。

鎌倉幕府是以將軍與御家人❶之間，以土地為媒介所結合的主從關係為核心，具有過去貴族政權所無的新關係為基礎。但政權本身仍殘留古代的性格，京都依然存在「院政」（上皇主政）為中心的貴族、寺社等的古代政權，其經濟基礎的莊園或國衙領，仍在其支配之下，因而不能斷定其為從古代社會完全過渡到封建社會。蓋鎌倉幕府並非一元的統治日本全國，而是公武二個政權同時並立的二元統治體制。但由於擁有任命全國的守護與地頭之權，以及承久之亂的勝利，鎌倉幕府的勢力乃逐漸壓倒貴族政權。因此日本的封建制度遂得於此一時代萌芽，到次一時代逐漸發展。

源賴朝所創立的鎌倉幕府，在其死後不久，大權被有力的御家人北條氏所掌握，施行所謂執權政治。北條氏的執權政治，因平定

---

❶　與將軍之間結成主從關係的戰士，稱為「御家人」(gokenin)。

承久之亂而確立，至泰時、時賴時（13世紀中葉）為最盛。但當初保持與有力御家人合議政治形態的執權政治，卻到時賴時，逐漸走向北條氏的獨裁。

13世紀後半，日本二度遭受元朝的襲擊（元寇），在政治、經濟、社會各方面引起很大的影響。雖終究予以擊退，但由於增加弱小御家人的負擔、疲弊，御家人之間貧富之差日益擴大，均一的御家人為基礎的鎌倉幕府的體制，乃開始崩潰。另一方面，鎌倉幕府在此一戰爭過程中，雖其對貴族、寺社的支配地與非御家人的支配力增加，但北條氏卻利用此一危機，確立其獨裁體制。由於拯救貧窮御家人政策之失敗，引起御家人的不滿，結果，幕府內部亦引起了一股反幕風潮。

此一時代的文化，仍以傳統的貴族文化為主流。但武士階級亦在農村生活所產生的質樸剛健的風氣下，接納貴族階級所擁有的古典文化，逐漸創造了武士獨自的文化。至於此一時代引進中國大陸的宋文化，影響亦大。

一、鎌倉幕府的成立

在反平氏諸勢力之中，最有力的是武家棟樑（武士的首領）源氏嫡系源賴朝之下結集的東國（關東地區）武士團。源賴朝於舉兵後即以鎌倉為根據地，鞏固其勢力❷。他於1183年，在平氏敗走京都之後，即與後白河法皇交涉，取得實質上支配東國之權。1185年，在平氏滅亡後，當法皇命源義經追討源賴朝失敗，源賴朝即派遣軍隊到京都，迫使法皇認可其任命諸國的守護與地頭以及徵收軍糧的

❷　賴朝之所以選擇鎌倉，一因其為天險（在三浦半島根部，原為漁村，是關東漁米之鄉，瀕臨相模灣，三面丘陵環繞，是戰略要地），且是源賴朝父輩經營多年，基礎良好的地區，適於統率東國之武士，以樹立政權。

權利。源賴朝以東國為中心的統治權，遂得以擴及於全國。1192年，在法皇死後，終於如願以償的受任征夷大將軍❸。至此，成立了武家政權的鎌倉幕府❹。

二、鎌倉幕府的統治

(一)幕府的統治機構

1.中央機關

1180年，源賴朝設立「侍所」，作為御家人的統制機關❺。侍所最初是管轄地頭、御家人的刑事訴訟，其後作為幕府的軍事機構，設有別當❻、所司等職。

其後隨著軍事政權之規模初具，政務愈繁，乃於1184年在鎌倉設置行政機關公文所與司法機關問注所❼。前者掌管一般政務，後

---

❸ 征夷大將軍原來是指征討蝦夷地區的將軍，在源賴朝受命之後，逐漸指武士統率者地位的官職而言。

❹ 幕府原來是指近衛大將的陣營。幕府一詞始自源賴朝於1190年受任為右近衛大將以後，後來這一稱呼廣義的是指「武家」政權，而與近衛大將無關。幕府一詞在源賴朝辭去近衛大將而任征夷大將軍之後仍然使用。因此無論在名義上或實質上，幕府乃成武士政權的體制。此一政權所在地位於鎌倉，因此，稱之為鎌倉幕府。至於幕府成立的時間，則有幾種說法，其中以1185年之說較為有力。

❺ 侍所(samuraidokoro)原是將自主獨立的在地領主等御家人加以組織化的機關，專司戰鬥指揮以及平時勤務之監督，旋即擴展為統制、指揮御家人的機構。

❻ 別當為長官之意。

❼ 公文所(kumonjo)初為輔助源賴朝政治、財政的機關，其後改稱為政所(mandokoro)（1191年）。問注所(montyujo)則是以御家人為當事者的訴訟調查機關，主要審理土地糾紛問題。

者則是掌理御家人的訴訟與裁判，同時分別任命大江廣元、三善健信等為公文所別當（長官）與問注所執事（長官）。於是成立了軍事（侍所）、行政（政所）、司法（問注所）等政權中心的機構。這些機構乃是仿效公卿的「家政制度」，考量御家人的統制與保護而設置的武家政治機構。最初只是源賴朝的私設政務機關，後來變成武家政治的中央機關，稱之為幕府。

1189年，源賴朝討滅源義經（賴朝弟）的奧援奧州的藤原氏，改命葛西清重統率奧州御家人，補任伊澤家景為陸奧留守職。在此之前（1185年前後），以天野遠景為鎮西奉行，大體奠定了全國性的統治基礎。

這種政治組織，極為簡單，如與律令政治組織作一比較，則更為明瞭。蓋律令制是模仿唐朝的制度，即首先創設機構，再安置適當的人員為原則；而鎌倉幕府初期的政治機構，則是以目前必要的政務，並有適當的人才，始成立一個機關，然後再作統合，整備政治組織為特色。即使是如此，所有機關的權限，根本還是集中於「鎌倉殿」（將軍）源賴朝一人身上，這些機構只是賴朝的政治輔佐機關而已。

　2.地方機構──守護與地頭

地方機構則在全國各地和莊園內，設置守護與地頭，這是幕府政權發展上最具意義的機構。守護原則上是每「國」（省）置一人，由幕府委派有力的御家人為地方行政官，指揮轄內的御家人，維持治安，行使警備與檢察等權 ❽。地頭亦從御家人之中任命，以統馭全國的莊園與領邑 ❾。地頭乃是幕府派往莊園的官吏，擁有警察權，

❽　守護的基本職權是「大犯三條」，即追捕叛亂犯、殺人犯與「大番」（ōban，是指該「國」輪值赴京都警衛皇宮的義務）催促。前二項是檢察權的行使，而「大番」催促則是負責掌管國內御家人的指揮統率權。

❾　公領為公家的領邑，即公有地。

掌管莊園的土地、徵收租稅。幕府成立初期，守護與地頭的任命因
遭受莊園領主的強烈反對，而限定於平氏與叛亂分子的領邑，後來
才隨著幕府勢力的擴大而普及於全國各地。

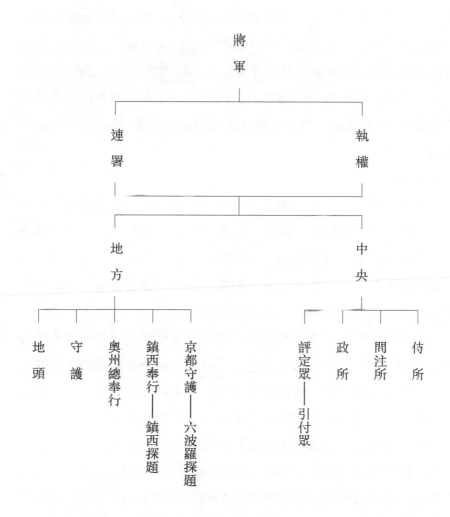

圖1 鎌倉幕府的機構

守護與地頭的設置，顯示武家首領的源賴朝正式取得了軍事警
察權，而其任命守護與地頭，使其與御家人之間的關係，從私人之

間的主從關係，轉變為具有公權力性格，足見以源賴朝為代表的武家勢力，顯已奠定其在制度上實質上與貴族勢力對抗的基礎。

守護大都由源賴朝麾下的有力御家人充當，為此與國司（當地地方官）發生摩擦。守護為重要的地方機關，在執權政治確立後，北條氏勢力伸張，主要地方的守護幾為北條氏所獨占。此外，在朝廷所在地京都，則設置「京都守護」，監視皇室的活動。為了加強對九州的支配，統率當地的御家人，在太宰府設置鎮西奉行（地方最高長官），旋又新設陸奧留守職（後改為奧州總奉行），以統制奧州地方。

(二)御家人制度

源賴朝非凡的統率力與政治手腕，完成一種強大的軍事力，即將領主與名主階級組織為御家人。為建立御家人對幕府將軍（鎌倉殿）的忠誠，不惜以殘酷的手段排除異己，連平定平氏有功的兄弟（源義經等）亦在所難免。源賴朝基於武家棟樑的權威，以其與御家人的主從關係為基礎，整頓幕府的政治機關，施行獨裁政治。

源賴朝所以能建立鎌倉幕府政權，主要原因之一乃是建立了御家人制度，這種將軍與御家人之間「御恩」與奉公結成的主從關係正是幕府成立的基礎。所謂御家人，大多是與源賴朝有主從關係的地方豪強。他們彼此之間的主從關係是以封建道德的「忠」、「信」為基礎，即擁戴賴朝為主人（公）的御家人，戰時須奉獻生命，平時則須負責「國」（省）內的治安，負有京都的「大番役」❿、軍役⓫與警衛鎌倉的義務等，以從者身分對將軍「奉公」，無條件服從將軍⓬；將軍則對御家人守「信」，施與御家人「御恩」，即確保御家

---

❿　守護平時負有大番催促（對管轄下御家人課賦上京警衛的義務加以監督）之責，戰時則擁有對管轄內御家人的軍事指揮權。

⓫　御家人除了負有「大番役」的義務之外，尚須負擔將軍御所、皇宮與寺院的修建。

人原有的領邑，或任命其為守護或地頭，並按戰功賜與新的領邑。御家人遂成為鎌倉幕府的建立和發展的基礎。這種透過土地的賜與，使主人與從者之間的恩賜與奉公的授受相結合的制度，稱之為封建制度，事實上不僅是鎌倉時代，這也是武家社會所遵奉的根本關係。

幕府透過守護與地頭，維持全國的治安，對不繳納年貢的地頭加以處罰，另一方面，輔佐朝廷的支配，維持莊園與「公領」（公有地）的體制。源賴朝在成立幕府之前，已獲得設守護於諸國，置地頭於全國「公領」與莊園之權。但由於幕府企圖擴大其統治權於西國與其他地方，遂與守護、地頭甚至國司、莊園領主之間，迭生紛爭。

御家人武士階級可分為以下三種：一是名主、地主階層，二是從屬於第一階層，而居莊官地位的領主階層，三是承繼前代私營田的領主，擁有廣大領地的豪族領主階層。御家人概屬第二階層。他們大都在農村經營領邑，並組織武士團。

就御家人的繼承制度而言，諸子均有繼承一家領邑的最主要部分，並統制全族，同時代表族人承擔對幕府的義務。惣領（sōryō，本家的家長）對庶子的統制，主要是軍事統率權與領地的處分權，這種武士團的同族結合則稱為惣領制。

地頭在平氏時代已具雛型，本為莊官的一種，幾為在地有力名主所擔任，負有莊園的管理與徵稅，而以其收益之一部為代價，屬於一種私的機關。其後由於得到敕令，使將軍與御家人間的主從關係，一變而為幕府與地頭的關係，成為新的封建制度，這是政治體制中一種劃時代的改變。

鎌倉幕府的經濟來源主要有三：一是由皇室賜與原屬平氏所有的五百餘所莊園，二是將軍的領邑，包括伊豆、相模、信濃、越後

---

⑫　如有怠忽職守者，其御家人的地位將被罷黜，領邑亦會被沒收。

等地，三是由幕府任命御家人擔任地頭的莊園。以上三種領邑均由御家人管理，將軍實際上就是一個最大的莊園領主。至此，源賴朝成為擁有全國六十六個總守護、地頭職，確保任命守護、地頭之權，掌握全國軍事、警察權，成為實際的統治者。

平安時代後期以來，各地以開發領主而擴大勢力的武士團，尤其東國武士團，在幕府之下，成為御家人的組織。御家人之中多數被任命為地頭，較之莊官、郡司、鄉司等，更受將軍保證其鞏固的領邑統制。由此觀之，幕府的成立，對地方武士團而言，實為極大的前進。但身為將軍的源賴朝，卻擁有廣大的領邑以及包含平氏舊領邑的大量莊園。幕府的首長實際帶有貴族性，但幕府的權威形式上仍屬於朝廷委任給與所任命的將軍，而非從古代國家獨立行使的政權。亦即朝廷與幕府兩立，無異東西二元的統治體制。

㈢公武勢力的消長

源賴朝雖在鎌倉樹立了武家政權，但並非全盤否定舊有國家體制，只是企圖在朝廷內部安插親幕府派公卿，間接的操縱。

朝廷方面，後鳥羽上皇執院政。此時因幕府權重，「公卿」的莊園時受侵占，國司行政亦屢遭干涉。在古代國家體制面臨危機的鎌倉初期，院政既屬一種代表莊園領主貴族階級利益的政權，當渴望維持其經濟基礎，必然與幕府形成對立。為了恢復朝廷大權，院方乃命朝臣習武，並置「西面」武士❸，加強軍事力量，以與幕府對抗。由於幕府的成立而在政治、經濟受到最大打擊的朝廷，乃暗中策動反幕運動。源賴朝死後幕府發生內鬨，更給與朝廷可乘之機。

源賴朝死後，長子源賴家繼承，但因年幼，由外戚比企能員掌權。源賴朝妻政子與乃父北條時政共謀，改變將軍專斷的訴訟裁決為十三人老臣的合議制。北條時政以將軍輔佐身分操縱幕府政治。

---

❸ 駐紮於「院宮」之西部，負責警衛太上皇宮院的警衛。

旋由其嫡子北條義時繼任政所、侍所別當，集幕府軍事政治實權於一身，自稱「執權」（代理將軍掌握政權）。此後「執權」一職均由北條氏世襲。

1219年，由於將軍源實朝被源賴家的遺子公曉暗殺，朝廷與幕府的關係陷於不安定。將軍源義時於源實朝死後，與皇室交涉，擬擁皇族為將軍，但為上皇所拒。因此，幕府乃迎接與源賴朝有遠親關係的攝關家出身的幼兒藤原賴經為將軍。以後有二任攝關出身的將軍，稱之為藤原將軍或攝家將軍。

朝廷（上皇）拒絕皇族擔任將軍，並要求幕府全面廢止地頭❹，卻被拒絕。為此，雙方的對立益深，而皇室的倒幕計劃乃轉趨積極。

當時主掌院政的後鳥羽上皇，秘密策劃大寺社、地方的有力武士與御家人等起義，於1221（承久3）年，頒發追討北條義時的宣旨，舉兵討幕，同時號召畿內、西國的武士與大寺社的僧兵，及對北條勢力不滿的一部分東國武士討幕。最期待的是幕府御家人的叛離，御家人一度發生動搖，但大多數東國的武士卻仍為幕府而戰，戰爭在幕府軍壓倒性的勝利聲中結束（承久之亂）❺。

戰後，幕府流放後鳥羽上皇等三上皇，處罰院的近臣，罷廢仲恭天皇，擁立後堀河天皇，另立後高倉院土持院政，對於京都御家人的主謀者則嚴加懲罰。同時沒收參與朝廷反幕陣營的公家領邑三千餘所，將之分發給有功的地頭，並重新任命莊園內的莊官與地頭。

---

❹　上皇同時要求廢除其寵姬龜菊的領邑攝津國的地頭，以窺探幕府的反應。

❺　院政向諸國的守護、地頭發出追討北條義時的院宣、院旨，並策動有力御家人反戈。但除了少數之外，大多數御家人仍認定鎌倉幕府才是代表武士領主階層的利益，足以實現其階級的要求。加以北條政子說之以源賴朝以來幕府之恩惠，終於獲得御家人的普遍支持。在幕府大軍（十九萬）壓制下，京都軍潰敗。

其後幕府甚至介入皇位的繼承，並在京都設置六波羅探題，取代原來的京都守護，以監視朝廷，並分擔西國（關西）的政務。

承久之亂是朝廷與院政（公家）對抗幕府（武家）的決戰，結果武家政權建立了壓倒朝廷（古代國家）權力的優越勢力，朝幕間勢力的對比完全改觀。鎌倉幕府完成其統治體制。

此後，幕府的統治遂擴及於畿內、西國的公領與莊園。朝廷雖仍繼續施行院政，但因此次亂事，使朝廷與幕府的二元統治完全改觀，朝廷失勢，幕府則掌握了絕對的優勢。

第二節　北條氏的強盛

一、幕府初期的政治

源賴朝基於武家棟樑的權威，以御家人的主從關係為基礎，實行獨裁政治。但於1199年去世，繼承將軍職的長子賴家，年少而缺乏「鎌倉殿」領袖的器量，更缺乏統馭御家人的才能與權威，且因重用外戚比企氏，引起關東武士的不滿。御家人之間的對立乃日益表面化，終由北條氏掌握實權❶。

同年，在賴家之母北條政子與北條時政（賴家之外祖父）的推動下，改革御家人的訴訟制度，廢止賴家的訴訟直裁制度，改為有

❶ 北條氏策劃將賴家的財產和權力一分為二，即以關西三十八國的地頭職劃歸源賴家之弟千幡（實朝）；關東二十八國及全國的守護職交給賴家的長子一幡。於是引起比企氏的不滿，遂與病中的源賴家策劃打倒北條氏，事洩，比企全家及賴家的長子一幡，反被北條時政所殺。賴家的將軍職被罷黜，幽禁於伊豆修善寺，源實朝（千幡）被擁立為第三代將軍。

力御家人的合議制，即由將軍獨裁改為資深元老共同商議的合議制度。雖一時得到妥協，使政局獲得短暫的穩定，但幕府內部仍是紛爭不斷。

北條時政旋即陰謀滅亡源賴家的外戚比企氏，於1203年任政所別當（長官），翌年殺害源賴家，致力確立北條氏的權力，不久卻因妻牧氏的陰謀事件而失勢。

另一方面，北條時賴滅亡豪族三浦氏，鞏固了北條氏的地位，不久迎接了皇族將軍 ❶。因此在北條時賴的統制下，執權政治更為加強，而施行北條氏的獨裁政治。

二、執權政治的確立

北條氏擁有政治實權，但因出身低微，在注重門第的當時，實無法登上將軍寶座，因而迎立皇族幼子與源賴朝遠親為傀儡將軍，但實權卻操在北條氏一族之手。「尼姑將軍」北條政子 ❶ 及其娘家北條氏，遂成為鎌倉幕府的最高權力者，形成了執權政治體制的北條氏專權。

此後北條氏進向執權政治努力，由其子北條義時與源賴朝之妻政子進行。及至義時任執權，北條氏壓抑有力御家人之策轉趨積極。在幕府草創期間的有力御家人相繼去世後，最有力的豪族僅餘侍所別當和田義盛。北條義時乃於1213年，設計陷害和田氏，取代其侍所別當之職，身兼政所、侍所別當兩要職，集幕府政軍實權於一身，並自稱執權，確立了北條氏在幕府機構上的絕對權力，成立了執權政治。此後執權一職由北條氏世襲，同時將軍的地位亦化為虛名。

❶　藤原賴經是從京都迎來的將軍。北條泰時的政治以鞏固北條氏執權政治的基礎為目標，因此一改專制政治，而為合議制度。

❶　源賴朝妻北條政子，於其夫死後，修髮為尼，卻仍干預政治，因而稱為「尼姑將軍」。

繼源賴家之後的源實朝，完全與幕府政治脫節，終於1219年被北條義時暗殺 ❶。至此，源賴朝的源氏正統，僅經三代二十七年而亡。

承久之亂後不久，北條義時與政子相繼死亡，幕府創設以來的元勳亦多凋零，幕府的實權遂集中於繼任執權的北條泰時之手。北條泰時與其孫時賴同為歷代執權之中最出色的人物，既無私心，且能實施公正的政治，以樸素節儉為宗旨帶領御家人，直到蒙古襲日約六十年間，出現了執權政治全盛的時代。

北條泰時首先設置輔佐執權的「連署」，選任北條氏之有力者充任。旋於1225年選任有力的御家人以及熟悉政務的優秀人才十一人為「評定眾」❷，與執權、連署共同處理幕府重要的政務與司法，於是幕府成為以執權為首的封建領主的寡頭政治。這種政治形態使鎌倉幕府成為代表武士階級利益的政權。

幕府一方面加強對皇室的控制，一方面又不能否定公卿的存在，其主要原因是幕府與公卿在經濟上同樣需要依靠莊園制度，不願見到御家人侵犯其權益，且為了統合具有割據傾向的領主階級，必須仰賴精神領袖以加強統治者的權力，因而不得不利用普遍性的天照大神❸子孫的皇室權威。

北條泰時之後，嫡孫經時、時賴兄弟繼任執權，全力確立北條氏的權力，並發展執權政治。是時，將軍藤原賴經在職長達三十年，與一部分御家人之間建立了親密的主從關係，而自成一勢力。北條氏家族的名越光時企圖擁護藤原賴經，覬覦執權的地位。北條時賴罷黜藤原賴經，並將之強制遣送回京都，同時壓抑有力御家人，以

---

❶ 源實朝生性溫和，喜愛文藝，不喜軍事。義時唆使源賴家遺子公曉為父報仇，將源實朝殺死於鶴岡八幡宮，復以殺害將軍罪名，殺死公曉。

❷ 評定眾(hyōjyōshyū)，以後成為重要的職務，從有力御家人選任，不久北條氏族亦多授任。雖無定額，大體以十四至十五人為原則。

❸ 天照大神(Amaterasuōmikami)是神話中的太陽神，被奉為日皇的祖先。

加強北條氏的權力。

北條時賴於1249（建長元）年新設「引付」(hikitsuke)制度，專司訴訟的合議審理。旋於1252年，驅逐將軍九條賴嗣，改迎年幼的宗尊親王（嵯峨上皇的皇子），擁立皇族將軍（亦稱宮將軍）。此舉促使幕府與朝廷的關係愈趨緊密，但宮將軍只不過是裝飾品，蓋在將軍成人後，即送回京都，再迎幼小的將軍成為通例。這對幕府而言，足以代表其絕對的權威，實現北條氏的專制。

三、法制之齊備

承久之亂後，隨著新任地頭的設置，莊園領主與地頭之間，為了莊園與農民的統制而形成對立，同時武士內部之間的土地糾紛不斷，地頭與農民之間的對立益顯。解決御家人領邑的紛爭，保護其領邑，成為幕府的優先課題，因此需要制定基本的法規。

北條泰時改變了執權的獨斷專橫，實施以法治國，於1232（貞永元）年，命太田康連等起草，以過去的慣例為基礎，制定了五十一條法令《御成敗式目》❷，作為武家的根本法制。其內容包含寺廟關係、守護、地頭的權限，領邑之授與、繼承、刑事訴訟手續等，無論就內容與編成而言，均非完整的法典。但宣示了法治精神，屬於武家社會習慣與法理的成文法，展現其與朝廷的律令（古代法）相對立的武家法之獨立❷。以公家的律令而論，這是武家的法典，

❷　所謂式目(shikimoku)，乃是依據源賴朝以來的先例、道理等武士社會的習俗與道德，公平裁斷御家人同志或御家人與莊園領主之間的糾紛所定的規範，實為武家最早有體系的法典。此一式目只是規定實際問題所必要的事項，因此一旦發現條文不備，即以新令追加的方式處理。由於是制定於貞永年間，故又稱為貞永式目。此一法制其後全盤為室町幕府所承繼，成為戰國大名分國法的基礎，對後世的武家法制有很大的影響。

但較律令的規模小，文句平易，頗能表現一種不拘形式的武士精神。此一法令的制定，意味著鎌倉幕府統治地位的鞏固。執權政治亦在御家人強烈的支持下，確立其在制度上、法律上的基礎。

與幕府的勢力範圍為對象的「式目」同等重要的，尚有在朝廷支配下繼承律令系統的公家法，以及在莊園領主之下的「本所法」，均具有法律效力。但隨著幕府勢力的發展，重視公平裁判的武家法的影響日益廣泛，武家法的效力範圍亦日逐擴大。

合議制的採用與式目的制定，是執權政治的隆盛所帶來的結果。北條泰時的政策，為其孫北條時賴所承繼。北條時賴致力於御家人的保護，以鞏固其支持，尤其努力於確立裁判制度。另又設置「引付眾」，專司御家人領邑的訴訟，其目標乃在迅速而公正的裁判，可說是司法上的一大改革。

第三節　武士社會

一、　武士的生活與土地支配

這時大部分的武士均與其同族人居於村落，以氏族神的信仰為中心，向心力強。在武士家繼承「家督」（戶主）的是嫡子，統率一族的嫡子稱之為「總（惣）領」。嫡子不一定限於長男，完全委諸父親的意志，可見武家社會中父權之大。成為總領的嫡子，繼承祖先的「本領」 ㉔，但庶子亦各分得其外的土地，即採取瓜分繼承制。總領在瓜分後，對全部采邑仍擁有強大的統制權，婦女的地位亦比

㉓　律令是模仿中國所制定的法令，注重形式的多，而《貞永式目》則是從武士生活之中訂定，較為實際，與律令的規定有很大的不同。

㉔　在領邑之中居中心的重要土地。

較高，采邑的繼承亦被承認。這種武家社會家族結合的方式，通常稱之為總領制。總領制即以總領為中心，安置家族於各處，以維護采邑，並管轄采邑內的農民。

平安時代後期至鎌倉時代的武士，大都選擇領邑的莊園與公領的中心地作為「公館」(yakata)，在其周圍築起濠溝與土壘而居。公館的周圍則是承擔年貢（地租）、公事（徭役）❷的直營地，使用下人(genin，賤民）與領邑的農民從事耕作。武士本身則是以「地頭」等土地管理者身分管理領邑，進行土地的開發。

宗族則以本家家長的「惣領」為中心團結在一起，在非常時期一致行動。宗族對幕府的奉公亦由總領負全責，採取一致的「奉仕」形式。這種總領制成為幕府政治、軍事的基礎。

武士的生活樸素，但重視武藝，日常勤練追逐犬馬、馬上弓術等。從日常生活產生的「兵之道」等道德，以盡其對主君的奉獻，重視宗族的名譽為特徵，這就成為後世武士道的起源。一心一意想擴大其勢力的武士，與莊園、公領的支配者以及領邑近鄰的武士之間，當會發生紛爭，尤其承久之亂後，畿內、西國（關西）地方任命了很多地頭，而東國出身的武士，在各地擴張新的領邑，紛爭當更擴大。執權政治之下的幕府，之所以努力確立公正的裁判制度，乃是為了因應這種爭執的狀況。

面臨地頭支配權擴大趨勢的莊園、公領，亦擬訴諸幕府，以阻止地頭擴大兼併的行動。但事實上已不可能阻止已紮根於當地地頭的行動，因此，為了解決爭端，領主只好委任地頭管理莊園，與之訂定只收取地租包辦制「地頭請」❷的契約，或訂定一項土地均分

---

❷ 公事(kuji)是土地的產物。佃農除了年貢之外，尚須負擔貢物與徭役。

❷ 地頭請(jitōuke)，乃是為了解決地頭與領主之間，因徵收年貢、公事的爭執，訂定只要求地頭向領主繳納一定數目的年貢，則領主不介入莊園裡的一切事務。因而造成地頭勢力浸透到莊園的結果。

的協約 **㉗**。幕府亦勸導當事者間協商方式的解決方法，為此莊園的
支配權乃逐漸轉到地頭之手。

二、農村的結構

鎌倉時代的莊園是以名田為基本單位所構成。初期的農村，大
體可視為平安時代以來古代莊園制度的延續。

鎌倉中期以後，農村結構又有新的變化。武士的勢力日漸強大
之後，乃脫離農村的經營，奪得莊園，而自成為莊園領主。農民之
中，除了隸屬於名主的下人（賤民）與所從（僕從）之外，尚有小
名主與佃農，農民的負擔相當沈重。到了鎌倉時代末期，農業生產
力提高，小名主與佃農的獨立性加強，下人與所從漸得解放，農村
亦出現一種趨向新組織的徵兆。

一般的名田是莊園內散布的零星小農地的集合體，與這種名田
的性格相關連的是，名主通常將其大部分土地委諸獨立經營的佃農
耕作，本身則只收取其應得的部分，這種形態逐漸擴增，於是產生
聚集多數名田的有力名主，以及依然以直接經營為主的名主，或降
為佃農的名主。

在名主階層之下，承租名田的農民，一般稱之為「作人」（佃
農）**㉘**。在佃農階層之中更有耕作名主的名田，行獨立經營的直接
耕作者，以及成為地主而上升為與名主並立的地租負擔者。這些名
主、佃農階層在地頭領主制度上，即為被統治的農民階層，而莊園
領主亦透過莊官，意圖直接加以統制。

這種階層分化的結果，產生了兼併多數名田，加強地主性格，
直接從農耕分離的武士化新興名主階層。他們被稱為「強剛名主」，

㉗ 均分土地，稱之為「下地中分」(sitajityūbun)，乃是將土地與地頭折半，
分割統制土地與住民之意。

㉘ 作人即莊園農民階層之一，承包耕種由莊園領主所供給土地的佃農。

成為小領主，抵抗莊園領主或地頭的支配。這種農村結構的變化，到了次一時代，終究使莊園制崩潰。

在關東和九州，有大規模的新田開墾，畿內地區則全力推動農業技術的進步，因此農業生產力大增。在農具的改良，獸力的利用，灌溉用水的發達，肥料的使用，兩季耕作的普及等各方面，較前一時代均有長足的進步。

三、產業的發達

鎌倉時代因農業技術的進步、開墾的進展，農業生產力顯著的提高。首先是一年雙收，即在水田收穫後種麥的耕作方式，在先進地帶尤其普及。農民飼養牛馬，作為役畜而利用到農耕。此外，已廣泛使用草木灰（肥料），或飼養牛馬的糞便作為肥料，對山野的利用表示關心。

隨著農業生產的增加，手工業也發達了。各地特產的手工業製造亦隨之專業化，如京都、美濃的紡織品、但馬的紙、瀨戶的陶器等，均極聞名。由於各種產業的進步，農產品商業化，而有每月數次交易的定期市集。此外，貨幣經濟亦隨之發展。

隨著農業生產力之提升，商業亦隨之發達。莊園內的市場逐漸設置於固定的場所，地頭與莊官的館舍、寺社的門前，街道、河川交通要衝設立的市場，已有行商商人聚居。手工業者亦在市場上擁有獨占性攤位。當時在農村定期市場活動的，多是中小名主階層出身，他們都是農民同時也是商人。這種市場起初是臨時設置，其後逐漸改為定期（定期市）。

這些商人或手工業者等，多結成「座」。他們原來屬於供御人、神人等半隸屬的身分，以其機緣，奉貴族或寺社為「本所」，在其保護之下，獨占性的取得販賣原料、商品，進行特權的營業。這種封閉性的營業形態，就當時經濟圈狹隘的狀況而言，毋寧可說是發展

工商業的必要條件。

工商業的發達促使貨幣流通❷，產生金融業者。隨著商品交易
的增加，農村乃流通日宋貿易所流入的宋錢。隨著貨幣的普及，莊
園領主等，要求地租改納貨幣，農民之間亦行「標會」(tanomoshi)。

此外負責收納運搬莊園領主地租而發達的「問」(toi)、問丸❸等
漸起，而專門搬運業者獨立，更促進商業的發達。

由於大量進口銅錢的結果，促使商品交易熱絡，貨幣流通，商
業界呈現繁榮景像。朝廷雖曾下令禁用銅錢，卻無法遏止，反而更
為流行。直至1226年始加以廢止。但後來中國貨幣（宋錢）的使用
反而更為普遍而廣泛，甚至連莊園地租亦改繳現金。

這種流通經濟的發達，給予那些以土地為生產基礎的莊園制經
濟很大的影響，御家人的生活條件亦受到變化。由於御家人被捲入
流通經濟而使其領邑的喪失轉劇，「永仁之德政」❹，乃是為了防止
這些弊病而採取的對策。

隨著錢幣的流通，產生了匯兌制度。處理這些業務的業者，都
是有力名主與寺社的僧侶、神職人員等，他們之中出現了「借上」、
「土倉」❺等高利貸業者。

12世紀以後，僧侶與神官常以舉辦祭祀所累積的錢財作為放高
利貸的資本，對於欠債者則採取強硬手段逼還。但因其利息低，資

---

❷ 鎌倉初期的土地買賣，絕大多數都是用稻米作為換算的標準，到了中
　期，已有半數改用貨幣。

❸ 問丸(toimaru)是批發商，即將錢糧運往市場出售者，尤以港埠為最多。

❹ 幕府於1297（永仁5）年頒布德政令，救濟窮困的御家人。即禁止其領
　邑的典當與出售，強制執行過去御家人典押、出售的領邑無償還給御
　家人。

❺ 鎌倉時代的高利貸稱為借上(kasiage)，室町時代的高利貸業者則稱為
　土倉(dokura)。因將抵押品保存於土造倉庫而稱之。

金豐富，因此，公卿、武士與一般民眾向其借貸者多。甚至有御家人貧困到以武具或隸屬的「下人」❸為抵押而借貸者。

　　日本與宋的貿易，自平安時代即在政府的管制之下，集中於九州博多與太宰府兩地進行。平氏主政時期，不僅有宋船航行日本，日本人亦有遠渡重洋到中國交易。至1253年，南宋因銅錢外流，要求日本限制開往中國的船隻（限定每年五艘）。

　　由輸入商品可見，日宋貿易是以貴族、寺社、上級武士為對象，其後隨著貿易的興盛，統治階級為了確保輸入物品，乃進出市場，遂捲入商品經濟的波濤之中。尤其宋錢的大量進口，更促進日本貨幣經濟的發達，給與日本經濟很大的影響。

　　日宋的交易，由於輸入新的茶種或陶器的新製法，成為日本新產品產生的契機。日本僧侶與美術工藝家之赴宋，傳播當地思想與新智識、新技術，對日本新文化的形成亦有很大的貢獻。

　　鎌倉時代初期（12世紀末），中國有北方的強國金與華中、華南的南宋對立。當時日本與宋之間，依然沒有邦交，但雙方之間的貿易卻極盛行。從大陸進口的物品種類繁多，除了書籍、佛教經典與陶器等美術工藝品之外，尤以宋的銅錢居多，對日本商業經濟的發展影響很大。

---

❸　下人乃是從平安中期至命時代所用，對隸屬民的稱呼，因時代、地區之不同而其性質各異。在平安、鎌倉時代，隸屬於莊園內的武士、莊官或名主，從事家事與耕作，中世後期以後，逐漸自立經營而獨立。

第四節 鎌倉幕府的衰退

一、蒙古襲日

(一)蒙古襲日

鎌倉幕府初期（12世紀末年），中國大陸的華中、華南為南宋，華北、東北為金國，朝鮮半島為高麗國。13世紀初，世界上出現了一個橫跨歐亞大陸的封建帝國蒙古汗國。

1260年，元朝成吉斯汗的孫忽必烈繼承大汗王位，但仍處於「腹背受敵」的困境。由於在其統治境內發生受到南宋支持的漢人的反抗，而伺機併吞南宋。當他籌劃武力進攻南宋時，又遭海都大汗牽制，因而為了轉移內部的矛盾，乃著手征伐日本。蓋與日本關係密切的南宋王朝的存在，乃是忽必烈統一中國的障礙。因此，企圖透過東征日本，以消滅南宋，建立蒙、朝、日為一體的東亞新秩序。此外，垂涎日本的財富，亦為其發動征伐日本戰爭的重要原因 ❸❹。

忽必烈曾屢次派遣使臣赴日。自1266～1274年的八年間，先後遣使五次 ❸❺，語多威脅。鎌倉幕府執權北條時宗，一再接獲元世祖的國書，卻指斥蒙古人「不懷好心，窺伺本朝」，壓抑朝廷方面的妥協態度，嚴拒元使，並命西國的守護與地頭嚴加戒備。

---

❸❹ 元世祖招撫日本的動機，過去有兩種說法：一說以為世祖垂涎日本富庶，欲占為己有，一說認為世祖受征服慾的驅使。而其真正原因實可視之為海道伐宋的準備工作。

❸❺ 1266年8月，派遣兵部侍郎黑的、禮部侍郎殷弘為招撫日本使節，偕同高麗「陪臣」赴日，但未抵日即因風浪大而折返。世祖復命高麗遣使赴日催促，均不得要領。

　　1274年10月，元朝終於派遣蒙古、高麗聯合的九百艘戰艦，三萬餘戰士，以鳳州經略使忻都為都元帥，高麗軍民總管洪荼丘以及漢人劉復亨為左右副元帥率軍，由朝鮮的合浦出發，遠征日本。

　　元與高麗聯軍先是襲擊對馬、壹岐兩島，接著在九州北部登陸，深入博多灣內。日本雖然勇敢抗戰，但武士的作戰方式採用開戰前主將出陣叫罵及自我吹噓一番後交手的方式，因此在元高聯軍的密集戰術（擊鼓進軍、鳴金收兵）與「鐵砲」（石火矢）武器的攻擊下，毫無招架之力，而敗退到太宰府附近。

　　元軍雖以戰備、戰術的優勢獲勝，但因激戰而疲憊不堪，紛紛離岸登船。正在此時，狂風暴雨突發❸❻，博多灣風濤滔滔，元高聯軍船隻損傷甚多，死亡人數逾萬（一萬三千餘人），只好退回高麗合浦，日本遂倖免於難。此戰稱為「文永之役」。

　　元世祖鑑於前此之失敗，在於兵少且乏水兵，乃擴充兵旅，整頓戰備，謀大舉再征日本。1275年，忽必烈遣使（杜世忠）赴日勸降，杜氏卻遭鎌倉幕府斬首❸❼。1279年，忽必烈再度遣使日本，促其朝貢，北條時宗卻予以堅拒，並斬元使於鎌倉。

　　幕府預料元軍必將再度來襲，命西國有領邑的御家人，各自回防，動員各方人員，加強戰備❸❽，並採取在博多灣構築石壘，以阻止元軍登陸的戰略，復加強水軍，俾作海上迎擊。為徹底統制御家人，於1275（建治元）年派遣北條實政為總帥，翌年(1276)，任命北條氏宗族為長門、筑後的守護。

　　經一再計劃之後，元軍於1281年，兵分兩路，分別以東路軍四

❸❻　另有一說，謂當時並無大風雨，且日本方面資料均無元艦遇難記錄，所謂大風雨，實為元軍掩飾傷亡之藉口。此役的結束，本為元軍預定的撤退，並非因暴風敗歸。

❸❼　使節抵太宰府後，被護送到鎌倉斬首。元世祖於四年後始知此一消息。

❸❽　定「異國警固番役」的制度，以鞏固其態勢。

萬人，江南軍十萬人，再度征伐日本。由高麗合浦出發的東軍先期
進抵對馬，逼進博多灣口。面對沿岸築起的蜿蜒堅固的石壘和眾多
武士的堅守，無法登陸，乃轉戰志賀、能古島，雙方激戰。元軍中
發生大疫，死於疫者凡三千人。南路軍稍晚（6月）抵達平戶島❸，
與東路軍會合。

　　松浦氏、竹崎季長等豪強武士，以數萬兵在壱岐瀨河浦與元軍
作戰。元軍於7月下旬移集於鷹島，擬攻打太宰府。但自7月初旬夜
半，颱風大作。元軍十四萬士兵和四千艘船隻，在颱風襲擊下，「遇
風船實破」，兵卒屍體浮上海面。唯鎮國將軍張禧預料有颱風，採取
將戰船每隔五十步連鎖的辦法，而未遭破損。范文虎等人則棄械登
船而還，殘留在日本的元軍大半遭殺害或被生俘。聲勢浩大的第二
次征日失敗，史稱「弘安之役」。

　　蒙古武力曾席捲歐亞，但兩次東征日本卻均遭失敗，主要原因
係由於天時不佳，以及不習於海戰，而成軍之複雜，將卒不和，缺
乏統一指揮，亦為征日失敗要素之一❹，而不熟悉日本地形，選擇
登陸地點不當，亦為敗因。另一方面，日本軍民則能自告奮勇，同
心協力的抗戰。

㈡蒙古襲日的影響

　　元朝兩次遠征日本失敗之後曾有第三次遠征的計劃，但因國內
情勢不穩❶，遂未實行。鎌倉幕府則更嚴加防備，甚至派北條氏家
族為鎮西探題，以統制九州御家人的軍事與內政。

---

❸　江南軍統帥病故，臨時換將，以致耽誤出兵日期。

❹　征日軍都是臨時由各地所徵集，大部分為南宋降軍及高麗人、漢人、
　　蒙古人等不同民族所組成，缺乏統一、戰鬥意志。軍令軍權又不統一，
　　以致調遣無方，不得人和而失敗。

❶　此時海都叛亂，元帝國有分裂的徵兆。

圖2　蒙古襲日陸戰圖（局部）

　　鎌倉幕府雖取得了抗元戰爭的勝利，但戰爭卻給與日本很深刻的影響。在對元兩次戰爭期間，幕府除了御家人的領邑外，亦向寺院、神社、權門之家擁有的莊園徵兵，課徵軍費，展現武士政權的決定性權勢。幕府為了加強防衛體制，將九州及其他西國的守護職，收於北條氏宗族之手中，而與鎮西探題之設置同時，確立了北條氏在西國的專制支配。但此一戰鬥體制，卻使御家人階層的結合表面化，與戰後恩賞的處理等問題，釀成御家人階層對幕府的不滿。以蒙古襲日為界，幕府政治的性格大為改變。

　　但為防止元軍再度侵犯，更加強軍備，耗資巨大，導致幕府財政支絀，御家人亦苦於重擔。至於兩次戰爭的論功行賞亦多不得其平，蓋不可能像過去弭平內亂之後，賜予有功武士土地。因為兩次戰役屬於對外作戰，無可沒收的土地，當無土地可作為恩賞，這就動搖了由「奉公」即可取得恩賞的御家人制度的基礎，出現了脫離幕府的「獨立領主」和破產的御家人。御家人的分化和沒落，加速

了御家人制度的瓦解。

　　幕府與御家人的關係本建立在「恩賞」之上，但恩賞的財源無著。原擬調查田地，整理「隱田」，惟數量有限，且因調查而引起田地的訴訟糾紛。因此，無論御家人或非御家人，均對幕府不滿。此外，由於財產分配繼承的關係，御家人的領地愈分愈小，加以貨幣經濟的發達，生活日趨貧困。於是武士之間彼此爭奪領地，侵占公領與莊園事件層出不窮。其後幕府仍預期元朝可能攻日，警備體制趨於長久性，遂禁止九州的御家人為了申領恩賞以及其他目的前往鎌倉、六波羅。於是有在九州設置訴訟裁決機關的必要，乃於1284（弘安7）年設置關東的使節與當地有力守護的合議機關，旋又設置鎮西談議所（1288年），以資因應。

　　蒙古襲日前後，日元間的貿易一時中斷，不久又再恢復。1292年，日本商船已開往元朝中國。元朝卻對日本商船有所警戒，屢次發生迫害日本人事件，甚至禁止登陸，引起日本人登陸貿易港明州燒城、掠奪事件，實為後來倭寇的起源。為此，元朝更對貿易嚴重取締，但日本商船之赴元反而更盛，尤其鎌倉幕府以及其後的室町幕府，為了籌措大寺院、神社的建造費用，不斷地派船赴元 ❷。唐船所帶來的物品稱為唐物，為公卿與上流武士所喜愛，此與日宋貿易的時代如出一轍。僧侶尤其禪僧之往來更不亞於宋代，極為頻繁。

二、御家人體制的動搖

　　蒙古兩次襲日，給與日本社會深刻的影響。幕府於國難之際，取得從御家人領邑以外的公領、莊園，徵收士兵與軍備之權，並任命北條氏為鎮西探題，為中國地方西部的守護，幕府的權力乃得以擴及於此一地區。但另一方面，莊園本所對幕府愈益不滿，蓋武士

❷　自1325年遣送建長寺船後，數年即有一次遣華船，尤以1341年的天龍
　　寺船為最著。

們戰功既得不到「恩賞」，甚至在其後繼續不斷的「異國警固」及其他負擔不堪負荷。

御家人的生活主要靠領邑，但由於分割繼承（瓜分）而有愈分愈細的傾向。御家人之中，隨著貨幣經濟的發達，買賣或典當領邑者日增，幕府乃於1240年，禁止御家人脫售領邑，旋又頒令禁止讓與他人領邑，以防止御家人領邑之減少（1267年）。至1297年，甚至頒發「德政令」，使御家人得以無償取回數十年前變賣典當的土地❸。但此一政令只能救急於一時，反而招致經濟的混亂以及幕府威信的喪失，且杜絕了御家人告貸之門，因此被迫於翌年廢止。

御家人內部，原是依靠父權家長制所維持的宗族聯合體，但在抗元戰爭中，幕府為擴充兵力，招募大批庶子參軍，於是打破了以御家人宗族為基礎組成的軍事制度，鬆動了御家人的內部關係。幕府採取的是一種透過總領統制宗族的結合，以支配全部武士的政策，但武士宗族結合形態亦有變化，御家人體制亦從此發生動搖。

三、「惡黨」之猖獗

反映這些社會、經濟的變動，成為鎌倉時代中期、末期政治問題的是「惡黨」對幕府以及莊園領主的反抗。

惡黨的性格因地而異，很早就從莊園領主的支配衰退的邊境，以御家人階層內部的總領與庶子之間的對立為基軸，出現了以庶子家為中心的小領主階層的結合，成為對總領的抵抗，即對幕府統治體制的反抗勢力。對此，以畿內為中心的先進地帶，出現新興名主階層出身的在地小領主階層的結合。他們以姻戚關係的同族血緣結合為中心，形成包含御家人、非御家人在內的地緣結合，超越莊園

❸ 禁止御家人出售或典當土地，至於御家人所變賣的土地，無論其時間多久，均可物歸原主，而御家人的金錢借貸訴訟，則一概不受理。藉此以挽救御家人的經濟危機。

的領域而活動。行動的特徵，乃是武力的組織，以極為暴力的行動，反抗莊園領主。易言之，在貨幣經濟較發達的畿內及其周邊，莊園內的新興武士，控制中小名主，以抵抗幕府或莊園領主的勢力，稱之為「惡黨」❹。

13世紀後半，各地惡黨勢力已公然向幕府權力或莊園體制挑戰。惡黨以在地領主或豪強名主階層為中心，結合農民組成。幕府雖嚴加取締，但到了鎌倉末期，惡黨愈益猖獗。惡黨的行動破壞了莊園制這一既有的秩序，可說是對於基本上承認此秩序，在其中以御家人體制為基礎的幕府權力的反叛。惡黨的發生本身，乃是因莊園制的變質所產生社會變動的集約表現。

處於鎌倉後半期的農村社會變動之中成長的惡黨，因各地領主制的發展程度與莊園領主權的強度等不同條件，而有不同的內容與性格❺。

第五節　鎌倉文化

一、鎌倉文化的特色

鎌倉時代的文化，從武家與公卿對立的時期，轉到武家勢力得勢的中期、後期，均可見到文化現象推移的發展。在政治與經濟層面出現的二元性，逐漸朝向一元化的過程，乃是此一時代文化的特

---

❹ 鎌倉後期，已出現了名主階層出身的新的在地領主階層。這些地頭的在地領主階層形成了「惡黨」的主體。

❺ 在邊境地區，莊園領主早已喪失權力的地方，惡黨的主體是反叛地頭、御家人總領制支配的在地領主階層。但在先進地區，惡黨尚包含在地武士與農民，而出現與莊園領主對抗的勢力。

色。簡言之，即由古典文化轉變為中世文化的過程。

　　鎌倉時代有兩種文化的對立：一是傳統的公卿文化，一是新興的武家文化。著重情緒的、形式的公卿貴族文化，仍以京都、奈良為中心，保持傳統的文化，居領導地位，但已喪失創造性。武家文化則以堅強的積極性，具有創造新文化的氣魄。新興的武家文化之萌芽，為此一文化特色之一。

　　但此一時代文化的創造者，仍以貴族、僧侶居多。他們生活在古代傳統之中，面對武士、庶民等社會的變局，而社會的變化促進了傳統文化的反省，此一時代的貴族文化即在這種反省之下產生。因此，此一時代貴族文化的性格，與過去不同，即在武士階級的新社會變化影響下所形成，此為其特色之二。在創造文化過程中，民眾扮演了積極角色，武士與民眾為主的新佛教或神道之興起，很多作品也以他們為對象，這是第三個特色。最後一個特色則是深受宋代文化的影響❹。

二、鎌倉時代的佛教

　　鎌倉幕府的創始者源賴朝篤信佛教，曾興建永福寺、觀音堂等，對寺院與莊園保護有加，且又整修興福寺之南大門、金堂，東寺之御影堂等，並重建東大寺等寺廟，致力弘揚佛教。源賴朝死後，幕府承繼其政策，保護佛教，且在「貞永式目」的首條規定，必須「整修神社、專事祭祀」，以為神因受人敬奉而增其威，人因神德而添運。復於第二條列入「修造寺塔、勤行佛事」。

(一)鎌倉新佛教

　　古代末期的動亂，在文化上亦產生了極大的變化，尤以佛教的

❹　宋文化對其後日本人的日常生活影響很大。鎌倉時代初期，日本與宋之間的貿易甚盛，不僅輸入宋的工藝品，且在學問、宗教、製陶與建築技術等，廣泛的傳入宋的文化。

演變最為顯著。

因武士階級的抬頭，武家政權的確立，過去顯赫一時的公卿階級，瀕臨沒落的邊緣。對公卿而言，現實的世界已永遠不可企盼，而有求諸於來世理想世界者日多，這是平安中期末法思想❹廣泛被信仰的原因。

鎌倉時代，日本佛教界曾經興起一股革新的風潮。在此一革新運動中，中日兩國僧侶所作貢獻不容忽視。早在平安時代，即有前往中國北宋學佛（源信、寂昭），帶回許多佛教經典、佛像、佛畫等。南宋時代前往中國的，多是為了消除自己罪障，及為後生菩提而巡禮佛蹟。對當時的人而言，這已成為現實的問題，而有如同身受的感覺。最好的證明是舊佛教宗教團內部日甚腐敗與墮落。僧兵的「強訴」、破戒行為亦多。另一方面，戰亂不斷，天災地變接踵而起，正是末法思想所預言的世態。人們為了克服這種末法之世，依靠舊佛教似已走投無路，而舊佛教正是需要救助的末法之世的縮影。在此社會的一大轉變時期，因應人們的要求而產生了從舊佛教衍生的天台宗，以及從中國帶來的新佛教。

鴨長明的《方丈記》及《平家物語》的悲戚情懷，在文學上充分流露出末法思想的實情。當時走出市井，遁入山中的人甚多，但強調唯有身受肌膚之苦始能往生來世的逃避現實的苦修方式，卻非

---

❹ 有關佛法的變遷與世態推移的一種預言式思想，基於佛與世隔絕已久，教法逐漸地衰退，終將導致佛法衰滅的說法，即正、像、末三時。所謂正法乃是佛滅後，教、行、證全備，從教而行正，則可得證果的時期；像法是雖未能得證果，但教、行尚存的時期；至於末法，只有教而無行、證，修行的人亦不得證果，佛法全滅的時期。三時的說法有幾種，一說是正法500年，像法1000年；或謂正法1000年，像法500年；亦有正法、像法各1000年，或正法、像法各500年之說。當時盛行的佛滅年代是西元前949年。

一般民眾所能接受，於是產生了能夠彌補這種缺陷，以末世的凡夫俗子為對象，以信仰為本位的平易宗教。這些宗派雖多少有不同的說法，但其宗旨乃在克服末法之世為目的，而且有如舊佛教所追求，不必從事修行或經典的研究、寺廟的建立、莊園的捐獻，只要念佛、「唱題目」、坐禪，無論是武士、公卿、農民、商人都能居於平等的立場，到彼世而得到佛的拯救。

在鎌倉時代出現的新佛教有幾個流派，一是承平安中期以來盛行的淨土教（法然）的一向宗（親鸞），二是從中國移植的禪宗（榮西的臨濟宗與道元的曹洞宗），三是日蓮所倡導的日蓮宗（法華宗）。

其實，平安時代已產生淨土宗，至平安末期，愈能把握人心，出現法然（1133～1212年）。法然初學天台宗，旋悟其教義、儀禮過煩，於是倡導「專修念佛」，以為任何人，即使沒有高深的學問與修業，只要唸南無阿彌陀佛，即能往生極樂世界，這就是淨土宗之教。

親鸞為比叡山的堂僧，初學天台宗，旋皈依法然之教。於法然流罪之際，亦被流放越後，旋移至關東。在東國農民之間二十餘年的生活，給予親鸞思想上很大的影響。親鸞排斥了法然的「自力本願」說（凡事依靠自己），而倡說惟有倚賴阿彌陀佛之力，始能得救。他開創了淨土真宗，卻沒有寺院，其教團亦小，但自鎌倉時代的末期，其信徒逐漸增加。

在蒙古襲日前後，日蓮創設了法華宗（日蓮宗）。日蓮基於自古以來法華經的信仰，並在此傳統信仰之上展開其獨自的教義。日蓮熱烈的倡導法華宗才是唯一正確的信仰，只要唱南無妙法蓮華經的題目，即可得救，並猛烈抨擊其他宗派。著《立正安國論》，批判幕府政治，屢次受到幕府的迫害。

禪（dhyana，靜慮之意）在鎌倉時代以前即已傳至日本（臨濟宗、曹洞宗），至鎌倉初期，榮西等所傳的是以座禪為主的修業方式的宋禪。當時前往中國的僧侶大多學禪。入唐僧或唐僧將禪宗傳至

日本者甚多（如道昭、慧滿等）。

禪僧是以座禪的修業方法，離開經典的字句，倡導「不立文字」（不以文字為媒介），始終以自我鍛鍊自己的精神為主，重視追隨師道參禪。為此，受到重視經典，與權力相結合的舊佛教（尤其延曆寺）的迫害。

禪宗重視精神鍛鍊，依靠自己的努力取得悟道的禪宗之教，與武士的風氣與要求正相契合，而逐漸推廣。鎌倉初期，執權北條時賴皈依禪宗，旋又有華人禪僧相繼抵日，獲執權的保護。幕府之所以保護禪宗，固以其嚴格的修行符合武士情懷與生活方式，但其主要原因則是在幕府的地位提高之後，武士冀望創造獨立於公卿的武家文化，但因無法遽而創造，乃求諸於外來文化❽。

與淨土宗、淨土真宗之依靠他力信仰不同的是，從宋傳入的自力開悟的禪宗。留學宋的榮西（1141～1215年），於鎌倉初期傳入臨濟禪，13世紀前半，道元傳佈曹洞禪。只要與禪有關的，均在攝取之列，因此，鎌倉便成為日本全國禪學的中心。鎌倉的建長寺乃成為禪宗聖地。各地所建禪院，無不以該寺為典範。

(二)舊佛教的改造

因受到新佛教的刺激，舊佛教本身亦興起種種改革運動。前代的淨土教因應新的時代要求而完成質變。

華嚴宗僧侶，在京都建造高山寺，避名利，行佛道，致力再興華嚴宗。法相宗之解脫（貞慶），堅守戒律，修行於笠置寺。叡尊及其門下忍性，則從事救貧、施醫、造橋、鋪路等社會事業，傳播律宗。

---

❽ 其實，當時所要攝取的並不侷限於禪，而是隨著禪宗東傳的中國文化，故其內容涵蓋儒教、寺院建築、肖像畫與水墨畫等繪畫以及飲茶等生活方式。

(三)神道

神道方面，在平安中期，已有諸神只不過是由佛法來拯救的眾生之一的說法，於是便建造了神宮寺。繼則當佛教信仰廣佈時，就有神佛習合之說❹。　此一說法始自奈良時代，　旋即轉為本地垂跡說❺，隨即有反本地垂跡思想興起。

與神道相關連的是，神國思想的發展。古代以來具有貴族因素的此一思想，在此一時代中期以降，得神道而理論化，更由於元軍襲日而加強。於是掀起了「神國論」，從而誕生了伊勢神宮外宮的神官所倡導的伊勢神道❺。

三、學問與文藝

(一)學問與思想

此一時代的學問主要是以公卿為主，但自平安後期以來，律令的學校制度實際上已喪失其功能，所行的是儒學、法律等的傳習。此一傾向進入鎌倉時代，更進而成為學問的神秘化、宗教化。對公卿階級全盛的平安時代之憧憬，引起了《源氏物語》、《古今集》等古典研究的熱潮。

社會的變動與末法思想等，使沒落的貴族文化呈現多樣化。此一時代思想的著述最著的是《愚管抄》，作者慈圓任天台座主，但親

---

❹　所謂神佛習合，即是佛教信仰和日本固有的神祇信仰融合調和，所以亦稱之為「神佛混淆」。

❺　菩薩在日本是姑且以神的姿態出現，如阿彌陀如來之垂跡為八幡神，大日如來之垂跡為伊勢大神。亦即諸神就是其為奔馳的無始無終之佛，為濟度眾生而將其垂跡於日本的講法。

❺　伊勢神道亦稱「度會神道」或「外宮神道」。這是伊勢神宮外宮神官度會氏，為了提高外宮的地位所提倡的。鎌倉初期受神佛習合神道說的影響而產生。

身體驗貴族階級之沒落。綜觀神武天皇到承久之亂前後的歷史之中，慈圓視歷史過程為自然與人的合一，說之以「道理的顯現」。顯然是具有攝關政治的再興，而將武家政權成立視為歷史的墮落，一方卻不得不承認源賴朝（鎌倉幕府創始者）的立場，充分顯示貴族階級的苦惱。

貴族社會的停滯，引起過度尊重傳統，且在學問、藝能方面趨於神祕化、宗教化的傾向。在新興武士勢力之間，公卿文化開始滲透，在上層之間，盛行宴曲、歌道等。但武士卻還沒有到創造新文化的地步。在武士的學問值得注目的是，13世紀中葉，執權北條泰時之甥北條實時（1224～76年）在武藏的金澤創立文庫，廣蒐珍貴的和、漢書籍，供人閱覽，迄今仍發揮其圖書閱覽功能，成為有名的金澤文庫。

㈡文藝

在文學的領域值得注目的是，稱為「語物」❷形態的發展，以及和漢混淆文體的完成。《平家物語》乃是此一時代的代表性作品。成立的經過雖不明，但以其古代末期變動的廣度與深度而論，高度文學達成已是水到渠成。在平安時代的文學中扮演主要角色的「物語」，在鎌倉時代卻沒有留下可觀的作品。

學校教育的式微代表學問的衰微，一切學問大都變成師承或世襲，產生派閥之間的傾軋排斥。連歌道、書道方面亦為少數流派所獨占。惟值得注意的是，此一時代開始興起貴族與上流社會武士的子弟在寺院度其少年時代的風尚。直到鎌倉末期，為求學而在寺院受教的風氣更為興盛。

官學式微後，卻產生復古的傾向，以及從事「和學」（「日本學」）研究的風氣。蓋由於喪失政治實權與穩固經濟基礎的貴族，眷念舊

---

❷　「語の物」(katarimono)，乃故事式文學。

日情懷使然。且因懷念昔日的王朝文化，而引起其研究《日本書紀》、《萬葉集》等古典作品的熱潮。但學問仍掌握在學者門流之手，而不傳給外人。

小說則是模仿平安時期的作品較多。在「說話文學」（故事體文學）方面，出現眾多的作品。《宇治拾遺物語》、《古今著聞集》等為其代表，而以上層社會的「逸話」（奇聞）與佛教的教訓為主。

隨著幕府實力之增強，京都與鎌倉之間的往復頻繁，出現了《去關紀行》等遊記的傑作。鴨長明的《方丈記》乃是鎌倉時代的代表性隨筆，以中日文混淆方式的散文詩方式敘述淨土教所支持的沒落貴族階層的心境。

此一時代的文學較有特色的是稱之為「軍記物」（戰記文學）的作品。以源平爭亂為題材的《保元物語》、《平家物語》❸、《源平盛衰記》等稱著。在次一時期所完成的《太平記》❹，亦屬此一系列的作品。這些都是以強有力而生動的筆調，描寫人類在戰亂中命運的轉變，而撼動讀者的心。

和歌的發展，可說是貴族文化的回光返照，敕撰歌集中最大的《新古今和歌集》，是在承久之亂前夕藤原定家等人所創作，以富有清新的技巧與情趣為特色。它在歌調的流利與歌詞的精巧方面，顯示其自平安時期以降和歌發達的巔峰，但其後歌壇陷於停滯，定家的子孫不斷地演派系之爭。源實朝師事定家，卻是屬於雄大而鮮明歌風的特異歌人。

歷史書亦有承繼大鏡之流的《水鏡》、《今鏡》等，至南北朝主出現了增鏡。至於慈圓的《愚管抄》❺、南北朝初期北畠親房的《神

---

❸ 具有敘事詩的情趣與佛教的無常感，描寫武士的雄壯，筆觸細緻而相當感人。

❹ 「軍記物」之中，以《太平記》為最優秀，富於悲情的筆觸，陳述佛教的無常觀。

皇正統記》❺❻均是優秀的史論。

（三）美術與工藝

這一時期的造形美術大體繼承平安時代的傾向，但反映武士的崛起，以陽剛之美及寫實為特色，具有簡樸雄健的傾向。另一方面，則受佛教（尤其新興佛教）以及宋文化的影響。

鎌倉時代的建築以寺院為主流，以禪宗的興隆與南都（奈良）各寺院的復興為契機，引進兩種中國（宋）文化的形態：一是天竺式，是在華南發達，具有雄偉豪壯與自由奔放為特色的建築模式，代表性的遺構是東大寺南大門；一是唐式，為繼承中國佛寺的規模，因創建禪剎而發展，具有纖細簡樸的外觀，以圓覺寺舍利殿為代表。這兩種形式與「新和式」（以和式加上天竺式與唐式的折衷式建築）鼎足而三。和式的建築則以形式優雅著稱。住宅建築則將公卿的「寢殿造」❺❼加以簡化而改造成實用性的新樣式，稱之為「武家式」。

此一時代多佛畫，反映淨土念佛宗的隆盛，產生很多阿彌陀來迎圖的傑作。但足以表現時代特色與高超的繪畫藝術的是繪卷物（畫軸）與「似繪」❺❽。初期的繪畫，承襲前一朝代圓滿柔和的表情，以強有力的線條表現出動態感。畫軸則多取材於文學的故事畫，以及繪製寺院的由來，高僧傳記等，足見當時宗教活動的盛行。

宋代禪宗之東傳，實與繪畫有密切關係，蓋禪宗須有頂相（禪僧肖像畫），這種畫題之盛行，給予繪畫史上嶄新的領域。肖像畫的發達為此一時代的特色，以藤原隆信的源賴朝像等稱著，其子信實

---

❺❺ 基於末法思想，而以佛教立場，闡釋武家政治的必然性，為日本第一部歷史哲學書。

❺❻ 對日本史的治亂興亡作綜合性的論述。

❺❼ 寢殿造(sindenzukuri)為10世紀中葉成立的建築式樣，以檜木皮葺、鋪鑲地板，加上庭園，乃調和人工與自然之美與純日本式的典雅建築。

❺❽ 因崇拜偉人，尊崇祖師之風而盛行肖像繪，此類繪畫稱為似繪(nisee)。

是集隆信等「似繪」的大成，展現出描寫個性的技巧。至於佛畫則自中期以後，顯見宋畫的影響。

書法方面，過去都是世尊寺流，在禪僧傳入之後，流行宋風，至此一時代的末期則統一為青蓮院流。

雕刻有「玉眼」的技法等，寫實的特色較強，具有強力動態的表現。南都復興之際，被京都佛師所輕視的奈良佛師卻極其活躍，模仿其雄渾的作風，且運用其氣魄與寫實性於創作上，於是取代了平安時代纖細的技巧主義，而展現出透徹的寫實主義與明朗的自由表現。因此，在人像或佛像雕刻，均與肖像畫同樣流露出人性，與天平雕刻之充滿追求理想的精神形成顯著的對照。佛像雕刻栩栩如生，面部表情生動，個性的刻劃和衣著服飾的纖細極為突出。古典的奈良美術傳統與新時代的精神合而為一，出現雕刻史上第二個黃金時代。

代表奈良派的雕刻師運慶等，具有男性的作風，與快慶合作的南大門金剛力士像（現存史上日本最大的佛像）充分展現其雄渾的技巧與寫實之美。興福寺北圓堂無著、世親像，快慶比之於運慶，具有典雅的特色，三寶院彌勒菩薩像等即是。肖像雕刻亦多表現具有個性的傑作。

工藝方面，反映武士階級發展的世態，武具（甲冑、刀劍）的製造技術大進。出現名刀工栗田吉光等，與偕同道元赴宋學習陶藝的加藤景正，返國後在瀨戶開創陶業，製作了優美的瓷器，稱為「瀨戶燒」。

第三章 封建政治的展開

第一節 室町幕府的成立與守護大名的成長

一、武家政權的推移

(一)鎌倉幕府的衰退

鎌倉幕府經濟基礎的莊園體制，受到守護、地頭、御家人等在地領主階層的侵蝕而破壞。過去守護、地頭乃至一般的御家人，均以奉仕將軍而保持互相之間的獨立，但隨著守護職的世襲化，在守護與領邑內地頭、御家人之間的私人從屬關係的締結，守護自身遂得以在其領邑內作統合的支配。

非御家人、名主百姓之中，以集團霸占莊園年貢（地租），對抗地頭、莊官，並侵入莊園內，或為非作歹的，稱為惡黨，惡黨的猖獗為鎌倉幕府衰亡的原因之一。北條氏的專制政治，亦為幕府衰亡之主因。

13世紀後半，蒙古襲日之後，為了恢復動搖的御家人體制，鞏固將軍——執權——御家人的體制，加強北條氏嫡系的獨裁專制。北條氏獨占評定眾與大半的守護職，使執權成為傀儡。另一方面，

卻因壓制守護、有力御家人，禁止地頭等之侵入莊園，並設法救濟困窘的御家人，以及因貨幣經濟而受苦的弱小御家人，招致與有力守護地頭的對立。且因發出只救濟御家人的「德政令」，引起非御家人等各階層的反抗。

北條時宗去世後不久（1285年），即發生霜月騷動❶。這是幕府創立以來名家的安達泰盛與內管領平賴綱之間的衝突，最後安達泰盛敗北而亡。其實這不僅是兩家間的衝突，而是意味著得宗❷勢力的確立，另一方面，卻顯示北條氏已被一般御家人孤立，而促使其提早沒落。

幕府對朝廷政策的失敗，成為其毀滅的契機。在承久之亂（1221年）後，公武兩政權的關係一變。幕府為了壓制公卿政權，使之無力化，從中挑撥離間❸。適遇後嵯峨天皇逝世（1272年），卻未指定皇位繼承人，幕府乃乘機擁立龜山天皇，造成皇統分成後深草上皇的「持明院」與龜山天皇的「大覺寺」兩個系統的爭執。幕府雖於1317年促成兩統協議（成立「文保和談」），但雙方的鬥爭依然不絕。

翌年（1318年）即位的後醍醐天皇，對於處處干涉皇位繼承問題的幕府抱持不滿，於是廢止行之有年的院政，恢復天皇親政，再設記錄所，整理莊園，並起用不受門第限制的英才，施行積極的政治，策劃倒幕運動。1324年，召集美濃（岐阜縣）的豪強密謀倒幕，但事機不密，事敗，史稱「正中之變」。

此後，後醍醐天皇又為立太子事，與幕府發生齟齬，幕府對天皇的警戒愈趨嚴密，皇室再度密謀推翻幕府。後醍醐天皇親自到南部（奈良）北峰的各大寺院招募僧兵，再次進行倒幕。1331年，天

❶ 1285年霜月（11月）發生。北條氏討伐安達泰盛（十四歲任執權的貞時之祖父）之役。

❷ 北條氏的本家稱為得宗。

❸ 一方促使攝關家分立，分家，並干涉天皇的繼承問題。

皇的倒幕計劃復因密告而失敗。主謀者被幕府逮捕，天皇則偽裝行幸比叡山，實則潛逃奈良，旋又避難笠置城。其間雖得河內武士楠木正成的支援，但寡不敵眾，不久笠置城亦被幕府軍攻陷，後醍醐天皇在逃往河內途中被捕，流放到隱岐島，史稱「元弘之亂」。

　　後醍醐天皇所策動的兩次倒幕活動都失敗，但各地為打倒幕府（北條氏）而起義者漸多，烽火四起。主要武力為寺院、神社的僧兵、畿內鄰近地方的小領主階層，以及反北條氏的守護等。1333（元弘3）年，後醍醐天皇逃離隱岐，重整倒幕軍勢。幕府派遣足利高氏（足利尊氏）等人討伐反幕叛亂。但足利氏卻中途倒戈，進軍京都，攻陷六波羅。擁戴護良親王舉兵的御家人新田義貞及時響應，攻陷鎌倉，消滅北條高時等人，西國的鎮西探題、長門探題亦在同時被九州的島津、大友等軍所滅。至此，享祚約150年的鎌倉幕府遂亡。

　　自始即未擁有直接武力的公家勢力，其所以能打倒鎌倉幕府，係因倒幕這一目標的共識，使各種勢力得以集結於後醍醐天皇左右，且得力於大部分不滿北條氏專制的沒落御家人、皇室領邑或大寺社領邑的武士與僧兵，以及亟欲打破「惣領」制的既有勢力，具有惡黨趨向的中小武士團、莊園之中成長的先進地域的名主百姓階層。

(二)建武新政

　　鎌倉幕府既已滅亡，後醍醐天皇乃於1333年，回到京都親掌朝政。不僅廢除受鎌倉幕府所擁立的光嚴天皇，且廢止院政、攝政、關白等舊制，恢復了攝關政治以前的政治形態❹。翌年（1334年），改元建武，因而稱之為建武新政（或中興）。

　　新政府的官制，帶有公家、武家兩種官制折衷的色彩。中央組織方面，於中央設置行政最高機關「記錄所」❺，繼承幕府「引付」

----

❹ 廢止攝政、關白，天皇親自在記錄所總括政務。

❺ 記錄所是天皇親裁的國政最高機關。

的「雜訴決斷所」❻、「恩賞方」❼，並設置「武者所」，以護衛京都。這些機關所起用的都是對新政府的樹立有功的公卿、武士以及舊鎌倉幕府的官吏。

新政府最初著手的政策是，實施領邑的個別安堵法❽，這正是脫離現實的天皇復古主義最露骨的表現。但自前代以來已在武家政權之下，甚至是在公家政權內部，根本推翻已逐漸確立的土地「知行」制度❾，徒然招致混亂，因此在發布後不久即行撤消。此外，新政府先後施行歸還皇室所保有的神社領邑等，發布德政令，發行紙幣等。但大部分都是企圖實現天皇理想主義的政治，從皇宮的營造所付出的龐大費用是徵自全國的事實，亦可看出其違背了民眾對新政府的期待。

在地方上，仍維持鎌倉幕府的守護制度，並置國司與守護，由公卿、武士擔任。此一措施說明了國司之守護化，亦表示守護之合法化。此外，以護良親王為征夷大將軍，並派義良、懷良親王等分赴陸奧、相模、太宰府等地，以資鎮守邊疆之地。

中央與地方的行政機構雖齊備，但實際上卻多缺失，中興政權僅維持了三年即崩潰。建武政權的施政，使那些對鎌倉幕府不滿，為了打倒並樹立新政府而參加戰鬥的武士、農民大失所望。新政權蘊藏著許多困難，蓋公卿與武士之反目實為癥結所在。醉心於一統功成的公卿，蔑視武士，而賞賜之不公、不足，尤其招致武士的反感。武士對新政的理想漠不關心，只求領邑的安寧與一家的榮華。

---

❻ 雜訴決斷所，掌理司法行政，處理諸國名主武士階級最密切的領邑問題。

❼ 專掌論功行賞的機構。

❽ 安堵法就是不承認過去的土地「知行」，改以新的敕裁，「安堵」（保障）知行權。

❾ 所謂知行，乃是將土地或俸祿封給特定的個人的一種制度。

眼看只有公卿勢力的發展，而期待的恩賞不復得，當懷不滿，因而期待新武家政權的樹立。

此際，朝廷又有建造宮殿的計劃，而大肆增徵賦稅、勞役，引起各方的不滿。此外，政權內部產生討幕有功的足利尊氏與護良親王的對立。護良親王派的北畠顯家擁戴皇子，於奧州設立陸奧將軍府，而足利尊氏之弟直義，亦同樣擁戴皇子，設一個管轄關東的鎌倉將軍府。這些都是屬於小幕府的存在，與天皇的政治理想格格不入。

屬於源氏名門，很早就留意集結武士勢力的足利高氏，因臨時倒戈，打倒幕府有功，獲賜後醍醐天皇名字「尊治」中的一字，改名尊氏，但他早就有伺機反叛新政府的意圖。足利尊氏與護良親王以及新田義貞等的衝突，在新政府成立之初即已出現端倪。結果，護良親王於1334（建武元）年年底，被幽禁於鎌倉。

翌年（1335年，建武2年），為了敉平北條氏的殘黨所興起的叛亂，開赴鎌倉的足利尊氏，公然與後醍醐天皇敵對。足利氏擊敗了義貞軍而晉京，卻被奧州的北畠家所敗，逃往九州，但得當地豪族的支持。旋即取得光嚴上皇的院旨，終使兩軍交戰正酣時，再度成立持明院與大覺寺兩派的皇室。不久即由水陸兩路進軍京都。楠木正成迎擊於兵庫的湊川，戰死，足利尊氏遂占領京都。同年年底，後醍醐天皇被迫讓位，建武新政僅三年即告結束。

(三)南北朝的抗爭

被囚禁於京都的後醍醐天皇，始終不放棄其政治理念，終於乘機逃往大和吉野，設立行宮聽政，自以為天皇的正統，稱為南朝❿。足利尊氏所操縱的京都朝廷⓫則稱北朝，從此開始了歷經五十七年

---

❿　南朝的地理條件優越，勤王勢力較強，一時得勢。

⓫　足利尊氏擁護持明院統的光明天皇（北朝），於京都樹立政權。

的南北對峙，亦即兩個朝廷，兩種年號同時並存，史稱「南北朝」。

動亂的原因是武士之間的血緣結合已逐漸鬆散，導致武士宗族的分裂，以致為了自己的政治、軍事利害，時而加入北朝作戰，時而加入南朝作戰。

此外，取代宗族結合的地緣結合尚未成熟到足以統合支配各地武士的一大勢力，武士與農民從下而推翻莊園制度的傾向，衍生了武士、農民與莊園領主的公卿、社寺等階層之間的複雜利害關係，這些因素，使南北朝的對立動亂不僅限於政爭，且及於社會。

1335年，北條時行與公家勾結舉兵，襲擊鎌倉。足利直義（尊氏之弟）殺害護良親王，逃往西方。足利尊氏視之為叛亂，迎擊北條時行，並在鎌倉設置新邸，公然反叛後醍醐天皇，並擁立光嚴上皇之弟為光明天皇。後醍醐天皇逃出京都，奔往奈良縣的吉野山，建立南朝。與京都的朝廷（北朝）並立（1336年）。但南朝在軍事上處於劣勢❷。

足利尊氏再派軍擊敗南朝主將楠木正行，追放後醍醐天皇之子後村上天皇（1348年）。事實上，這一年可算是南北朝內亂的終結。蓋南朝的天皇與公家已無任何實力，但內亂卻仍繼續，其中心乃是武士階級內部的對立。

倚恃天險之地吉野為根據地的南朝，依靠紀伊的熊野水師，確保東國與九州間的海上連繫，反抗興福寺的大和土豪，以控有河內與和泉的楠木氏及伊勢的北畠氏勢力為後盾。但南朝本身的軍力終究僅限於一隅，雖一度壓倒幕府軍，且曾趁足利氏內訌❸，短期間

---

❷　南朝倚恃的北畠親房等所經略的東國失敗，不久，後醍醐天皇崩逝。

❸　對莊園領主採取妥協的足利直義（尊氏弟）與足利尊氏的主將高師直（代表「國人」——國衙領）之間發生衝突，導致足利尊氏為討伐直義而投降南朝（直義於二年後敗死）。武士內部的傾軋，使原已無法扭轉頹勢的南朝得以苟延殘喘。

收復京都，終究無法再度掌權。在北畠顯家、新田義貞等戰死後，南朝勢力遽衰。

　　實際上，南朝勢力只是侷限於吉野山一隅的山間地帶。當南朝的重鎮楠木正儀投靠幕府之後，全國始步向安定。第三代將軍足利義滿先後打倒山名等有力守護，鞏固幕府的專制權，並以之為基礎，企圖統一南北朝。

　　1392年，幕府迫使後龜山天皇讓位給後小松天皇❹，結束了長達五十七年的內亂，確立了室町幕府的統制體制。其後雖有零星的反抗，但吉野的南朝已完全失敗。

　　其實，京都的北朝朝廷在足利氏新建的武家政權室町幕府的嚴密控制下，僅擁有極有限的警察權與裁判權，而且逐漸地被幕府權力所吸收。南北兩朝的對立，實質上可視為志在恢復王朝政權的吉野朝廷與室町幕府武家政權的抗爭。

　　南北朝內亂的結果，完全葬送了天皇、公家與莊園制結合的古代朝廷的權力，天皇的政治地位驟降。北朝雖保持了皇位，但在室町幕府的保護與監視之下，勉強保持其體面而已，而取代的將軍權威，卻已提高到可稱為日本國王的地步。

二、室町幕府的成立

㈠室町幕府的組織

　　室町幕府是足利氏的將軍所建立的武家政治機構。足利尊氏於1336（建武3）年，控制京都之後，即迫使後醍醐天皇讓位，擁立持明院統的光明天皇。　旋即發布一項闡明當前政治方針的「建武式目」❺，內容除論述有關新政府所在地應設於何地的問題之外，強

❹　足利義滿揭櫫兩統迭立與保護大覺寺統的名分，迫使南朝最後的後龜山天皇退位，並擁立北朝的後小松天皇就唯一的天皇大位，其後皇位一直為北系的天皇所繼承。

調承襲鎌倉幕府的政治制度，因而可視為足利尊氏開設幕府❶的聲明。隨又任命高師直為「政所」執事，太田時連為「問注所」執事。1338年，足利尊氏被光明天皇補授征夷大將軍，室町幕府於焉成立。

室町幕府的組織，大體上係仿照鎌倉幕府略加變化而來。鎌倉幕府自北條氏執政以來，將軍徒擁虛名，而室町幕府的將軍則大權在握，政事均親自裁決。

室町幕府初期的政治制度與前代最大的不同在於鎌倉幕府是以「評定」為最高決策機關，而室町幕府的政權則是操在將軍尊氏兄弟手中。

新政府首先恢復統攝政務的機關——「引付」(hikitsuke)，任足利尊氏弟直義為長官，並大量錄用北條氏以外的鎌倉幕府舊官員。統制軍隊、掌理警察與刑事裁判的「侍所」(samuraidokoro)長官，亦由足利尊氏直屬家族充任。

室町幕府基本上仿效鎌倉幕府舊制，將軍乃幕府行政的最高主宰，綜理一切政務。其下置「管領」，輔佐將軍，由足利氏家族的斯波、細川、畠山三氏輪流擔任（稱為三管領）。管領原來稱為執事，只不過是處理將軍私人事務的職務而已，但在細川賴之以後，卻成為統轄幕府各部局的中樞機關。過去為「引付」所掌管的裁判，歸

---

❶ 主要有兩項內容，一是首先規定幕府所在地，二是闡明基本政策的十七條。採取以答覆足利尊氏諮問形式。它是以鎌倉幕府的《貞永式目》為藍本，以儒學為指導思想的道德規範，由鎌倉的評定眾二階堂等所訂，在一定程度上反映了當時各階層的要求，發揮了穩定社會秩序的作用，也有利於足利氏戰勝南朝。

❶ 足利幕府即是室町幕府。1378年，足利義滿在京都室町修建豪華的邸宅「花之御所」為住宅和幕府的衙署，故有室町幕府之稱。至於足利尊氏建立幕府的時間，則說法不一。其中有1338年，足利尊氏被任命為征夷大將軍之說。

諸於管領這一事實，足以證明。其後細川、斯波、畠山諸氏獨占管
領職，為了此一地位的爭奪戰，不僅意味著三氏勢力的消長，且常
引起激烈的政治鬥爭。管領之下設有政所（處理財政、將軍家務、
輕微的民事訴訟）、問注所（掌管文書）、侍所等機構。政所之首長
亦稱執事，專掌財政，並審理買賣、借貸等問題。侍所首長稱「所
司」，為僅次於管領的重要職位，職司御家人的統制與刑事訴訟。均
由山名、一色、京極、赤松四氏擔任，因而稱之為「四職」。

　　此外，尚有評定眾、引付眾等，但實際的政務卻由各「奉行」
專斷。至於規範諸司的法制，則是沿襲「貞永式目」的規定。

　　義滿於1378年在京都室町興建美侖美奐的宅第「花之御所」，翌
年（1379年），復在京都建造金閣，以顯耀幕府的威勢。

　　至於地方官制，鎌倉設有鎌倉府（關東管領）❼，東北設奧羽
管領（奧州探題、羽州探題），九州設鎮西探題，並委任親信擔任守
護大名，控制各地軍政大權。其中管轄關東十國的關東管領諸「國」
與鎌倉幕府時代同樣，置有守護與地頭，但性質不同。鎌倉時代的
地頭都是將軍的「御家人」，與將軍有主從關係，但室町時代則為了
對抗南朝，仿北條氏之例，將親族配置於重地，藉以鞏固將軍權力。
但實際上，將軍既需守護與地頭的協力，遂形成一種聯合政權。因
此，守護與地頭對將軍並沒有絕對服從的觀念，有時甚至要看利害
關係以定行止。

---

❼　除守護由將軍任免外，其他政務均委諸管領之手，其下的機構幾與幕
　　府相同，而有獨立政權的規模。「關東管領」由足利尊氏的子孫世襲。
　　鎌倉府的組織、權限很大，此實引起後來關東管領與幕府對立，甚至
　　武裝衝突的原因。

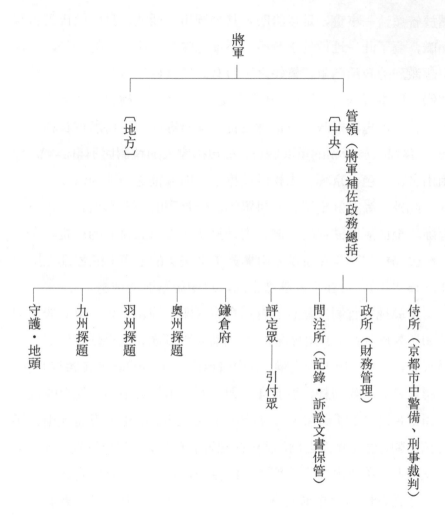

圖3　室町幕府的統治機構

(二)幕府的財政

　　幕府的財政主要依靠直轄地的收入，必要時也向諸「國」（守護、地頭）課稅。但幕府對其統制並不徹底，守護與地頭多不納稅，而直轄地的收入無法挹注，　只能依靠分散於各地的二百餘處「御料所」⓲，幕府於是在畿內交通要地設置「關所」徵收「關錢」，對京

────────────────

⓲　御料所是直轄領邑，由將軍之近臣，以「代官」身分負責管理，並代

都内外的「土倉」和「酒屋」也徵收「倉役」與「酒屋役」等稅❶。如有土木工程、儀式、社寺修理等臨時性巨額支出，則由守護的獻金或「段錢」、「棟別錢」 ❷ 等稅收來支應，這種重複課稅對農民來說是一大負擔。

旋又向富裕的商人徵稅，並倚賴對外貿易的利益。為解決經濟拮据問題，對明朝從事貢舶貿易，此一收入，其後成為幕府的最大財源，可見幕府的財政自始即不安定。

(三)足利義滿的政治

其間，足利氏內部鬥爭不已，很多守護家族沒落，兩派各與南朝維持一時的和平，對全國政局產生極大的影響。復因南北朝和解問題與尊氏父子不和，政局動盪不安。足利尊氏一反常態，投奔南朝，獲南朝征討足利直義的敕旨，並將其殺害於鎌倉。南朝利用足利氏的內訌，攻入京都，驅逐留守在京都的足利義詮。足利尊氏乃又摒棄南朝，轉而扶持北朝，奪回京都，幕府統治才獲穩定。但足利直義死後，幕府內訌大致已告結束，足利尊氏及其子義詮二代奠定了權力基礎。至1368年，足利義滿任第三代將軍之後，出現了足利氏的全盛時代。

1367（貞治6）年，京都將軍足利義詮與鎌倉管領相繼去世，從此幕府有統一全國的趨勢。翌年，後村上天皇去世，一年後，軍方重心的楠木正儀投降幕府，中央已少有組織的反對勢力，但在九州，戰鬥仍然未歇。幕府派遣一色、斯波等為探題，但島津、大友、少式諸豪族不輕易服屬，而懷良親王、菊池氏南朝軍仍蠢蠢欲動。及

　　繳「年貢米」、「年貢錢」，充當將軍之生活費或「代官」的俸祿。

❶　對酒屋（sakaya，酒坊）、土倉（dokura，當舖）的課稅起初是臨時性的，至1393（明德4）年，成為定期的課稅而制度化，成為幕府最大的財源。

❷　段錢(dansen)是公田徵稅、棟別錢則是房屋稅。

至1371（應安4）年，今川貞世任探題，安撫諸豪族的政策成功，戰火始得平息。

足利義滿登場之後，由執事（後改稱管領）細川賴之輔佐，確立將軍的權威，統制諸國守護。此時由於數十年的戰亂，守護各自在其「國」內，加強其領域的支配，開始對中央表現政治獨立與分權的傾向。足利義滿乃壓制這些強大的守護，先後加以滅亡❹，以收中央集權之實。因此，15世紀初期的幕府威勢達到頂點。但其子義持死後的時代，幕府的威力日衰，1428年的「土一揆」，暴露了幕府統治力之衰弱。將軍足利義教雖力圖挽救，卻已無力，反而招致赤松氏的叛亂（1441年，將軍義教被殺）。此後幕府勢衰，守護大名之間的反目鬥爭與叛亂不斷。加以社會瀰漫著財力、權力之歌頌，蔑視傳統權威與秩序之風氣與下剋上的思想盛行，守護乃愈益強大。

三、守護領國的展開與幕府的衰微

㈠守護勢力的擴張

在動亂之中，地方武士的勢力漸大，賦予統轄這些武士的守護，乃居幕府體制重要的角色。幕府自始即對於地方統制中樞的守護之配置極為用心，以京都為中心的近畿地方與其周邊諸國，特派任足利家族統制，以鞏固其地位。

室町幕府創立以來，有力守護動輒左右幕政，並屢成為動亂之源。南北朝的對立給予各地守護擴張勢力的機會。守護往往乘國內紛亂之際，侵占寺院莊園，擴張其領邑。鎌倉幕府時代守護的權限只限於「大犯三條」❷，至室町時代，卻又賦予「刈田狼藉」等權

❹　其中以山名氏為最。山名氏擁有十一個「國」（領邑），擁有日本全國六十六國六分之一，而稱之為「六分之一眾」。

❷　大犯三條是「大番催促」（警衛京都人員的催促）、查緝叛徒與殺人犯等的防範與處置。

限❷，擁有設置軍糧所❷及沒收地給與武士的權限。甚至利用「半濟」❷與「守護請」❷，侵占莊園。以這種擴大的權限為基礎，守護得以在其轄內廣泛的動員武士、農民，開拓其組成家臣團之路。

　守護本身進行其管國內在地武士的家臣化為急務，因此成立「守護請」制度，命其家臣或在其勢力下的武士為代官，負責實際的年貢徵收。藉此有效的控制莊園守護領化與家臣團的統制。無論是半濟或守護請，都是臨時性的，或限於短期內的，但一旦實施半濟法，或成立守護請的契約，則必欲設法恒久化，或侵占超額的年貢，實質上推動了莊園的解體。守護之侵吞年貢風氣甚熾，且又世襲各該領國長官之職，因此身為守護大名聯合政權的室町幕府，在第三代將軍足利義滿死後，便一蹶不振。

(二)幕府政治的紊亂

　嘉吉之亂（1411年，嘉吉元年）後，近江等地農民乘機發動土一揆（暴動），局面陷入不安，將軍的權威喪失殆盡，但守護大名的

❷ 刈田狼藉(karitarozeki)乃是以暴力收割別人田地上農作物的非法行為。在室町時代，取締此一非法行為之權歸守護，但到了戰國時代則為了切斷敵方的糧源，並為取得兵糧，而有此舉。然因其導致農村荒蕪，而有不少大名下令禁止。

❷ 為抵充兵糧，給予武士的土地。徵收兵糧的對象，乃幕府無法干預的神社、寺院或貴族的領地。這種領地稱之為兵糧食料所。

❷ 半濟(hanzei)乃是南北朝時代，在當地籌措兵糧的制度。在內亂中，室町幕府為了籌措軍糧，將神社、寺院及國衙領地年貢的半數給予武士，其餘則仍歸國衙及莊園領主，因而稱為半濟。守護往往濫用半濟令，將其所得分配給其麾下的武士，其勢力乃日益強大。

❷ 守護請(syugouke)，即莊園領主使守護或地頭承包一定數額的年貢，同時將莊園管理權委託給地頭的制度。但守護們卻不履行契約，反而霸占莊園，造成守護領國化的傾向。

領邑支配，卻無法確立其各自的權勢。另一方面，地方農村的變動，以農民起義的形式，動搖了幕府的支配體制。類此政治、社會的矛盾一舉爆發的是應仁之亂(1467年)，結果幕府的全國統治完全崩潰，乃進入動亂的戰國時代。

由於農民起義不斷，幕府屢次發布德政令❷以為敷衍，幕府的權威乃日漸喪失。第六代將軍足利義教於嘉吉之亂被殺之後，繼任的將軍年幼，而且足利義教以來的耆碩先後病死，幕府的權威掃地。但第八代將軍足利義政只是其夫人日野富子、政所執事伊勢貞親所操縱的傀儡而已，在相繼不斷掀起的農民起義之中，耽溺於豪奢的生活，幕政的腐敗達於極點。

打開約一個世紀的戰國時代序幕的應仁之亂，其直接原因是守護領邑內的下剋上情勢，守護大名諸家的內部分裂，及其繼嗣之爭❷。尤其是將軍的繼嗣問題與斯波、畠山兩氏家督之爭為最。在此競爭之中，牽涉到將軍義政之弟足利義視與足利義政之妻日野富子所擁護的足利義尚之間的將軍職之爭。

幕府管領細川勝元支持足利義視為將軍，而山名宗全（持豐）則力主足利義政幼子義尚為將軍，形成了以山名與細川為首的兩大集團的對立。

三管領之中，畠山與斯波兩氏已失勢，惟有細川保持其實力，足與之對抗的是四職重鎮山名持豐。因此，守護乃分別投靠此二氏，藉以擴張其勢力的局面。結果，成為天下二分之勢，至1467年，終於爆發了戰爭。

---

❷　1346（貞和2）年曾訂定法條，授予守護不待幕府的命令鎮壓不法侵入他人領邑的行為，同時發布十二項非法行為禁止令，規定違反者立即被奪其守護之職。

❷　將軍家因足利義政無子，擬讓位於弟足利義視，但不久卻得子義尚，於是發生了將軍繼承的爭議。

細川與山名兩氏東西構陣對抗，守護大名各分成兩軍，東軍以細川氏領軍，挾天子、將軍以自重，有二十四國十六萬人；山名氏擁有二十國十一萬人，據京都市中心之西，稱西軍。起初戰爭是以京都為主戰場，形成拉鋸戰。不久東軍採取攪亂西軍大名本國（後方）的戰法，戰禍乃波及於地方，全國三分之二以上的守護大名捲入戰爭。其間成為主戰場的京都大半變成廢墟，公卿與僧侶甚至流浪地方。

1473年西軍首領山名宗全、細川勝元相繼去世，士兵厭戰情緒驟昂，參戰的守護大名亦因領國內部政局不穩，陸續撤兵。直至1477（文明9）年，兩軍均已筋疲力盡，雙方乃達成和議，長達十一年之久的戰爭暫告結束。

在此亂事之中，幕府體制與莊園制等，政治、社會、經濟等所有體制徹底的崩潰，舊的權威與秩序亦被破壞殆盡。幕府喪失其全國政權的權威，淪為僅成為京都為中心的一地方政權。莊園制度完全崩潰，公卿與社寺喪失其莊園的收入。

地方的武士在此混亂之中，極力衛護自己的地盤，屢次結成「國人一揆」❷。1485年，山城地方的「國一揆」，即曾將封建領主的軍隊逐出國外，實現了八年的自治統制❸。在此情況下，在下者（部屬）凌於在上者（上司）的現象，乃為此一時代的特徵，稱之為「下剋上」。在加賀地方，一向宗（淨土真宗）門徒的「國人」，率領農

---

❷　地方的土豪、武士稱為國人。國人所發動的暴動，稱之為「國人一揆」。

❸　應仁之亂之際，當兩軍進入山城對峙，任意占領寺社，設置關所，橫徵暴斂，山城村民乃團結一致，起而反抗，終於成功地驅逐進入的軍隊。農民建立了自己的政權（稱為「山城惣國」），推選三十八個代表，組織最高決策機構，並輪流值班處理政務。但其處境困難，一方須反對守護大名，一方又須加強對農民的統治，因此只維持八年的自治政權即告結束。

民，興起「一向一揆」❸。

　　當時將軍足利義政無意於政治，在戰亂中不僅於京都東山經營別墅銀閣寺，在絃歌聲中飲酒作樂，過其風雅的生活。其子足利義尚繼任後，雖欲重整幕府威勢，卻於親征近江時陣亡，幕府衰亡之勢益顯。

　　此後將軍只是保持其名義而已，下剋上的風潮上下風行，此後百年群雄並起，天下擾攘不安，進入戰國時代。將軍的名義雖仍保留，但直到1573年，織田信長驅逐末代將軍足利義昭之前，室町幕府實際上已名存實亡。

第二節　社會經濟的轉變

一、莊園制的衰微

　　鎌倉時代以來，全國土地分成莊園與國衙領二種。這種區分在南北朝以後原則上並無改變。但國衙領或莊園的維持為基本政策的鎌倉幕府，內亂頻發之中，守護的領國制進展，其實質內容乃大有變化。此時朝廷的力量驟衰，國衙的權限幾移到守護之手，國衙領的收益亦除了僅有的部分之外，都成為守護的收入。另一方面，各

---

❸　以加賀、越前等地為中心的北陸地方，有一向宗中興之祖蓮如的傳教，門徒甚多。1460年，發生了東大寺八幡宮信仰一向宗教徒，利用加賀國當局內部的對立，在一向宗旗幟下，發動武裝起義。真宗教徒乃於1474年，起而反抗封建支配，將國內的侍（武士）驅逐出境。1488年，二十萬一向宗起義大軍包圍守護的城砦，迫使守護自殺。此後守護人選由一向宗教徒決定（守護只徒有其名，實權則操在信徒手中）。加賀國成為「百姓掌權之國」，且維持了一個世紀的自治。

地的莊園雖有領主頑強的抵抗，卻急速的走向崩潰之路。

　　1353（觀應3）年，過去一直保護莊園的直義沒落之後不久，幕府以近江等八國為對象，發布「半濟令」。自此，權利上雖認定其為莊園領主應得的領邑，實際的年貢徵收率卻急速下降。農民常要求減免年貢，與領主相爭，徵收未繳納部分的效果不彰。

　　13世紀到了14世紀前半，農村開始變化。全國一年雙收的種植方式與灌溉設施逐漸普及，耕地安定化，畿內等中央地帶的農村，面積單位收穫量的增大，農產品的商品化顯著，隨著社寺、貴族等的莊園領主之必要，促進了手工業生產與商品流通，於是本來以名田為基礎的莊園制乃開始崩潰。

　　名田所有者的名主❸，在這種農業生產力的發展、商品、貨幣經濟之中發生變化，階層分化急速的進行。原來莊園內能維持自立農民的，只有名主，他們之中，出現趁著傳統的地位與貨幣經濟之進展，累積土地而擴大經營，並蓄積武力，脫離直接的經營而轉為「地侍」❸。一方又有原隸屬於他們的「作人」❸或「下人」等之中，透過名主的繼承、買賣，逐漸自立。這類「地侍」或有力名主，與莊園領主、守護、地頭、莊官的剝削勢力對抗，並與其周邊自立化的小百姓團結在一起，進行地域性的組織。

　　在莊園制的機構中，領主要維持直接派遣莊官徵收年貢的方法已極為困難，領主依賴守護或地頭之承包，始得勉強確保幾分收入。這與鎌倉時代武士寄食於莊園體制的情形有如天淵之別。

　　外來的侵略或莊園內部所發生的訴訟或刑事事件，領主亦無法

❸　擁有名田的富裕農民，村落上層的構成成員。

❸　地侍(jisamurai)為非出仕幕府的武士，即在鄉村具有勢力的武士。

❸　作人是莊園制農民的階層之一，由莊園領主給與土地承包耕作者，有如佃農。平安時代謂之田堵(tato)。其實他們並非單純的佃農，蓋其下有使用人之農民。

自行處置，大多倚賴幕府或守護之力才能解決。為此，對幕府要員或守護的賄賂，成為通常的經費，自平安時代以來各莊園通行的獨自之法已衰微，全國盛行的是武家之法。

如此一來，除了一部分大社寺擁有若干京都附近的莊園，全國的莊園幾乎成為有名無實，公卿或社寺的勢力，在政治上或經濟上均屈服於武士之下。

南北朝的動亂以後，守護與地頭競相侵掠莊園，莊園領主的公卿、神社與寺院的統制力已蕩然無存，莊園的年貢徵收亦採取「名主」承包的方式，名主之下的「下人」與「所從」則獨立為「作人」（佃農），因此，莊園乃日趨衰微。

二、鄉村制的成立

鎌倉時代的農村組織，是以名田為單位，名主負有經營農業與納稅的義務。但農業技術的進步提高了生產力，有力名主除了一部分自耕地之外，大都委託他人經營，本身則變成只是徵收年貢的寄生地主。他們脫離了農業經營，以其餘力專注於武藝，於是有向外侵略的傾向。

至此，舊的名田制崩潰，進而為地方土豪武士。自鎌倉末期，非御家人與名主崛起，隨著幕府勢力的衰微，在鄉村掌握實權而領主化，或成為戰國大名或其家臣、鄉士，以迄於德川時代的中小武士團與小規模的農業經營者二個階層的分化，使農村社會發生根本的變化。當莊園衰微之後，農村社會產生新的村落組織——農民的自治組織。

農村因產業、經濟的發達而累積了不少財富，改變過去以「名主」與「下人」的上下關係維持社會秩序的體制。隨著此一變動，遂以佃農為核心，在氏神的信仰下，根據合議的方式，謀求自力生產與生活的方策，組成鄉村的自治組織。這種組織是從名主推舉「乙

名」❸與「年寄」❸，擔任對外折衝的工作。亦即由合議機關的「寄
合」❸，施行村落的自治。這種自治組織稱之為「惣」❸，此一形
態的農村機構稱之為鄉村制。惣是鄉村自治的村政組織，是在莊園
制內部滋長的一種新的社會體制，它兼有生產的協力機構以及組訓
農民社會活動的功能。

　　以如此強烈的團結意識所結合的惣村農民，一遇凶歉，即要求
罷免腐敗官員（代官）的職務，減免水災或旱災受損的年貢，結成
「一揆」❸，在領主領導下，大舉聚集抗議（強訴）。如其要求未被
接受，則全員放棄工作，逃亡到其他領邑或山林（逃散），實行自力
救濟。這些惣村常會跨越各自領邑的支配地，廣泛的與鄰近的村莊
聯合。

　　惣村的性格基本上是在乙名等利用小農民階層的結合，與莊園
領主、守護對抗，但不久惣村本身開始創造了乙名、中老、若眾等
身分秩序，而壓抑了逐漸抬頭的小農民階層。土一揆與國一揆即是
以這種惣村為母胎而產生。自應仁之亂前後，惣村的領導者，一方
從莊園制內部解體，一方壓制，支配惣村，而自為地侍、國人，編
入戰國大名家臣團之中，而被利用為領國支配，因此惣村的自治性

❸　「乙名」(otona)，亦稱大人、老長、宿老等。即中世末期，鄉村制度
　　中的村落代表。

❸　「年寄」(toshiyori)，原指武士社會及鄉村的組織中，居於領導地位的
　　人。

❸　寄合(yoriai)，乃是全體百姓參加的村莊集會，審定村莊的公共事務，
　　制定村莊的法規。

❸　各惣(sō)定有自治的「掟」(okite，法則)，從用水管理到懲罰犯罪，均
　　訂定詳細的規則，對違反者甚至課予追放（驅逐）的制裁。

❸　揆有法則、計劃之意，「一揆」原來指的是南北朝時代盛行的中小武士
　　團的地域性團結之意，其後把農民起義、暴動稱為「土一揆」(doikki)。

格乃逐漸淡薄。

隨著鄉村制的成立與都市的興起，畿內及其鄰近地方民眾的勢力亦隨之伸展。為了反抗封建領主的苛斂誅求，與高利貸之錙銖必求，以武力反抗的民眾運動，稱之為土一揆，一揆軍屢破幕府軍，成功地迫使其發布德政令。

第三節　與東亞的通交

一、倭寇

當時日本西部人民亦出入中、韓沿海，盛行私人貿易，當其不得逞時，每每訴諸武力，而成為倭寇❹，為害甚大。倭寇雖在鎌倉時代已見其蹤影，但此時西國的土豪所組織的海賊（前期倭寇），專以掠奪糧食與奴隸為目的，在朝鮮半島與華北一帶肆虐。倭寇的主要根據地在壹岐、對馬、肥前松浦地方，其規模從二～三艘的小集團，到擁有數百艘組織化的都有。

被倭寇的侵掠所苦的高麗，雖屢次派遣使節到日本，要求禁止倭寇，但因日本正處於內亂而未能禁制。建立李氏朝鮮的李成桂(1335～1408)，以討伐倭寇建功，於即位之後，採取倭寇懷柔對策與對日友好政策，倭寇之害稍戢❹。

---

❹　日本西部地區官商勾結，侵掠中、朝。他們結成的海盜集團，稱之為倭寇。

❹　鎌倉幕府末期，隨著幕府權威的衰落，御家人的破產和地方領主勢力之增強，西部地區的一些領主、庄官、地頭等，與商人、游民勾結，以對馬、壹岐等地為根據地，侵擾朝鮮半島和中國大陸沿海一帶。但16世紀以後的倭寇則是以中國海盜為主。初期騷擾的地區以山東半島、

　　室町幕府的財源大部分來自貿易收入，即使在蒙古襲日之後，九州與瀨戶內海沿岸的住民仍不斷地遠赴中國、朝鮮從事走私貿易，獲取暴利。此外，足利尊氏為了建造天龍寺而派遣天龍寺船前往元朝，獲利甚豐❷。但這種與中國之間的和平貿易關係，到南北朝內亂時期，卻因倭寇的肆虐而漸趨惡化，雙方的通商遂呈現一時中斷的狀態。

　　1368年，元亡明興，明太祖洪武帝於翌年遣使日本要求鎮壓倭寇，催促朝貢，惟被鎮守太宰府的南朝征西將軍懷良親王所拒絕。明朝為了禁絕倭寇，禁止日本商船的走私貿易，日本商人卻期待重開利多的對明貿易。第三代將軍足利義滿為了充實幕府的財源，鞏固將軍的地位，遂於1401（應永8）年，接納博多商人的建議，命令鎮壓倭寇，同時派遣使者送回倭寇所俘虜的中國人。足利義滿對明採取低姿態，以遣送朝貢船的形式重開對明貿易，取得巨利，以彌補不安定的幕府財政❸。此後倭寇之勢漸衰❹。1403年，足利義滿又遣使於明，賀成祖即位，國書中自稱「日本國王臣源道義」，並用明朝的年號，因而備受日本各界的非難，但卻因而恢復了元軍征日而中斷的兩國邦交與通商❺，這是聖德太子以來平等外交的一大轉變。

　　　朝鮮半島為主，後期則以中國東南沿海為主。

❷　1342年，足利尊氏仿效鎌倉末期的「建長寺造營料唐船」（1325年），派遣「天龍寺船」，由博多商人前往元朝貿易，徵收銅錢五千貫文，作為營造天龍寺之用。

❸　1407年，日本送還倭寇所掠奪的中國人，明成祖贈與足利義滿的銅錢是二萬貫文，足見對義滿而言，與其名分、體面，這種龐大的貿易利益更具魅力。

❹　15世紀以前的倭寇稱為前期倭寇，16世紀初期勘合貿易衰微後再度出現的倭寇稱為後期倭寇。

❺　日本向明朝貢獻方物，明朝對日本則免除關稅，免費供給使節團的費

圖4　倭寇侵掠圖

二、勘合貿易

1404（應永11）年，中日簽訂了「永樂條約」，恢復邦交，進行勘合貿易❹，至足利義持時代一時中斷❹，到了1432（永享4）年足利義教時代始再恢復。直到1547（天文16）年，共進行了前後十七次，船隻八十五艘的勘合船貿易。

所謂勘合貿易是由明朝送幕府「本」字勘合一百道，「日」字勘合底簿一扇，用「勘合符」，以區別公私船隻❹，並規定十年一貢，

用，並餽贈物品。義滿當時正大興土木，建造北山邸（金閣），財政極為拮据，因此投明朝之所好，採取朝貢船隻形式，以取得貿易之利。

❹ 這種由明朝和室町幕府商定頒發的勘合（分由兩方各執一「勘合符」的許可證）所進行的中日兩國之間的貿易，稱為「勘合貿易」。

❹ 1419年，足利義持否定足利義滿向明朝稱臣，斷絕兩國間的關係。日本對明貿易中斷後，倭寇又死灰復燃，明朝不斷要求取締。幕府窮困的財政勢須仰賴貿易之利，足利義教不得不應明朝之需求，於1432年恢復通商。

❹ 對日貿易時，將「日」字和「本」字擴大從當中裁開，一半叫做「勘合符」，另一半叫做「勘合底簿」，中、日兩國各保存一半。貿易船攜

每次人員二百名，船隻二艘❹。

圖5　遣明船、勘合簿

　　勘合貿易的實權，起初掌握在幕府手上，由禪宗的僧侶管理勘
合印與勘合符。遣明大使與副使亦任命禪宗僧侶擔任。貿易船以幕
府的直營船隻為主，有力的守護、大名、寺社亦得以參與。應仁之
亂（1467~1477年）後，貿易的權利歸細川氏與大內氏壟斷，但雙方
爭執不斷，其背後則是與細川勾結的堺的商人，以及與大內氏勾結
的博多的商人之間的競爭❺。

　　這種朝貢貿易形式，由於投宿費等全由明朝負擔，日本獲利甚
豐❺，尤其大量運回的銅錢，對日本貨幣經濟有很大的助益。但為

　　帶這種勘合符到對方，與當地的底簿核對，以確認其來由。

❹　依據協定，貿易船的派遣是十年一次，船員三百人，以勘合符分貿易
　　船公私之別。這是當時東亞諸國共通的貿易統制方法。但這種協定並
　　未嚴密的遵守，以第一次而論，船隻六艘，有時多達十艘。

❺　雙方曾於1523年在寧波發生燒船事件。爭執的結果，勝利歸諸大內氏，
　　而堺的商人亦服從大內氏。其後直到1551年，大內氏掌握對明貿易的
　　實權。

❺　日本以朝貢方式向明朝朝貢方物，明朝對日本則免除關稅，免費供給

了貿易主導權的爭執，日本商人之間的紛爭趨於激烈，成為明朝對日鎖國之一因，遂使勘合貿易斷絕。

史上視勘合貿易為日明貿易的主要形式，其實，勘合貿易只是官方貿易，在日明貿易中居於次要地位。據統計，當時到長崎貿易的中國民船，1614年有六十艘，1625年有九十艘，1634～1644年的十年間則是平均每年五十七艘。顯然，勘合貿易遠不能與民間貿易相提並論。

三、與朝鮮、琉球的關係

朝鮮半島於1392年，因擊退倭寇而名噪一時的武將李成桂，推翻高麗朝，建立李氏朝鮮（李朝）。朝鮮亦曾與日本通交，並要求日本禁止倭寇。

日朝貿易與勘合貿易不同，自始即不限於幕府，而是守護大名與豪族、商人等都參加而盛行，因此朝鮮訂定了透過對馬的宗氏通交的制度，加以統制。其後，日朝貿易，因「應永之外寇」❷而一時中斷。自此日朝貿易逐漸式微，直到16世紀，雙方的貿易均極活絡。

使節及其隨行人員的費用，並回贈昂貴的賞賜品。一般貿易商品的搭載則在明朝的許可與統制下交易。以其代價購買輸入品歸國，在國內作獨占性買賣，因此獲利甚豐。其實，日明之間的勘合貿易，明朝著重的是政治意義，一方面為藩屬之朝貢，保持天朝大國的體面，一方面則是謀求假日本之手以解決倭寇的騷擾，因而不惜耗費。日本則是政治、經濟並重，除經濟利益外，亦有藉此取得明朝的支持，以鞏固國內統治的企圖。

❷ 對日朝貿易積極的對馬宗貞茂死去之後，倭寇的活動轉趨猖獗，朝鮮軍乃於1409（應永16）年，出動大軍襲擊倭寇的根據地對馬，但遇宗氏的伏兵而退。此稱之為「應永之外寇」，但未影響到雙方的貿易。

其後九州與中國地方的守護大名、豪族等，以修好為藉口而爭利。朝鮮苦於應付，乃於1443年與對馬的宗氏簽訂協約，規定宗氏的歲遣船為每年一百五十艘，貿易港限定於釜山、熊川、蔚山等三港，並在首都京城與三個港埠設置倭館，管理商務。但日本人赴朝者日多，與朝鮮官民屢次發生衝突，甚至於1510年，發生日本僑民的暴動（「三浦之亂」）❸日人遂撤回對馬。此後通交再開，但日朝貿易逐漸衰退。

琉球自14世紀末開始，即與明朝保持主從關係，頻向明朝朝貢。至15世紀，琉球分為山南、山北、中山三國，15世紀初期，尚巴志加以統一，建立琉球王國。琉球與明朝、日本通商❸，同時盛行海外貿易。琉球船隻不僅到明朝、日本與朝鮮，甚至遠至南方的爪哇、蘇門答臘、泰國（暹羅）等東南亞各國，從事轉運貿易，那霸成為東亞重要的交易市場，琉球王國極為繁榮。

---

❸　1510年，因朝鮮不允許輸入銅，日朝雙方發生爭執，對馬的宗氏派兵攻擊三浦，日僑響應。又稱「三浦之倭變」。

❸　琉球船或博多商人，從事日本本土與中國南海產品的轉運貿易。從日本購買刀劍、香料、屏風、漆、銅等，載往中國南方出售，交換南方的藥種、南蠻酒等與中國的陶磁器、絲綢等。那霸是海上交通的要衝，為南海商船以及商船寄泊的港埠，轉運貿易極盛。

圖6　琉球三分圖

第四節　武家文化的成立

一、室町文化的特色

　　平安時代以前的文化是以少數貴族為主流，且集中於京都與奈良，至鎌倉時代，逐漸有地方豪族與武士愛好學術與文藝、演藝。中世末期以後，由於生活水準之提高，文化逐漸普及於地方，為近世文化奠定了基礎。

　　南北朝之亂使社會形態為之一變，在內亂漩渦之中，文化方面雖有新的萌芽，但仍處於混沌狀態。足以顯示內亂期間的代表性作

品是《太平記》❺。

　　承南北朝之後，自14世紀後半到16世紀前半約二百年的文化，大別之，可分前期北山山莊的金閣所代表的北山文化，與後期的山莊銀閣所代表的東山文化。兩者之間雖有若干不同，但整個室町時代仍有其共通的特質。

　　一是傳統文化的攝取與武家文化的形成。位於京都的室町幕府，與公卿接觸，介入公卿政治愈多，因此自將軍以至上層武士乃逐漸公卿化。其最大的特色乃是吸收傳統的公卿文化，一方融合武家文化的方向。鎌倉時代以來武士所喜好的禪宗盛行，在五山制度❺之下，承繼前代儒教傳統，宋學亦極發達。

　　二是中國文化的影響及其日本化。透過對明貿易，宋元時代起，開始輸入中國文化，尤其隨禪宗而來的建築、庭園或宋學、水墨畫等之吸收，影響很大。禪宗之中，臨濟宗主流的夢窓疏石等，14世紀以降的曹洞宗，企圖融合舊有的密教與土俗信仰的融合，或積極施行祈禱佛事、葬禮法事，顯現其日本化的傾向。禪宗寺院建築的「書院造」與「寢殿造」等建築樣式的結合，庭園與水墨畫亦產生與之相對應的獨自樣式。

　　三是民眾文化的形成與文化之普及於地方。應仁之亂導致京都的荒廢與公卿僧侶等往地方遷徙，使中央的傳統文化普及於地方，同時下剋上的政治、社會動向，在都市的市民與農村的民眾之間產

❺　《太平記》作者相傳是小島法師，但迄今不明，全卷所貫穿的立場亦不一貫。其特色乃是一方面肯定內亂的過程，而描繪武士集團的動向。

❺　北山文化受禪宗的影響很深。幕府按照宋代辦法，分別指定京都與鎌倉各五大寺院為五山禪寺，五山禪僧充任幕府的政治、外交顧問。不少五山禪僧曾來中國學習朱子學，寫下大量的漢詩文，而有「五山文學」之稱。所謂五山文學，乃指五山禪僧為中心所興起的漢文學而言。五山成為學問的中心，出版事業之發達對文化的普及頗有貢獻。

生大眾文化，促進了中央與地方之間的文化交流。

室町幕府的成立，登上中央政局舞臺的守護大名，在領國農村擁有根據地，形成城下町，致力於中央文化的吸收。在此條件之下，一時貴族與僧侶之下形式化的連歌，卻得以恢復其自由的大眾化與獨創性。水墨畫亦從中國的模仿發展為獨創的藝術，甚至有畿內民眾開始的「茶寄合」，發展為茶道，吸收農村藝能的田樂，發展為能樂，在民眾與武士階級之中洗練而大成。

隨著社會地位的提高，庶民也成為文化的創造者，結果產生了具有特色的庶民文化。都市的有力工商業者，由於職業的關係，有讀、寫、算的必要，在奈良的商人之中，有刊行《節用集》辭典者。在村落的領導者之間，亦在宣導讀、寫、算的必要，文字的世界逐漸滲透到農村。

室町時代，由於商人與手工業者興起，公卿勢力日趨沒落。這種社會的大變遷，也反映在文化方面。過去文化的享受者是公卿貴族，如今則為殷富的農工商階級。

在九州方面有肥後的菊地氏，在其城下建立孔子廟，舉行祭禮，招集學僧桂庵玄樹，講授儒學。此外，薩摩的島津氏，亦邀請玄樹，致力於朱子學的普及，奠定後來薩南學派的基礎。16世紀中葉，在四國的土佐，有南村梅軒講授朱子學，成為南學的始祖。

關東亦有後北條氏保護學問，恢復足利學校，大興文教。關東管領上杉憲實在下野足利地方興辦足利學校（學徒三千人，為當時日本規模最大的學校），對來自全國的禪僧與武士，施予高度的教育，同時蒐集多數的書籍，其後成為全國研究儒學和其他學術的中心。一些地方的小領主和地方武士以及上層百姓、名主，為了教育子女，進行文字、社會常識和道德教育，以《庭訓往來》等來往書信的書法字帖為教科書，講授日常生活中的社交應酬、地方土產和民間節令活動等知識。從京都的禪寺開始的五山版印刷技術也盛行於港都

堺、城下町山口、鹿兒島等地，故有地方性的堺版、大内版、島津版之稱。

　　這種學問的隆盛，促進了書籍的出版，地方的禪寺與大名刊行佛典、儒書者日多。其中大内氏、島津氏等所出版的書籍尤為著名。除了佛典、儒書之外，辭典等出版亦於此時驟增。在堺則有醫書的刊行。

　　應仁之亂後，公卿貴族為避戰亂而遷徙至地方，居住在諸國、大名的城下或寺院之中，將京都的高度文化移植到地方，對於文化之普及，貢獻良多。地方上的諸侯亦不斷地獎勵學問，致力將京師的文化移植於領國內，尤其因對明貿易而繁榮的大内氏的城下町山口 ❺❼ 為最。這些文化人所聚集的地方，屢有儒學與和歌等古典的講義，且出版多種書籍。儒學被新興的大名視為統治者必修的學問而積極的接受，給與政治思想很大的影響。

　　戰國時代，從歐洲傳入基督教，傳教士熱心傳教，他們將日本人信徒理解基督教之快，歸功於教育水準之高。

　　隨著室町時期的社會經濟發展，特別是商品經濟的發展，出現了城下町、港都等城市。室町文化的大眾性和地方化，可說是江戶時代出現繁榮的町人文化的前提。

二、北山文化

　　將軍足利義滿的別墅北山為代表的文化，稱為北山文化，北山文化的主流是匯聚於禪宗文化的金閣寺 ❺❽。這是足利義滿於1397年，

---

❺❼　大内氏從事日明貿易而積富，對於獎勵學術不遺餘力。16世紀初，不
　　少公卿僧侶、學者等，為了走避戰亂而離開京都，競相聚集於城下町
　　山口，京都文化有一時轉移到山口之觀。

❺❽　金閣的底層採用貴族的「寢殿造」建築方式，中層則為「武家造」，上
　　層採取中國佛教建築式樣（唐樣）。

在北山建造的北山第（亦稱鹿苑寺），以金箔輝映的三層樓閣（舍利殿、即金閣）為中心。前代以來公卿的住宅樣式（寢殿造）與合乎武家所好簡素的禪宗建築，在一棟建築物之中成層並置，正顯示公卿文化與武家文化結合、共存，而以金箔粉飾這一點，更不能否定其為兩文化安易的融合。

圖7　金閣寺

　　室町幕府全盛期的文化，因第三代將軍足利義滿於1397年，在京都北山興建金閣與新興的武家文化相融合的特徵。正如金閣寺是「寢殿造」方式與唐樣的折衷，屬於貴族文化的傳統與中國文化的折衷。

　　吸收中國文化，亦隨著對明貿易的發展而進展，中國的五山制度、漢文、宋學研究、水墨畫等之流入甚盛，但不脫模仿之域。

　　這種文化的特色在建築方面，採取「書院造」的住宅建築 ㊿

───────────────────

㊿　原來是走廊建有明亮窗櫺，以便讀書之用的一種小室。不久，附有這

在庭園建築方面，則以禪僧為中心，建設「枯山水」**⑥**的新樣式。

　　因佛教經典都是以漢文書寫，所以漢學乃成為僧侶必修的課程。自古以來即修習漢唐訓詁之學以助其經典的瞭解。然自禪宗東傳以後，隨著禪宗的興隆，掀起對中國大陸文化的鍾愛，呈現漢學復興的機運。此一時期的漢學，並非復歸漢唐訓詁之學，而是探討宋儒朱熹等人所倡導的性理之學。不僅採用朱熹新註之精神，且採儒禪一致之說。

　　無論中國禪僧之移居日本，或日本禪僧之赴華學佛，多將宋儒新說引用於其佛學之中，並以模仿南宋的五山制度所設立的京都、鎌倉兩地的五山禪林為中心，講授宋學**⑥**。

　　受宋代朱子學影響，在研究歷史的演變方面有了新的發展。南朝重臣北畠親房著《神皇正統記》，主張南朝天皇為正統的歷史觀。二條良基的《增鏡》，從皇室貴族的立場，對鎌倉幕府時期的歷史進行回顧，描寫南北內亂的《太平記》等，都對後世產生很大的影響。

　　公卿之中一條兼良學習神道、律令，著《日本書紀纂疏》等。吉田兼俱統合神、儒、佛，倡導唯一神道。

　　在和歌方面，《新葉和歌集》是南朝的宗良親王所撰，與一般歌人的停滯不同，以一種高度緊張的心情歌詠悲情。內亂末期，曾任九州探題的今川貞世，主張自由的歌風，掀起歌壇的新風。

　　種小室的房間，亦稱為「書院」，且將這種建築方式稱之為「書院造」。
　　這種結構的住宅，內置壁龕，懸掛字畫藝術和插花。

⑥　枯山水原指庭園中只用石頭堆砌而無水池的部分，其後不用水而只以石頭象徵瀑布，以白砂象徵水流。同時以許多石頭來築造庭園，而頗富禪宗的情趣。

⑥　自從平安時代以公卿為中心的儒學式微以後，代之而起的就是五山禪僧為中心的禪林。禪林又稱叢林，係指樹木叢聚之林的意思。以之表達僧侶和睦相處，有如樹林之靜寂。

南朝的人們學習宋學頗為馳名，足利尊氏則重視臨濟宗。五山不僅為學問文藝中心，在出版事業方面亦對文化的普及有貢獻。

能樂緣自律令時代的散樂。平安時代以降，這種藝能在賤民之間傳布。南北朝內亂時又有「猿樂」，受到足利義滿的保護，促成猿樂能之大成。但能樂並不具備戲劇的構成，日本的戲劇必須等待歌舞伎。

繪畫方面，宋、元的水墨畫盛行。明兆等名手，奉足利義滿之命而描寫繪畫。周文的四季散水畫等為優秀的作品。

三、東山文化

室町後期以第八代將軍足利義政的別墅東山（建有銀閣）為代表，稱為東山文化，是公卿文化、武家文化、禪僧所傳來的宋代文化以及新興的庶民文化相融合的複合文化。

室町沒落時代（後期）的文化，是在足利義政為中心的貴族、上層武士之間產生。形成了禪僧幽玄、恬淡之風與貴族文化的傳統相融合的獨特文化形式，與另一方面隨著社會變化而顯著成長的庶民之間所形成明朗而樸素的二個要素混合而成。

東山文化的時代背景,正處於土一揆與應仁之亂後激動的社會。代表東山文化的是東山殿的中心觀音殿，通稱銀閣（又稱慈照寺，完成於1489年，費時七年）。比諸北山金閣寺的豪華稍有遜色，但其下層採取「書院造」（內置壁龕，懸掛字畫藝術和插花方式），充分表現出東山文化獨特的恬淡特性。銀閣的建築樣式帶有濃郁的自然氣息，能把廣闊的自然界壓縮在有限空間的庭園設計中，並以象徵方式，用寥寥數樹、數石來暗示整個大自然的景像，發揮了禪的精神，以象徵性方法表現出幽玄閑寂的旨趣，天龍寺與龍安寺等可見到優秀的例子。

圖8　銀閣

　　承繼民眾自由的茶「寄合」（集會）精神的茶道，雖是通俗，卻
展現過去佛教藝術、貴族文化所看不見的清新風氣。

　　繪畫方面，宋元畫風隨禪宗傳入，水墨畫亦極盛行。1469年，
從宋朝回國的雪舟，脫離了中國大陸的畫法，創造出真正體現日本
精神，具有民族風格的水墨畫傑作，有「天橋立圖」、「秋冬山水畫」
等，被譽為日本的「畫聖」。

　　土佐派的土佐光信，成功的復興大和繪，狩野正信、元信父子
二代，採用大和繪於漢畫手法之中，開創了狩野派。

四、庶民文化

　　此一時期的文學水準較之前代，顯然遜色不少。庶民的文藝有
御伽草子㉒之出現。它是一種將鳥獸、蟲魚、草木擬人化，描寫滑

㉒　御伽草子(otogisōshi)是一種取材於民間童話與傳說的通俗短篇小說。

稽、戀愛故事樂而來，以其使用假面具（能面），以歌謠、舞踏伴奏，並配以謠曲的演出，具有戲劇的因素。13、14世紀時出現了若干以神社為據點的「座」（劇團）。當時的公卿社會雖亦有從事學術研究的學者，但流於低俗。固然亦重視和歌，但著重口傳，未能擺脫過去的窠臼，充滿尊重格式的風氣，顯得毫無生氣。

鎌倉末期，流行於貴族間的是連歌❻。連歌文藝是一種集體創作的活動，與民眾集會、祭神活動等群眾性集體生活有關。室町末期，山崎宗鑒倡導連歌的革新，著有《犬筑波集》等，成為江戶時代俳諧（短歌）的起源。

民間文藝創作中，成就最大的是「能樂」(nō)和「狂言」。能樂緣自律令時代的散觀世等四個座特別興盛。觀世座中出現了觀阿彌、世阿彌父子，使能樂成為獨具特點的文藝形式。他們集各地民間藝術和歌舞之大成，創造了富有群眾性的日本民族戲劇。世阿彌撰有日本最早的戲劇論著《花傳書》，又有《能作書》，是日本最早的戲劇創作方法論著作，為日本民族藝術理論奠定基礎。

在能樂劇演出閉幕時，穿插演出以諷刺和批判統治階級的愚蠢、揭露社會中的矛盾為內容的「狂言」，是日本最早的道白劇。台詞使用日常語言，有生動活潑的表演形式。能樂和狂言為江戶時期的歌舞伎、淨瑠璃的誕生準備了條件。

室町前期，畿內茶農為進行茶葉競賽而形成茶集會。這種集會又發展為有許多人品嘗茶的娛樂，並形成喝茶的禮法。武士和貴族間還有以品嘗各地的茶來進行賭博的「鬥茶」娛樂。第八代將軍足利義政，曾邀請「茶道之祖」村田珠光展開了「佗茶」(wabitya)活動（即幽靜的茶會）。茶道的集大成則是豐臣時代的千利休。

---

❻　兩人聯合詠唱和歌的上下兩句而合為一首的遊戲，由於為武士和大眾所好，遂發展成為五十句、一百句的聯句，並脫離和歌而獨立。

五、宗教

親鸞死後，一向宗的教勢不再伸張，但在京都有大谷成立了本願寺，與下野的高田專修寺維持了教團。在應仁之亂前後，專修寺有真慧，本願寺有蓮如，一向宗急遽的發展。尤其蓮如與真慧對立，卻不斷攻擊比叡山，在吉崎、山科、石山設據點，盡力於民眾的教化，組織大教團，在加賀一向一揆甚至滅亡守護。於是本願寺的門主乃成為現世來世的支配者。一向一揆更增其勢力，居政治上重要的地位。

另一方面，日蓮宗與一向宗同樣對於庶民教化活動極為活躍。蓮如與同一時代的日蓮雖受迫害，卻仍伸張教勢至京都地區。其他諸宗派多為獲得信徒，採用念佛、神道說，在思想上喪失了純粹性。

從鎌倉時代開始盛行的禪宗的臨濟宗，在此一時期得幕府的庇護而大為發展。禪宗原來標榜「教外別傳，不立文字」，但卻反而與儒教結合，以文字禪著稱。禪宗原是排斥祈禱，卻因應信徒之要求，亦趨向這方面的行事，終於成為喪葬法會之道場，而逐漸世俗化。臨濟宗除獲得幕府的庇護外，模仿南宋五山十剎的官寺制度，分別於京都、鎌倉兩地各設五山。此外，復於各地設置甲剎，以為弘揚禪宗的道場。京都五山的禪僧，不僅成為幕府的顧問 ❻，更擔任對明貢舶船的正副使等各重要幹部。但隨著幕府勢力之衰微，而逐漸喪失其活力。曹洞宗深入民間傳播純粹的南宋禪，講求座禪領悟佛教的要旨。日蓮宗則採取祈禱方式，避免與外界發生摩擦，即以妥協方式力謀發展。應仁之亂後，日蓮宗的勢力日益強大，但引起比叡山僧侶之嫉恨，於16世紀中葉，大部分寺院被燒毀。此後，其在京都的勢力乃一蹶不振。

---

❻ 任政治、外交顧問，蓋其懂得漢文，熟稔中國國情。

　　此一時期的民眾，除皈依特定的宗派之外，亦有不少信仰地藏菩薩或觀音菩薩。隨著工商業之發展，對財神的信仰亦頗風行。除參拜熊野三山外，前往伊勢神宮者增多，攀登富士山的風氣日益興盛。至此，屈居於寺院之下的神社開始其獨自的活動，而顯露其獨立的傾向。

第四章　戰國時代

第一節　戰國大名的形成

一、戰國時代

接二連三的農民起義使各地騷然，幕府本身的權力亦開始發生動搖。1408（應永15）年，繼足利義滿之後的將軍足利義持，由於就任前受到冷落，因此亟欲改變過去的政治與外交方針，卻因缺乏才能，無甚政績，但得到管領斯波義將等的輔佐，得以保持穩定的局勢。唯足利義持於其臨死之際，卻不能自行決定其繼任人選，結果，以抽籤決定由足利義教繼任，由此充分顯示將軍專制的體制業已喪失。

室町後期，大名之間混戰激烈，最有影響的是應仁之亂（1467～1477年），從此開始了群雄割據的戰國時代。

應仁之亂至織田信長、豐臣秀吉統一全國之間約百年，是所有傳統與權威喪失，而新的實力取代舊的權勢，一切以武力解決的群雄割據時代，因而稱之為戰國時代。

戰國時代是室町幕府、守護大名為中心的武士階級整個組織分裂而出現武力抗爭之世，這種武力抗爭乃是武士階級打破了室町時

代的土地制度，形成高度的大領地所形成。原來封建制度的基礎是武士階級的土地領有制，即在土地領有制之上建立階級的統治關係與政治體制，因此土地領有制的發展，引起武士階級的性格、對農民統制力、政治權力性質的重大變化，於是促進了封建制度的發達。

戰國時代的第一期是守護大名的勢力分裂與沒落的歷史。此時，幕府與守護的統治體制開始動搖，各地的守護及其家臣與地方的武士抬頭，取代主君而掌握實權，分家的庶子亦取代本家「惣領」（家長），出現「下剋上」的現象。

16世紀前半，以京都為中心的近畿地方，發生以細川氏為中心的守護大名爭奪室町幕府政權的鬥爭。在此鬥爭之中，幕府的實權，乃從細川氏移到其家臣三好長慶手中，再轉到三好長慶的家臣松永久秀。

16世紀中葉，新興勢力在各地崛起，出現群雄割據的局面。戰國大名之中以自古即相繼不斷的九州島津、大友、奧州的伊達等守護，最具勢力。他們與其他新的大名為伍而擁有很大的勢力，但多依靠實力而攻取一國一城，躋進大名行列。

整個時勢盛行家臣推翻主君，其屬下又再加以推翻，復有農民反抗武士的風氣。對戰國時代的武士而言，居於下位者以實力推翻過去處於統治關係的權力者，毋寧是理所當然的事。地方上擁有實力的武士、領主趁亂世之機，擴充勢力，自立為王，取代了原有的守護大名，成為「戰國大名」。

至戰國末期，得以維持領主的守護大名，只剩武田、今川、大友、島津等僅有的少數而已。室町幕府中樞的三管四職家以及守護大名的大半，都已煙消雲散。此一事實不僅顯示守護大名與戰國大名系統上的不同，明示守護大名舊式領國支配的方法，已不能適應社會的進展。

二、群雄割據與大名領國制

戰國大名以其實力取得領邑（稱為「分國」），並剝奪所有過去莊園領主與在地領主的特權，作為領邑分發給家臣。戰國大名的分國，成為完全獨立的封建小國家，大名擁有多數家臣與分國內廣大的土地，成為君臨庶民的封建君主。至此遂成立了封建制基礎的大名領國。在百年左右的戰亂中形成的戰國大名，具有與過去的守護、大名不同的特性，即近世大名前身的過渡性格。除了少數例外，大都不是前代的守護與守護大名轉任，而是「守護代」❶以下的在地領主階層。其特色乃是取代主家（君），而以實力奪取領邑。

在守護大名的階段，他們一邊侵掠莊園，一邊將莊園的徵收機構地頭職、莊官職或名田，作為其統治的根據，因此無法貫徹其國內地域性的領邑支配，始終停留在分散的莊園之掌握。但戰國大名卻否定莊園制，改以地域的鄉村為單位，作綜括性的領域統治。隨著領國之擴大，戰爭之不斷，以確立軍事力及領邑經濟的自給性為目的的富國強兵之策為優先，結果，逐漸從幕府的統制脫離而獨立，確立了地方分權的機制。

戰國大名無論家臣統制、分國統治，其政策都集中於富國強兵。其支配領國的結構，由他們在其國內所發布的「分國法」❷最足以表現出來。

分國法以集應永年間（15世紀初年）以來集法典大成的《大內

---

❶ 守護所派遣代行職務的地方官。

❷ 分國法亦稱「壁書」，無異各分國的「家法」。這些法典有繼承幕府以來的法，吸收「國人一揆」的規約，或將民間慣習加以成文化的法等，具有集中世法大成的性格。「分國法」大多是禁止領域的買賣和轉移（只能由家臣的長子繼承），禁止家臣之間的相互攻戰，家臣的女子結婚須得到主君批准，違者均作「喧嘩兩成敗」（爭執雙方都作處罰）處理。

家壁書》為最古。著名的有今川氏的《假名目錄》、伊達氏的《塵芥集》、武田氏的《信玄家法》等。這些法典與鎌倉、室町兩幕府側重裁判的法規不同，乃是對家臣或農民規定其應遵守之法，表現方式亦以極為平易的文章寫成。

戰國大名如不能不斷的戰勝，鞏固其領邑，則無法保持其統治者的地位。大名遂得陸續打出家臣團的統制與領國支配的新政策。

在下剋上的世界，對主君的叛逆既是稀鬆平常，因此，大名對家臣的統制極為嚴苛。領邑內的土地都歸大名支配，家臣只不過是依據「石高」❸授與土地而已。但家臣在沒有得到主君的許可之前，不准其自由處置，或瓜分繼承給子弟，並嚴禁典當或買賣❹。其目的乃在防止家臣勢力之加強，以致減少大名統制力。結果領邑的一切變成「總領」所有，庶子以下者，遂變成為總領所養育的對象。領主的權利比諸雙親更強，連家臣的婚姻，亦須得到領主的許可，結婚伙伴的意志全被抹煞（這是為了鞏固以領主為中心的武士團的統制，因此，政略結婚甚為盛行）。家臣同志之爭被嚴格禁止，訴訟時，大多不問兩造的理由，雙方均予以懲罰❺，罪狀較重時，不僅主從、血緣者，連全村都須負連帶責任。

戰國大名領國的特徵，一是有關家臣的統制及其他直接統制有關人民的條項極多，二是守護大名所倚賴幕府權力的情形已一掃而空，而行使其在國內唯一絕對權力。警察或判官亦依己意而行，全無幕府或莊園領主介入的餘地。依據這種強大的權力對家臣加以嚴格的統制。家臣過去所有的領邑，多數依然保留，但在買賣與繼承方面卻受到強烈的干預，逐漸採取擴增其直轄領的政策。

---

❸ 單位面積生產稻米的量，或產物換算為稻米的石數。

❹ 家臣的統制尤其嚴重，置「目付役」，監視日常生活，給與的領邑不許自由處分，並禁止瓜分繼承。

❺ 吵架屬於此罪，即不論其吵架的理由為何，雙方均受罰。

　　對於農民亦利用過去的自治組織，使其負互相監察或連帶責任，以壓制其反抗，並禁止年貢的滯納、逃散，耕地的荒廢、隱田等，對違反者加以嚴屬的處罰 ❻。

　　各大名為了取得年貢收入的增加，專注於新田的開發。為了實現富國強兵，重視領邑產業的發展，尤其礦山的開發，產業的發達、家臣團的集中，並促進城下町的繁榮。為了獎勵工商業，在城下町採取「樂市」、「樂座」制 ❼，保證營業的自由。此外，驛制之整備，貨幣、度量衡之統一等，亦在各大名領國廣泛的展開。

　　在分國內，大名強大的統治權及於家臣、農村、都市的任何角落，統一似已有進展。但這僅是領邑內的統一，與其他大名領邑之間的交通則因戰亂不斷而嚴重的閉塞。直到16世紀後半織豐政權成立為止，全國仍處於兵荒馬亂的狀態。

　　戰國大名要出人頭地，有賴大名個人的軍事指揮者、領邑支配者的能力。從牢人 ❽ 出身，到確立關東地方霸權基礎的北條早雲，於大內氏滅亡之後，出身安芸的國人卻成功的領國化。領有中國地方（本州西南）大部分的毛利元就，推翻少弐氏而在九州北部得勢的龍造寺隆信等，陸續出現這類與其說是出身，還不如說是依靠實力，建立大領邑的人。從越後的守護代出身的上杉謙信，以及從守護家出身，在中部地方形成強大領邑的武田信玄、今川義元等，都是得到家臣的支持，與兄弟、父親相爭而獲得大名的地位。

　　戰國大名的登場，必須得到激烈的戰亂之中，暴露於其地位或支配瀕臨危機時的家臣，或在生活受到威脅的領邑人民的支持。戰

---

❻　有車裂極刑，甚至有個人的罪及於一族的緣座法之規定，如有農民滯納年貢，或犯放火罪，則整個村莊均連座受罰。

❼　樂是自由之意，座是工商業者的行會組織形態。戰國大名推行廢除座的特權，免除一般商人的市場稅、營業稅等，採行自由營業的方針。

❽　失業的武士稱之為牢人(rōnin)。

國大名與新服屬的領主一起，將各地成長的地方武士（地侍）收為家臣，以增強其軍事力。大名保證領主或地方武士的地位，取得他們軍役的義務回饋。於是大名乃得以使多數的地侍為家臣，加以組織，運用足輕（步兵），並使用鐵砲、長槍等新式武器，從事集團戰爭。

三、皇室的衰微與幕府權威的喪失

在下剋上風潮之中，固有的權威與傳統已喪失殆盡，將軍已是名存實亡，當時人們的腦裡根本沒有朝廷的存在。無論大名、武士或農民，各自為了擴展地盤而自顧不暇。戰國大名的首要之務是壓制散居於各地的政敵，取代將軍，掌握實權，而不斷的征戰。為了取勝，必先完全統制自己的領邑，加強其對農民的統制。為此戰國大名絕不聽從幕府的命令，而在各自的領邑內，幾近以獨立國的形態統治。至此，莊園領主的土地領有權，當不為大名所認定。

大名領邑制是建立在打倒莊園制之上，因此依靠莊園的收入而生活的皇室以及公卿、寺社等領主，無不瀕臨沒落的危機。

皇室的財政仰賴皇室領的「御料所」收入，而臨時費用則由幕府負擔。但大部分皇室領邑被編入戰國大名領邑之中，至御奈良天皇時，皇室領邑的土地所餘不多，不僅日常生活困難，甚至連即位的儀式與天皇的大葬儀式亦難舉行❾。

皇室的情況如此，公卿的窮困更甚。在京都的公卿，原有的領邑被大名所奪，生活困苦。直至織田信長統一全國之後，這種僵局

---

❾ 後土御門天皇崩御時，不得不將其遺骸放置在「禁裡」四十餘日。後柏原天皇的即位儀式，乃在其踐祚二十一年後，得到本願寺的獻金始得舉行（起初，依甘露寺元長之意見，派遣使節赴華，以取得經費）。繼其後的後奈良天皇（1526年），亦在即位之後十一年，始因大名大內義隆的獻金始得舉行即位的儀禮。

始得打開。

第二節　社會經濟的轉變

一、農業的發達

自鎌倉時代以來，全國土地分成莊園與國衙領兩部分，這種區分直到南北朝以後，仍無改變。但是以維持國衙領及莊園為基本政策的鎌倉幕府倒臺之後，內亂頻仍，守護領國制不斷發展下，實質上已發生了很大的變化。

農村受到鎌倉時代以來很大的變動，卻在新興中小名主階層的指導下，農業技術頗有進展，生產逐漸提昇。農民對灌溉用水的支配與管理轉趨積極，水稻的品種豐富（多達七十餘種）。水田耕作的滲種法、秧田的利用，「二毛作」（一年種植兩次作物）的農耕方法已普及於關東地方。更有稻米新優良品種及肥料的進步，加上小規模的集約經營，得以增加單位面積的收穫量。

鐵製農具與牛馬役畜的利用亦極盛行，主要是用牛耕作，用馬搬運。水車的普及，溝渠的擴充，灌溉設備的進步極為顯著，新田的開發亦有進展。

在經濟作物方面，有衣服原料的桑、麻、木棉等，食用油原料的胡麻、工藝原料的漆樹等。在都會附近的農村，盛行經濟作物的栽培，各地盛產名產品。京都附近的農民，不聽莊園領主的制止，毀壞水田而種植蔬菜，送往市場出售。地方的特產品有山城、大和的茶，紀伊的蜜柑，美濃、播磨等地的紙，大山崎的油等，同時亦有養蠶事業。由於與明朝、朝鮮的交通貿易，輸入木棉，15世紀末年開始即在三河及近畿地方栽培棉花。

室町時代以的產業發展與一般民眾的生活頗有關連。此一時期的農業特色，是在很難大幅擴展耕地面積的環境下，進行提高土地生產的集約化與多角化。

在室町時代以武力抵抗統治階級的農民，因兵農分離政策，被束縛在農地上，過著不自由的生活。但從水田耕作中產生的村落共同體組織卻已根深柢固，成為他們生活的基礎。不僅在婚喪喜慶時，全員參與，連社會救濟亦不落人後。這種村落共同體所產生的集體意識與行動方式，一直留存於日本人的日常生活之中。

二、工商業的發達

(一)手工業

此一時代的手工業大有進步，手工業者之增加，技術的進步，領主保護等，各地有地方特產品的出產。手工業的原料芋（桑、楮、漆、藍等）的栽培極盛，農村加工業的發達，得以作為商品而流通。生產的提高，促進商品的生產與流通。

手工業者的同業組合「座」的數目，大為增加。這些座乃從過去受到公卿、寺社保護而須奉公的隸屬關係，逐漸轉為以繳納營業稅取代受保護的形式。此時已有訂貨生產或市場對象的商品生產。

這種手工業者的「座」，不僅限於以京都、奈良為中心的近畿地方，全國性均普遍性的設立，且已能生產表現各地方特色的特產品。這種手工業者之座，在京都、奈良等都市的周邊，有農民加工生產品而製造特產品之座的存在，可見商品經濟已逐漸滲透到農村。

隨著地租由勞役、雜徭形式改為繳納實物以後，農村的產品加工業日趨興盛，且因技術人員的增加，產品的需要範圍擴大，而呈現一番盛況。在農耕器具的製作與住宅建築方面，除為領主服務外，已能滿足一般農民的需求。都市則因原屬公卿、神社、寺院的手工

業開始獨立而生產一般社會人士及市場所需，且在各地逐漸形成手工業生產中心（造紙以美濃、播磨、越前、奈良等地為最有名）。手工業以近江、備前、尾張的瀨戶燒較著。釀造方面，以河內的金剛寺、大和的菩提山、攝津的西山、筑前的博多等為最著。

　　在工業方面，需要量最大，技術工人最多者，首推鐵匠、鑄造、紡織業等。鐵爐僅供應農民所需之鍋、釜、鋤等，亦製造武器提供給領主。為了因應與明朝從事朝貢貿易，其所製造的刀劍成為當時主要貿易品之一，因而促進鑄鐵技術的進步。

　　在紡織業方面，麻與絹最值得一提。木棉在中世末期於三河等地種植草棉之前，所需棉花完全倚賴進口。麻的產地以越中、越後、信濃等較寒冷的地區為中心，後來則以奈良、宇治的漂白布、近江的布較為有名。絲織業則隨一般生活文化的提高，養蠶業的興起，以及受到明朝進口的高級絲織品的刺激而逐漸興盛，主要產地在當時紡織業中心的京都。

　　地方的紡織業亦逐漸興盛，而以美濃、尾張、桐生等地為較著。貿易港埠的博多、堺，以及後期對明貿易的主要大內氏所居之地，則有來自明朝的技工紡織新式布料。

㈡商業

　　由於產品增加，促進商品化，交易規模擴大。過去在農村臨時興起的市，成為二日市、三日市、六日市等定期市，並產生鄰近幾個市協定的地方統一的定期市。更有在社寺門前或通衢大道形成的常設市場，成為中世都市的搖籃。

　　隨著手工業的發達，與產品的增加，手工業產品與農業產品的交易亦趨頻繁。在市場上通常設有特定的販賣攤位，稱為「市座」，享有一定商品的專賣權。其後唯恐其妨礙商業發展，免除市場稅，撤銷「市座」，成立「樂市」或「樂座」，允許外地商人自由出入。

不久，定期市場發展成常設的零售店舖，隨又出現配售商品給零售商的批發商（「問屋」）。他們在鎌倉末期，隨著海上交通的發達，乃逐漸獨立成為專門的仲介業或貨物搬運業，從事商品的運輸工作。

商人之座與手工業者之座同樣，其種類與數目有顯著的增加，須向公家或寺社繳交營業稅，即被認可免除關錢或一定地域的獨占買賣權。但15世紀以降，逐漸有不加入座的新興商人，兩者之間為了買賣權利而產生對立。

(三)礦業

近世以前的礦山以金銀銅為主，主要產金地在陸奧。銅在室町時代產自備前、備中等中國地方，而成為向明朝輸出的主要貿易品之一。鐵砂的主要產地在備中山區，成為刀劍等武器、農具的原料，銷售到全國各地。戰國時代，由於戰國大名的保護獎勵，金銀銅礦等礦山的開發急速的進行。礦產成為貨幣、武器的主要原料，需求量大增，採掘的技術有相當的進步。精鍊法亦引進明朝的新技術而大進。

三、貨幣與金融

隨著工商業的發展，貨幣流通亦極盛。但因幕府仍無力自鑄銅錢，依然使用進口的中國貨幣（從宋、元輸入的宋錢）。至室町時代，年貢已從現物的課徵，改為現金繳納，其他稅賦亦逐漸改徵現銀，因此貨幣的需要日亟。及至日明貿易開始，占進口大宗的是洪武通寶（洪武錢）、永樂通寶（永樂錢）等明錢 ❿。這些明錢與宋錢同時廣泛地流通，幕府乃課以「抽分錢」（關稅），向貿易商人徵收輸入明錢的一部分，並視之為標準通貨，因此，明錢的流通更為普遍，

---

❿　室町初期進口者以洪武通寶與永樂通寶為多。其後由於私販（走私商人）往來中日間者增多，乃又流入中國私鑄的錢幣。

至戰國時代，連關東地區亦通行這種標準通貨。

　　當時的通貨除了宋錢、明錢之外，尚有民間私鑄的錢。劣質的舶來錢與粗糙的私鑄錢開始流通，造成劣幣驅逐良幣的現象，交易遂欠靈活。幕府自1500年後，屢頒「撰錢令」❶，禁止明錢的通行，或訂定精錢與惡錢的交換比率，但成效不彰。

　　貨幣流通以後，出現出借貨幣以收取利息的高利貸業者土倉與酒倉❷。幕府則將土倉、酒坊納入統制之下，課徵稅賦。

　　武士與農民每為高利貸所苦，鎌倉時代幕府為了救濟貧困的御家人，發出「德政令」。室町時代亦因民眾之要求，採取同一措施，其適用範圍並不侷限於武士而及於一般民眾。戰國時代，雖有大名嚴格取締這類高利貸，但在城下町，高利貸業者對領主的財政或臨時性的庶民金融，亦有貢獻。

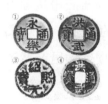

圖9　明代錢幣與私鑄錢幣

四、都市的發達

室町時代是工商業顯著發展的時代，而都市的勃興尤甚。鎌倉

---

❶　「撰錢令」(erizenirei)，即規定日本各種私鑄貨幣為法定的通貨，禁止明錢的流通，並訂定精錢（標準良幣）與惡錢（劣幣）的兌換率。

❷　在鎌倉時代稱為「借上」(kashiage，一種高利貸)。以物品為質押出借金錢者，謂之「土倉」。酒坊等行業，因為生意興隆而累積財富，故亦兼營高利貸。

時代以來的都市，有京都、鎌倉等地。京都以其為幕府的所在地而
繁榮，鎌倉則為關東管領府的所在地，維持其盛況。宗教都市的奈
良則保持舊態，四天王寺的門前町與石山道場的門前町等地的繁榮，
奠定了近世大阪發展的基礎。

　　但此一時代的標幟是，城下町的勃興與港埠都市的興隆。自南
北朝時代以後，地方豪族常在山腰或山上建造城寨，其後形成其家
臣或其他集落。及至戰國大名出現，戰爭的規模變大，由於有短期
內且急速集中大兵力的必要，大名遂在領邑的中央建造雄偉的城寨，
並在城下集中居住家臣。為了支持這些家臣的生活，勢須誘導工商
業業者，於是城下町乃成為「分國」（采邑）的政治、經濟的中心而
急遽的擴展。

　　戰國時代由於農村手工業的發達與商品經濟的發展，農村市場
與街市飛躍性的增加。不僅大寺院，新建的地方中小寺院的門前町
亦頗繁榮。這些寺內町等的新設市場與町，以自由的商業交易為原
則，大多為不設「市座」的「樂市」。戰國大名則對這些樂市的特權
給與一部分的保證，為了促使領邑商業流通更盛，而開設新的樂市
（樂市令）。

　　在水陸交通要地有港都❸，市場町乃至寺社的門前市與旅宿聚
集的門前町等，在各種條件下，成立地方都市。這些都市之中，有
富裕的工商業者自設自治組織而運作市政，或恢復商業都市本來的
形式，以建立和平而自由的都市。因日明貿易的根據地而繁榮的堺
與博多，以及攝津的平野、伊勢的桑名與大湊等，即其代表性的自
由都市。

---

❸　在京都、奈良的周邊，淀川、琵琶湖沿岸有大津、坂本、山崎、淀等
　　諸港，至室町時代，與其作為年貢集散之港，不如作為商品集散地及
　　交易之場，而有問丸、關所等之集中而繁榮。瀨戶內海、日本海、太
　　平洋沿岸，均形成各種港埠都市。

五、交通的發達

連接都市間商品輸送量的增大，促進交通運輸的發達，尤其水運的發達為最著。海上行商的「迴船」（定期航路）益發盛行。此一時代中期，船隻的構造已有改進，速度亦有提昇。隨著商業活動的蓬勃發展，交通更為發達。有大量物資運輸的京都、奈良的輸送路線，有「馬借」、「車借」❶❹等交通業者的活躍。

交通設施方面，在東海道等處整頓驛站，充實港灣設施，建立旅舍，運輸用馬匹、「問屋」等制度。

由於伊勢或有靈驗的社寺參拜等巡禮，促使庶民交通量增大。就行旅或行商人而言，山賊與海賊是旅行的一大障礙，但幕府與諸侯、莊園領主在各地交通要衝所設置的「關所」❶❺，更是交通的一大障礙。15世紀中葉，淀川十里之地，即有六百個以上的關卡，伊勢街道六十里路，亦有六十餘所關卡，其氾濫情形已足以妨礙交通的發達，直到織田信長出現以後，這些障礙才逐漸解除。

---

❶❹　馬借為使用馬匹的運輸業者，而車借則是使用牛車的運搬業者。

❶❺　關所乃是管理、徵收路稅的關卡。

第二部

近世史

16世紀到19世紀中葉的時代，日本史稱之為近世。此一時期，在歐洲有近代社會的急速成長，日本則建立了鞏固的封建體制。印度與中國卻因缺乏社會發展的動向，幾乎處於停滯的狀態。東方社會的落伍，造成19世紀以降歐美各國侵略亞洲的主因。

16世紀末，平定戰國動亂的織（田）豐（臣）政權，進行積極的統一政策，展開對外交涉。此一時代的文化稱為安土‧桃山文化，這正表示名實相符的積極性與現實性，具有城砦與黃金文化相得益彰的豪華而清新的趨向。

承其後的德川氏，於17世紀後半，在第三代將軍德川家光的寬永時期確立了幕藩體制。當時的文化具有桃山風氣的新鮮、豪華的特色。

17世紀末到18世紀初期的元祿時代，乃是幕藩體制大體已安定，而町人勢力顯著抬頭的時代。武家發現儒學與朱子學足以作為安定政權的思想，力加提倡，但「上方」（京都、大阪地區）的富商，卻產生了歌頌現實的町人文化。由於鎖國體制之徹底，此一時代的文化甚少受到外國的影響，日本的文學與藝術遂日趨成熟。

19世紀初的化政時代，文化的中心從「上方」移到江戶，以庶民為主的町人文化，在各種領域展現了多元化的內容。此一時代幕藩體制雖奠定其穩固的基礎，卻開始顯現其矛盾，而在文化上瀰漫著短暫的、直覺的、無力感的趨向。在此情形下，卻亦逐漸興起新的動向。一是文化從都市傳播到農村，教育的普及，使庶民成為文化的主角，這是後來明治時代國民文化形成的基礎；一是批判封建制度矛盾的思想之產生，尤其儒學與國學之間，興起了尊王論，洋學者之間亦產生了開國思想，而有近代化運動的萌芽。

第一章　統一政權的成立

　　室町幕府的基礎薄弱，自始即苦於各地守護大名的叛亂。經應仁之亂（1467年）後，幕府政權日趨衰微，各地群雄並起，形成戰國動亂之世。亂後約百年之間成為群雄割據的戰國時代，直至16世紀中葉，始逐漸出現地域性的統一。

　　此時，由於西方人航抵日本，傳來優異的武器、新宗教基督教與科學知識，引起日本政治與經濟的一大轉變。在政治方面，由於莊園制度消滅，形成以鄉村制為基礎的新的封建權力。割據的戰國大名爭霸全國權力的結果，產生了織田信長、豐臣秀吉的霸業，結束了戰國混戰的時代，揭開了新時代的序幕，確為封建制度史上劃時代的特色。

　　在三河的長篠之役大勝武田勝賴的織田信長，於1576（天正4）年，在琵琶湖畔的安土山築城。安土築城正開啟了以城砦象徵統治的時代序幕。承織田信長之後，完成天下統一的是豐臣秀吉。至此，應仁之亂以來連續百年的戰亂乃告終結，達成全國性的封建統治。

　　豐臣秀吉實施全國的「檢地」（丈量土地），整備農民統制的體制，並推行「刀狩」制，以鞏固身分制度，廢止關所（關卡），統一貨幣，開展全國商品流通之路，確立了集權的封建統治體制。

　　德川家康承繼織田、豐臣的遺業，完成統一，確立封建的幕藩體制。德川家康、秀忠與家光等三代將軍奠定了幕府政權鞏固的基礎，不但強有力的統制全國的「大名」，且控制朝廷與社寺（神社與

寺廟）的勢力。德川幕府在政治上建立封建統治體制，經濟上亦相當發達。復因武士之聚居城下町、「交替參覲」制度❶的實施，促進了商業、都市與交通的發達。

自16世紀中葉以降，西方傳來的基督教，以及「南蠻貿易」，給與日本文化、經濟不少影響。但幕府對基督教與海外貿易的負面影響——反封建因素——頗有戒心，遂實施鎖國政策，結果卻是由幕府壟斷了海外貿易。

在長期的和平時代滋潤之下，不僅產業興起，經濟發達，文化亦普及於社會各階層。由於幕府的獎勵，儒學益趨發達。

第一節　織豐政權的成立

一、織田信長的崛起

從1573年織田信長推翻室町幕府，到1600年關原(Sekigahara)之戰，德川家康稱霸全國為止的近三十年，史稱織豐時代。以織田信長與豐臣秀吉的居城而聞名，亦稱安土、桃山時代。這是一個武士一統的世界，也是日本歷史發生重大變化的時代。

戰國時代群雄並起，割據爭霸。諸大名皆志在以武力統一全國。戰國大名夢寐以求，「上洛」（晉京）以號令天下的豪舉，首先由尾張的織田信長達成。他壓倒群雄，嶄露頭角，促進統一，給長達一個世紀的戰國之世，開啟了統一的肇端。織田信長之所以能超越當時優秀的武將武田信玄、上杉謙信等，而居於領先地位，主要原因

❶　所謂交替參覲制乃是全國的大名將其妻子留住江戶，大名本身則規定每年（或半年）赴江戶晉謁將軍，藉此以確認將軍與大名之間的主從關係。

是據有尾張的地方，比諸其他諸大名，較近京都，占地利之便，且有肥沃的濃尾平原，高度的農業生產力，並有效推行其政策與靈活運用戰術❷有以致之。

織田家為尾張、越前的守護斯波氏的家臣❸，所繼承的領邑只不過是尾張的一部分而已。自從1560（永祿3）年，桶狹間（今名古屋附近）之戰，擊敗稱霸東海的今川義元之後，即以破竹之勢，兼併四鄰各國，勢力大增。旋與三河的德川家康結盟，以斷後顧之憂，進而滅亡美濃的齋藤氏。1568年，擁立前將軍之弟足利義昭入京都，立為將軍，並自掌實權。

在統一過程中，織田信長遭遇諸多困境，一因原先結盟的武田信玄背約，一因不願居傀儡的將軍足利義昭，暗中策劃反織田聯盟，同時面臨激烈的一向宗農民的起義❹。石山本願寺在法主之下，成為強大的教團，不滿織田信長過重的賦課與勢力的擴張，於1570年開啟戰端。織田信長乃以趕盡殺絕的殘酷手段加以鎮壓，終於攻陷了石山。旋又對比叡山發動火攻，焚燒比叡山、延曆寺，消滅僧兵。雖得以壓倒性的優勢壓制諸侯與寺廟勢力，但對分散各地的佛教徒暴動，仍無法輕易地加以平定。適逢武田信玄、上杉謙信死，已無強大的敵人，進而占據京都，挾天皇與將軍而號令天下。1574年，織田信長驅逐將軍足利義昭，滅亡室町幕府，巧妙的運用武力與謀略鞏固其地盤，名實俱成為天下霸主，遂得以奠定其統一全國的基

❷ 自葡萄牙人於1543年傳入鐵砲（步槍）後，僅二、三年，日本即在堺等地自行製造。鐵砲的運用整個改變了日本的戰術，織田信長即利用此一新的武器，並採取「足輕」（步兵）的集團戰術，擊敗強敵。

❸ 武士政權時代諸侯的家臣（當時稱為被官）。古代則是指依「大寶令」規定，直屬於上級的衙門。

❹ 戰國時代盤據於近畿、北陸地方的一向一揆，以本願寺為根據地，與各地戰國大名結盟，形成一大勢力。

礎。

織田信長一方面實施戰國大名行之有年的「檢地」（丈量土地），奪取公卿與寺院、神社等的莊園，同時組織以城下町為中心的家臣團，並為振興安土「城下町」，廢止中世以來的關所（關卡），頒布「樂市令」，推展樂市、樂座❺制度，並整修道路以促進商業的發展，一方面對武士與農民作有效的控制。同時在戰術方面，運用「足輕」洋槍步兵隊，發揮了無比的威力。

圖10　鐵砲隊之活躍

織田信長既掌握天下大權，尚欲擴大勢力於全國，於1575年，在近江的安土建造城堡作為根據地❻，隨又派豐臣秀吉征討中國地

---

❺　室町時代，工商業者必屬於貴族、寺社保護下享受特權的「座」始能營業。戰國大名則對「樂市」（在市場開店，不需要向領主納稅的稱之）給予一部分保證，並為促進領國商業流通，廢止「座」的特權，許其營業，稱為「樂座」。

❻　安土城位於琵琶湖畔，建有日本最早的七重天守閣（純粹日本式獨特的多層樓閣建築樣式）。

方（日本中部地方）。至1580年，織田親率大軍平定大阪本願寺，旋滅武田信賴於甲斐。為了西征毛利氏，派遣明智光秀為先鋒，自行進軍京都，宿於本能寺，突遭明智光秀襲擊而自殺，其統一事業乃功虧一簣。

二、豐臣秀吉的霸業

繼承信長的遺業，完成天下統一的是豐臣秀吉。豐臣秀吉出身低微（原是織田家的「足輕」之子），為信長所賞識，拔擢為近江長濱城主，受命經略中國地方。在織田信長遇害之際（1582年），豐臣秀吉正以水攻毛利氏的高松城（備中），忽傳本能寺之變，遂與毛利氏締和，遽返京都，擊敗明智光秀於山城的山崎。豐臣秀吉以織田信長的繼承者自居，引起織田信長子嗣與家臣的不滿，終以兵戎相對。

1583年，豐臣秀吉征討織田信長的重臣柴田勝家於琵琶湖北岸賤之岳。翌年，再戰織田信雄（信長之子）與德川家康的聯軍於小牧，最後達成和解。自是取得了織田信長繼承者的地位，取代幼主，自立為主君。同時在水陸交通的要地，接近堺、平野等富裕都市的石山本願寺，建造大阪城，作為根據地，並強迫京都與堺的大商人移居城下，以繁榮此區。

豐臣秀吉期望取得征夷大將軍的地位，未能如願，乃自稱藤原姓，於1585年出任關白。翌年晉升為太政大臣，受朝廷賜姓豐臣。隨即征服四國、北陸等地，進行大名的改封。

1585年，豐臣秀吉平定四國，二年後，再出兵討伐島津，平定九州，掃除殘餘勢力。1588年，豐臣秀吉款待後陽成天皇於聚樂第(Jurakunotei)，召集諸大名，立誓勤王（天皇），不啻為對關白個人的宣誓，蓋秀吉出身微賤，有賴律令制正統權威以強化其統治，並假藉天皇權威以增長其聲威。

　　1590年，豐臣秀吉得德川家康的協助，擊滅關東之雄北條氏直
（小田原城），東北的伊達正宗亦歸順。自本能寺之變後八年，即確
立了統一權力的地位。

三、織豐政權的特質

　　織豐政權的權力較之鎌倉、室町幕府為強大，蓋鎌倉幕府是武
士最高望族的源氏族長所統治，其權力屬於族長，而室町幕府亦屬
源氏一族之中屈指的豪族足利氏再興前代的政權，因此，其權力在
本質上與前代無異。但織田、豐臣氏的權力，起初是以戰國群雄之
一而興起，在爭霸戰獲勝而征服群雄，可說是霸者之權力。其霸權
是基於武力之強弱（優勝劣敗的原理）而成立，與氏族的尊貴、傳
統無關。由於這種權力之成立，武士階級乃從中世特色的血緣協同
組織，發展為權力的統一組織，這正是高度的封建權力。

　　成立這種組織當須打破古代的權力。織田信長起初擁立足利義
昭，一時恢復室町幕府，及至足利義昭於1573年出奔之後，室町幕
府已名實俱亡。足利義昭之末路顯示倚賴傳統權威的統一形態已被
揚棄，依靠個人實力的新權力組織之誕生。

　　出身卑賤的豐臣秀吉，起初為了取得關白職位而盼望成為公卿
二條家的養子，不成，終於獲得天皇賜新姓（豐臣）而晉升為關白。
這是朝廷慣例空前絕後的事。這種破壞傳統之力，及於擁有信仰權
威與世俗權力的大寺院與教團。平安時代以降保有絕大勢力的比叡
山，被織田信長燒毀，本願寺之抵抗失敗，高野山受迫於織田信長
而屈服於豐臣氏的事實，無異表示打破宗教權威的霸者權威之強大。

　　但織田信長與豐臣秀吉最初均對朝廷保持尊崇的態度，對於因
戰亂而衰微的儀式之復興、皇宮的修築、財用的奉獻等，無不盡力
而為。蓋欲藉此以達挾天子而令諸侯的目的，這是對於原來只不過
是基於優勝劣敗的相對權力的霸權，賦予統治的絕對性，以提高國

家權力，而使朝廷的傳統權威成為精神的支柱。

霸權的本質為征服者的武力，為了確保並再加強，必須奠定其政治權力的組織。在織田信長時代，已試過多種新的政策，豐臣秀吉承繼其方針，得以重整統一政權的權威。織豐政權的特質有三：一是領地經濟的確立，二是階級統制之加強，三是中央集權的強化。

(一)領地經濟的確立

豐臣秀吉隨著征服地之擴大，分配新領邑給有功的將士，並提拔新的大名，同時施行領邑的配置，確立強大的中央集權體制。豐臣氏擁有廣大的直轄地❼，復將京都、大阪、堺、伏見、長崎等重要都市劃為直轄，統制富裕的商人，將佐渡、石見等地的礦山亦劃歸直轄，鑄造貨幣❽，並在主要街道築造「一里塚」（里程碑）等，整建交通制度。

豐臣秀吉為了整頓土地制度，確保租稅的基礎，鞏固權力的基礎，在全國實施檢地。豐臣秀吉自山崎之戰以來，派遣家臣在全國各地實行同一基準的檢地（稱之為「太閤檢地」）❾，這是土地制度史上劃時代的大事業。檢地的意義有四：一是整理莊園制以來複雜的土地制度，調查因戰亂而荒廢的土地，根據一地一耕作者的方針，確定納租責任者（耕作者），首創「石高」(gokudaka)制❿，整理出

---

❼　有二百二十萬石直轄地分布於全國各地，稱為藏入地(kurairichi)。

❽　鑄造了印有「天正」字樣的「大判」、「子判」等金幣。

❾　檢地的方法是以村落為單位，每筆土地均加以丈量，訂定其面積與等級，登錄耕作者，依據等級與稻米收穫量為標準，推算土地的生產量，訂定「石高」（產量），廢止中古所沿用根據錢糧繳納的「貫高制」。

❿　以土地生產稻米的產量，或將生產的農產品換算為稻米的石（擔）數。賦予大名的「石高」未必與實際收穫量相當。蓋隨著生產技術的進步，產量增加，而「石高」數的決定則一成不變。

以生產物為主的納租體系。二是透過村莊為單位的丈量，登錄耕作者姓名，確定村落為領地基礎的結構，使農民與土地緊密的結合在一起，更能完全統制農民。三是對於殘存於村落的土豪、有力名主階層的統制力以及莊園制以來公家、社寺等既得權力，因強行實施檢地，使領主權滲透到農村，打破在地的勢力，得到直接控制自耕農的效果。四是檢地不論其為公家、社寺或貴族大名的領邑，大抵均歸豐臣氏的奉行（官衙的長官）直接主導，因而促進了集權統治。

檢地制的推行奠定了兵農分離的基礎，同時否定了一筆土地有幾個所有權者的狀態，以及居於領邑與耕作者中間得利的名主的權利。至此莊園制乃消滅，構成新的統治基礎。但這種政策當然會招致土豪階層的反抗，而在擁有多數隸屬農民經營殘存的後進地域，如肥後、奧羽的大崎、葛西等地，更引發農民起義。

(二)階級統制之加強

過去武士與農民的身分難以分辨，蓋農民為了自衛亦可持有武器。豐臣秀吉乃於1588年，頒發「刀狩令」(katanakari)，禁止農民與僧侶持有刀槍或槍砲（沒收農民的武器）。1591年，復頒身分統制令，確立武士、百姓、町人（商人）的身分差別，各階級之間不得超越分際。不僅禁止農民為商人，或武士從事農商，甚至令武士遷離農村，居於城下。於是士農工商的身分，居處有別，且固定不移，建立了兵農分離，農商分離的原則，奠定了江戶時代士農工商身分制度的基礎。

總之，刀狩令乃是為了因應上述事態所施行，使農民束縛在土地上，負繳納錢糧之責。如此推進兵農分離，使家臣集住於城下町，最後使土豪的武士與農民定居於農村。「檢地」和「刀狩」，兵農分離交互並行，具有維持農村統治和封建統治體制前提的重大意義。

(三)中央集權的強化

　　中央集權乃是以大名的領地統治體制為基礎，集中權力，完全統制諸大名，而發展為國家權力。原來大名領邑有父祖相傳的「本領」，戰國時期以來倚恃武力取得的土地因戰功授與的土地等，其由來與規模各自不同，具有複雜的統制關係，豐臣氏對此加以嚴格的統制。其特色是以豐臣氏的姻親以及近臣鞏固近畿地方，將其親信與協助豐臣氏稱霸的武士提拔為大名，安置到各地方，以監控強有力的大名，作為中央權力伸張的前線。結果，除了奧羽、九州、四國等偏遠地區的貴族之外，大部分的大名均有移動，藉此切斷其與原有領邑的關連，削弱割據自立的地盤。豐臣氏採取不分本領、新領之別，所有領邑均以重新賜與的方式，以朱印狀授與大名領邑權。這種朱印狀制度，訂定任何大名領邑，均屬於豐臣氏全國統治權之下。此外，婚姻與契約的訂定，須得大名的同意，同時下令「參勤」（定期奉侍主君），以各種手段加強統制。

　　織田政權的中央組織極為簡單，並未整備其作為統一權力的支配機構。一如戰國大名，置有家老、目付、奉行，僅在京都、堺市等重要地方置有「代官」 ❶ 而已。其實這種行政組織乃是由大名的家政運作組織加以擴大者，即由近臣以及有力的部將任奉行(bugyō，管衙之長官)，掌管政務與軍事。其統治組織之整備，卻因相繼的戰爭而無法充分的實行，雖命心腹為五奉行 ❷，分掌政務，具有中央政府行政、司法、財政等職務的官僚性格；令有力大名為五大老 ❸，合議重要政務。但此一制度直到豐臣秀吉晚年才上軌道，實際上並未確立鞏固的集權體制。為此，豐臣秀吉死後政權的維持，非期待德川氏以下有力外樣大名 ❹ 之忠誠不可，實為其權力的弱點，這是

❶　代官係幕府領邑的地方官。

❷　五奉行是淺野長政、增田長盛、石田三成、前田玄以、長束正家。

❸　五大老原有六人，即德川家康、前田利家、毛利輝元、小早川隆景、宇喜多秀家、上杉景勝等，在隆景死後，始稱五大老。

因為豐臣秀吉出身微賤，無法繼承武家政治的傳統——任征夷大將軍，而開創幕府，且此一政權雖形成大名領邑制為基本的近世封建制度，但仍顯示其為過渡政權的性格。

總之，豐臣政權的權力組織，集中於豐臣秀吉個人，有力外樣大名協力的態勢並未確立，基礎並不穩固。

第二節　對外關係

16世紀歐洲向外擴張，稱為大航海時代，這是富於冒險，向海外擴展的時代。他們進向亞洲，攫奪殖民地，構築一大殖民地帝國。首先是葡萄牙與西班牙兩國，接著新興的荷蘭、英國緊隨其後，於是在東亞展開了世界殖民地爭霸戰。西班牙在南北美洲擴大其殖民地，於16世紀中葉進向亞洲，占領菲律賓，以馬尼拉為東方貿易的據點；葡萄牙亦經由非洲向東進展，據印度西海岸的果亞(Goa)為根據地，進而占領澳門，開始與明朝通商。

日本與明朝、朝鮮的通交關係，因實施海賊的取締，貿易許可制（勘合貿易制度），長久維持穩定的狀態，至室町時代末期，始漸紊亂。當時明朝國勢不振，避免與日本交涉，以兩國商人的紛爭為口實，封鎖港口；朝鮮亦因國內的政爭，僅與對馬的宗氏進行小規模的貿易而已。

日本在戰國時代，因大名領邑的發達，經濟力的增進，商業資本累積之進展，農村的自給自足經濟，城下町交換經濟之不成熟以及群雄割據等，以致國內市場未能充分開放，資本乃自由的朝向外發展。同時，因戰亂之世，出現多數在國內不得志者，謀求活動舞

---

❹　外樣(tozama)大名，乃是旁系的大名。

臺於海外的人。因合法貿易的衰微，國內取締的弛緩，成為伴隨武力冒險的走私貿易。這些大抵是日本西海岸剽悍之民為首領，率眾組成船團而橫行華南沿岸一帶，旋即進窺南海諸國，這就是倭寇形成的淵源。

一、歐洲文化的傳入與基督教的傳播

㈠「南蠻」文化的傳入

正當日本文化著著進展，逐漸脫離中國文化影響之際，過去與日本完全沒有接觸的西方文化，自16世紀中葉以後開始傳入日本。此時由於日明勘合貿易中斷，倭寇轉盛，給予葡萄牙最佳機會。當時日本稱葡萄牙人與西班牙人為南蠻人 ❶，與西方有關的，均冠以南蠻。這是日本與西方文化直接交涉的開始。

1543年，葡萄牙人船隻漂抵日本的種子島，開啟了日本與歐洲交涉之途。葡人傳入鐵砲（洋槍）、彈藥及其製法，使傳統的戰術為之一變。在戰國時代，鐵砲成為新銳的武器而急速的普及，原有以騎兵隊為中心的戰法，由於「足輕」鐵砲隊的登場而大變，築城法亦大為改變。不久，洋槍自西部諸國流傳到關東一帶，遂引起戰爭與兵制方面很大的變革，自然亦促進了日本國家的統一。

西洋文化充實並豐富了日人的物質與精神生活，對變革階段的日本文化影響很大。除了洋槍之外，基督教的傳入在精神方面開闢一種新的境界。葡萄牙語廣泛地被使用，變成日本語言的一部分（外來語），且在服裝、器具、食品方面，今日日本人所使用的許多葡萄牙名詞，都是這一時代日葡交通的結果。

葡萄牙人競相來日，欲以中國商品換取日本現銀，九州的大名

---

❶　室町時期已有此稱呼，這是根據中國華夷思想，稱居住在南方的「野蠻人」為「南蠻人」，泛指經由東南亞來日的葡萄牙、西班牙人。

則為貿易之利，紛紛相迎，因此南蠻船隻之赴日年有增加，葡商出入九州各港，並達下關海峽。

(二)基督教的傳播

首先到日本傳教的，是耶穌會的沙勿略（Fransisco Xavier, 1506～1552年）。沙勿略於1549年由印度至九州的鹿兒島，為了取得天皇、將軍的許可到京都，不能如願，旋得領主島津氏與大友氏等的保護，在山口、大分等地從事傳教。此後葡船及基督教傳教士相繼赴日。他們與大名往來，努力使其成為信徒，俾能在大名的保護協助下，擴大傳教。大名亦為確保與葡人貿易之利，樂於迎接傳教士。當時日本人稱天主教及其教徒為「切支丹」❶。基督教遂以近畿地方與九州北部為中心擴大教勢。基督教雖與日本傳統的思想格格不入，但傳教士熱心從事社會事業與醫療活動，於是得以普及於武士、商人、農民之間。

耶穌會是西歐反宗教改革的產物，終於成為天主教教會革新與恢復威信的急先鋒，其政治性格與行動模式之富有彈性，實為此一教團的特徵。耶穌會與葡萄牙、西班牙的宮廷保持密切關係，並以國家權力為後盾，在各地進行傳教。東印度與遠東的傳教，乃在與葡萄牙商船隊合為一體而掩護其掠奪式貿易與殖民地政策的推動下開展。

耶穌會的傳教在印度與東南亞，採取極為暴力的方式，但在中國與日本，卻是以拉攏當地的最高當局，在其保護之下進行傳教的方式。因此在沙勿略的繼承者努力下，得以在短期間內向近畿地方擴充教勢。這種由上而下的傳教，反映戰國大名勢力之消長，屬於不安定狀態。在北九州有大名大友義鎮等的改信，成為熱心的基督

---

❶　切支丹為葡萄牙語 Churistaõ(Christian)之音譯。初作吉利支丹，禁教後寫成切支丹。

教保護者。這種熱心的基督教徒大名，大都是出自私心，即欲取得與傳教士關係密切的葡萄牙商船以及銃火器、硝石等物質，純粹出自宗教情熱的則屬少數。

隨著天主教的傳播帶來歐洲的科學藝術，繪畫是最早傳入日本的歐洲藝術。1549年，沙勿略來到鹿兒島時，帶來了聖母瑪利亞的油畫像，為西洋繪畫之始。

為了傳教和培養日本人傳教士，耶穌會教士在各地建立教堂，設立基督書院、神學院等，同時傳授天文學、物理學、地理學等自然科學知識，或創設醫院❼、保育院等，致力於慈善事業。當時傳教士翻譯宗教書籍與辭典，且已運用活字印刷術❽。

1582年，九州的大名選拔四名青少年，組成遣歐使節團訪問羅馬教王，攜回西洋的樂器、地球儀、活字印刷機等，使日本人嘆服，改變了日本人對世界的傳統觀念。尤其天動說與地圓說之東傳，給予佛教、儒教的世界觀激起不小的波瀾。

當時（16世紀末葉）日本全國基督教教堂約有兩百多所，信徒多達十五萬人，各地傳教士七十五人，可說是盛況空前❾。

---

❼　1556年，傳教士艾梅達在府內設立醫院，設有收容痲瘋病病人的病房，並以外科醫生資格為病人醫療，傳授醫術，為日本有歐洲外科醫術之始。當時稱這種醫術為「南蠻醫學」。

❽　活字印刷之傳入日本有兩條途徑：一是來自朝鮮，為朝鮮戰役的結果；一是1590年遣歐使節（基督教大名之中，大友義鎮、有馬晴信、大村純忠等，接受傳教士維里尼亞尼(Valignani)之勸，於1582年，派遣少年使節團到羅馬謁見教皇）。返日之際，同行的耶穌會教士攜帶活字印刷機，作為大批印刷傳教書籍之用，稱之為「吉利支丹版」，可用日本字、羅馬字印刷。

❾　這些基督教信徒不只限於大名，甚至包含武士、商人、農民、漁民等廣泛的階級。對於貧困的農民而言，教會所施行的醫療活動與飢饉對

這些傳教士來日，不僅是為了純粹的宗教使命，且扮演著商業角色。豐臣秀吉初亦承襲織田信長保護基督教的政策，但於1587年出兵九州之際，得悉大名捐獻教會領地，戒懼傳教士的領土野心，復有葡萄牙人私運日本人充當奴隸的傳聞，且以基督教詆毀神佛，破壞寺廟，唯恐其破壞社會安寧，乃轉而禁止大名的基督教信仰，頒布「傳教士追放令」，驅逐傳教士，全面禁止傳教，但仍然獎勵南蠻貿易，並未禁止與歐洲人通商。因此，其禁令並不徹底，這種宗教迫害反而提高了宗教信仰，基督教的傳布更為廣泛。但傳教士所倡說的一夫一婦制與神前平等，卻與當時日本的封建倫理、道德觀念有相當的落差。羅馬教會的教理畢竟無法超越佛教的信仰與儒教倫理的思想水準。當時九州的大名之中領國統制鞏固的薩摩島津氏，雖渴望貿易，卻不喜基督教的傳教。

總之，16世紀中葉以後近一個世紀的「基督教的世紀」，使日本與歐洲文化直接接觸，擴大其視野，同時為日本文化輸進新鮮的血液，豐富了日本近代文化。但西洋文化的影響，到了17世紀初實施鎖國政策之後，幾乎陷於停頓。

二、日葡貿易

16世紀中葉，葡人開始與日本進行貿易，日本的主要輸入品是中國出產的絲、砂糖、鹿皮與藥材。主要輸出品則是銀、沙金、銅、鐵及其加工品，其中尤以絲為大宗。但日本與中國的直接貿易，卻因明朝採取海禁政策而中斷。葡萄牙人既設基地於澳門，此地遂成為中日間轉運貿易的中心而占重要的地位。

戰國時代，要有組織的推進對外貿易，日本的商業資本尚不充分，但葡萄牙在東南亞的軍事力，足以倚恃當時殖民地統制的實力，

策，有如「大旱之望雲霓」。

及其優越的航海技術，確立了澳門與北九州各港口，尤其長崎的貿易路線，得以壟斷中日間絲貿易之利❷。

　　這種情況到了16世紀後半期有了轉變。1584年，在菲律賓馬尼拉擁有根據地的西班牙船隻，漂流到九州平戶。領主松浦氏憤葡萄牙貿易港為長崎所獨占❹，對耶穌會素懷不滿，有意開放貿易路線。適逢遠赴菲律賓的日本人與西班牙人發生爭端，豐臣秀吉聞訊，乃於1591年要求菲律賓入貢，甚至有遠征計劃，遂使通商無法展開。遠征菲律賓計劃因出兵朝鮮而未及實現，但日、菲使節往來頻繁，其間且曾允許西班牙傳教士在日本國內傳教。於是引起葡、西兩國傳教士間的對立，加上豐臣秀吉後來採取彈壓基督教的政策，南蠻貿易遂中斷，而「朱印船」❷貿易則日益繁盛。

三、海外進出

　　豐臣秀吉統一政權的成立，創造了貿易以及對外關係的新局面。1587年，遠征九州，使島津氏歸順的豐臣秀吉，於歸途到博多，命令重建因多年的戰亂而荒廢的博多。自古以來博多即為對朝鮮貿易樞要之地，且為北九州經濟圈與全國流通的主要樞紐。全國流通機構的齊備與商品流通的掌握，乃是維持統一政權的必備條件，這也是豐臣秀吉重建博多及與該地富商島井氏聯結的主要原因。1589年，復將大村純忠捐贈教會的領邑長崎劃為直轄領，更頒布基督教禁令以及貿易規制。豐臣秀吉既已得到確立全國性支配權，乃再表明其

---

❷　至1600年，增至三十萬人，1605年，更增到七十萬人。

❹　即在廣東市場購入的生絲，在長崎以通常四、五倍的價格出售，其價格差所得利益，得由當年航船的司令官自由裁量。

❷　豐臣秀吉以「朱印狀」給與特定商人，以別於一般商人，且保護其特權。持有「朱印狀」的商船，稱為「朱印船」。朱印船從事之貿易稱為朱印船貿易，其貿易地區包括臺灣、呂宋、馬來半島、中南半島等地。

統制外國貿易，支配全國流通主要樞紐的意圖。

1587年，在平戶最早的西班牙船隻入港，遂與馬尼拉建立關係。同時，基督教的傳教士渡日，產生了貿易、傳教雙方新的對抗關係。豐臣秀吉採取將貿易與傳教分開的態度，此一方針為德川家康初期外交所承繼，但事實上兩者的分離是不可能的。

豐臣秀吉為了誇示自己為日本最高統治者的權威，威迫菲律賓等入貢。豐臣秀吉在世時，其對外政策，始終都是威壓的，尤其是對西班牙政廳，於天正末期至慶長初（16世紀後半葉），均以威迫性的言辭要求通商，卻未能實現。

豐臣秀吉於1588年，發出取締「巴漢」❷與海賊之令，這不僅是為了維持治安，同時又是為了全國的統治而規範偏遠地區的商業。

由於海外貿易的刺激，日本人航行國外的日益增多。豐臣秀吉亦有往外發展的雄心，他一面取締倭寇，一面設置朱印船，航行南洋。在西班牙人到達呂宋之前，該地已有日本人與中國人的移民，其後日人赴菲者更多。呂宋的西班牙政府，鼓勵日、菲貿易，因此，呂宋與平戶之間的船隻往返日多。16世紀末年，在馬尼拉及其東北岸，已有日僑兩千多人。

豐臣秀吉於統一國內之後，即企圖征服明朝❷，日本自白江口之役以後，不敢問津朝鮮已有千年之久，豐臣秀吉卻傾全國之力遠征朝鮮。其原因有謂其喪子，為發洩憂鬱，而興無名之師❷；或謂

---

❷ 16世紀後半，南中國海與菲律賓群島，稱為「巴漢」的武裝商船走私貿易極為猖獗。

❷ 1587年，豐臣秀吉命對馬藩主宗智義服勸說朝鮮國王入貢。兩年後，再遣宗氏赴韓催促，其後於復韓王函中，有「假道入明」之語，為韓廷所拒絕。

❷ 據林羅山的《豐臣秀吉年譜》云，1591年8月，豐臣子鶴松夭逝，此後，軍事行動乃急轉直下。其實，在此之前，秀吉早已建造兵船，並下令

欲藉對外戰爭，以消除內部的危機㉖；當然，他個人的功名慾，部
將之求功好戰，堺與博多等地豪商渴望貿易之利而支持其海外出兵，
都是侵韓的因素。但其根本原因實在於恢復室町時代以來的封貢貿
易㉗。

　　1592年（明萬曆20年，文祿元年），豐臣秀吉調動十五萬水陸軍，
自任統帥，坐鎮於名護屋（今之名古屋），任宇喜多秀家為前線總指
揮，由小西行長、加藤清正等率軍入侵朝鮮（登陸釜山）。不到一個
月，便攻陷京城（漢城）及平壤，進抵豆滿江，朝鮮八道幾乎全受
日軍蹂躪（文祿之役）。但由於朝鮮水軍的活躍㉘，明軍的赴援㉙，
加上補給困難，日本的侵朝戰爭，不僅遭到朝、中兩國人的抵抗，
在日本國內亦不得人心。農民甚至以拒繳軍糧反戰，致使日軍的糧
食奇缺，傷亡極為嚴重，士氣低落。

　　豐臣秀吉繼承織田信長未竟之業，經過多年的征戰，實現了日
本的統一，卻由於發動侵略朝鮮的戰爭，阻礙其鞏固國內統一的大
業，給予與其實力相當的德川家康累積力量的機會。豐臣秀吉投入
三十萬大軍，但因對朝鮮國情之不明，諸將之不和，朝鮮軍之反擊，
遠征軍之疲憊，戰局對日軍漸趨不利，日軍退往釜山，陷入進退維
谷的窘境。豐臣秀吉雖企圖與明談和，但雙方的交涉觸礁而決裂㉚。

　　各大名準備動員。

㉖　由於戰國以來的動亂之終結，欲將龐大軍事力的領主之矛盾，轉移到
　　對外侵略。

㉗　當時日本的社會情勢，有急迫打開對外貿易的要求，所以豐臣氏禁教
　　而不禁商。

㉘　朝鮮水軍善戰，日軍不諳海戰，兩次海上決戰失利，造成日軍補給之
　　困難。

㉙　明朝派軍五萬赴援，扭轉了戰局。

㉚　秀吉所提媾和七條件，包含要求明朝皇帝之女嫁與日本天皇為皇后，

1597年，秀吉再發大軍（十四萬餘）赴朝（慶長之役），但第二次出兵戰況不利，日軍陷入苦戰。朝鮮水師名將李舜臣指揮水軍，擊沈日艇三十餘艘，明的援軍亦再度赴援，反擊日軍。翌年（1598）秀吉病死，日軍撤退，戰爭終告結束。

總之，前後七年的朝鮮出兵，使日本將士曝於異域，無端傷害朝鮮人民，不僅引起朝鮮與明的反感，且耗費龐大的戰費與兵力，促使日本國內的疲弊，終於導致豐臣政權的衰亡。

發展勘合貿易，漢城附近割讓日本，朝鮮賠償戰費等，但因明使與日軍之間的串通假造秀吉的降表，明神宗皇帝頒發詔敕，遣使冊封秀吉為「日本國王」，允其朝貢，秀吉大怒，驅逐使臣，歷時兩年的交涉終於決裂。

圖11　日軍出兵朝鮮圖（1592年）

第三節　商業的保護與統制

一、商業與貿易

統制商業的重要性，一如農村之支配。離開農村的武士，在城下町過其純粹的消費生活，領主的收入主要是依靠貢租，勢須在市場出售，不斷的軍備必須有多量的物質，因此戰國大名當亦希望在其領邑內的商業繁榮，而加以保護。商業原來是由得到莊園領主保護的商人獨占性的經營，大名則否定這些特權，另行構築新的市場，形成能自由買賣的市場，並加以種種保護，這種市場稱之為「樂市」。由於否定座的特權，而稱之為「樂座」，在織田信長、豐臣秀吉時代在全國推動。

但所謂樂市、樂座，絕非出自任何地方都可以允許自由營業的精神而來，其目的仍在保護特定的都市（城下町等），而有商人強制遷徙之舉。尤其農村的商業，則嚴格的禁止，施行的是商農分離。

貿易的獎勵亦是重視商業的一端。尤其國民向海外發展的機運高昂，歐洲商船之頻繁航抵日本，貿易甚為活潑。13世紀開始在朝鮮與明朝肆虐的九州出身的倭寇，隨著日本國內的統一，取締轉趨嚴格，代之而起的是正規的商船進向安南、菲律賓方面從事貿易。

豐臣秀吉禁止倭寇等海賊行為，一方命諸大名保護外國船。為了獲取對外貿易之利，並促進日本人的海外發展，分別派遣使節到葡萄牙在印度的殖民地果亞，以及西班牙在菲律賓的殖民地呂宋以及臺灣（高山國）等地要求朝貢。尤其著眼於葡萄牙人將中國產絲棉織品運往日本，獲取日本銀的轉口貿易，因而獎勵朱印狀貿易。

二、都市的統制

都市之中亦有從領主獨立，以有力商人為中心，施行自治的。但在全國統一的過程中，則全置之於統制之下。正如領主之統一農村，利用該處所產生的自治制度，原原本本的利用都市的自治機構。反抗的都市則被燒毀，依照統治者的意志來建設。其中經濟上居重要的都市，成為中央政府的直轄地。織田信長將堺、草津、大津等，豐臣秀吉將堺、博多、長崎等地劃為直轄地。礦山亦以生野、石見、佐渡等劃為直營，對其他諸侯領邑內的礦山則課賦「運上金」（營業稅）。當時日本急遽的開拓礦山，金銀的生產相當豐富，充實了織豐政權的經濟力。

第四節　安土、桃山文化

一、時代的特質

戰國時代的文運衰微，這種衰微的文化實植根於中央朝廷以及室町幕府與大社寺的權威、勢力、財富。反之，在地方建立割據體制的戰國大名的領邑內，卻因廢除舊制與新組織之興起，而有創造性的機運，且倚恃海外發展與貿易而興盛的港埠，卻有一股朝向新天地的開拓與生活向上，而充滿剛健的精神。復有打破莊園體制而出現鄉村社會的發達，庶民生活開始伸長，亦開拓了一條新的文運之路。在舊時代文化式微的背後，卻正醞釀著新文化的萌芽。織豐政權時代反映新興大名與巨商富於活力的機運，創造了新鮮而豪華的桃山文化。

安土、桃山時期所具有的政治安定、武士統一社會、商品經濟

的發達、國際接觸的擴大等特點，充分反映在文化上。

安土、桃山文化的特性乃是處於社會大變革時代的產物。社會基礎結構的變革，給予思考方式與表現方法很大的影響。因此，變革時期較能創造一種與舊傳統不同的各種文化。最顯著的特徵是擺脫宗教的束縛，充滿現世享樂主義的傾向，表現雄偉壯麗的氣概。這是因為過去的下級武士階層登上了政治舞臺，舊勢力的貴族與寺廟勢力已喪失其政治生命，復由於莊園體制之全面崩潰，喪失其經濟基礎，於是文化的宗教性——彼岸（來世）的傾向褪色，遂引發了現實的豪華風潮。

桃山文化最大的特色乃是不直接受到佛教影響而展開。尤其在美術的領域上，從佛教分離而獨立，實以桃山文化為最早。其原因主要是戰國的亂世，寺院勢力沒落，在政治上經濟上均喪失其影響力，而從屬於領主權力。

此一時代文化的主角，乃是戰亂中建立武功的諸侯與武士，以及在貿易上獲得巨利的富商。他們不拘泥於舊有的陳規，為誇耀權勢、財力，使士民歸服，以赤裸裸的人性樸實的形式，顯示其優越性，因而能率直的反映出闊達豪放的精神。其文化的表現強勁有力，與高雅纖細而誇大的貴族文化迥異，與絢爛頹廢的江戶町人文化亦有不同。

此外，歌舞伎等民眾藝術的創造與發展，亦為此一時代文化的一項特徵，成為庶民文化形成的肇端。

另一方面，武士生活由於兵農分離而發生變化，武士聚居於都市，過著俸祿階級的生活。因南蠻貿易而引進西洋文化的是上流武士。南蠻文化的基督教提倡愛與和平的精神，固與日本統治者亟欲重整封建制度的方針不符，但南蠻的高度文化與傳教士淵博的知識對當時的日本人頗具吸引力。這種情形與千年前，佛教初傳之際，為其高度的文化所傾倒的情形相類似。

　　織田信長、豐臣秀吉、德川家康等人為首的大名之間，興起愛
好南蠻文化的風潮，而致力求取西洋的文物（熱衷於取得鐘錶、望
遠鏡、天鵝絨等），因地球儀、歐洲繪畫之東傳，得知世界之廣闊與
外國風俗之知識。

二、造形文化

(一)城堡建築

　　當時文化的新機運，與其說是學問、文藝的發達，不如說是在
建築、美術、工藝與茶道方面較具特色。因為在長期的戰亂之中能
獲得勝利，打破既有權威的新興統治階層的生活，以及迎接和平而
繁榮的都市民眾生活，發揮了強烈的創造意圖與清新的感觸。

　　其中在造形上足以表現統一的時代精神與武家權威的是，雄壯
的城堡與樓閣建築。當時的城堡隨著大名采邑制的形成，已從過去
天險本位的山城，轉為政治、經濟、交通上方便的平野地帶丘陵上
的城（平山城），兼有城砦與邸宅之用，乃是集霸者、大名的威勢與
土木、建築、美術工藝技術大成的綜合性建築物。

　　桃山文化乃是以大名的城樓為中心而發達。高層城樓建築最早
的是織田信長所建安土城，經過桃山時代，直至江戶時代初期，造
就了不少名城，集建築美之粹。

　　建築大都足以誇示新興武士權力與威容於四方的象徵。過去的
城堡大多是領主的邸宅加上簡單的防備設施，並利用天險的防禦陣
地，至此，已轉為在平地的樞要之地，由數重的濠溝與高聳的石牆
所圍繞，其中有高聳的天守閣 ❸，極為壯觀。不僅作為領主的威權
象徵，且為建築、雕刻、繪畫與工藝美術等造形藝術的綜合體 ❸。

---

❸　天守閣(tenshyukaku)，城樓之意。

❸　其內部裝飾華麗的障壁畫，江戶初期所築造二條城的內部裝飾為最著。

安土城與豐臣秀吉所建造的大阪城、伏見城，以及姬路、廣島、岡山、松本等地的城樓，形塑一個整體的、卓越的藝術品。

㈡美術與工藝

與建築同樣具有豪放的構圖與華麗色彩的障壁畫，亦在此一時代有飛躍性的進展。創造了傳統的和畫（日本畫）系統與鎌倉時期以降所傳漢畫系統融合的新鮮畫風。

具有雄大的構圖為特色的狩野派盛行一時。狩野派採取宋元畫的堅實線條與大和繪的華麗色彩，構成最符合安土、桃山時代相的豪壯華麗的畫風。狩野永德是障壁畫的巨匠，長谷川等伯、海北友松等一流的畫家，均遺有障壁畫的傑作。畫題嗜好採用花鳥山水，這是表示藝術的主題已從宗教的冥想轉為以人為中心的自然描寫，在此亦可以窺見此一時代積極肯定現世的態度。

由於中世的寺廟勢力已被打倒，在文化各方面佛教的色彩已淡化，而耽溺於現實的傾向驟強。雕刻亦是佛像雕刻衰微，裝飾住宅欄間 ❸❸ 的雕刻極盛，而蒔繪 ❸❹ 的家具或建築物的裝飾金具等裝飾性強烈的作品居多。

繪畫、雕刻、工藝等，因裝飾宏偉的邸宅而發達。隨著城樓建築和「書院造」 ❸❺ 式樣建築的發展，壁畫亦相應興盛。盛行在城堡或官邸內，用大幅的繪畫點綴，或以繪畫裝飾可移動的屏風等（障壁畫）。障壁畫以雄偉的構圖，強力的筆法，絢爛的濃彩，山水花鳥等題材，表現裝飾之美，與室町時代象徵性的水墨畫對照，具有絢爛感覺的表現為其特色。

---

❸❸ 欄間(ranma)是日本房屋內的拉窗、隔扇等上部採光、通風用的鑲格窗或透籠板的部分。

❸❹ 蒔繪(makie)是漆器上的泥金畫。

❸❺ 書院造(syoinzukuri)是以主殿與大廳客房的建物為中心，加上主人與家族起居室以及附屬建物的建築樣式。

三、庶民文化

(一)茶道

桃山文化與前代東山文化的傾向、旨趣迥然相異，具有異質性，但在茶道、花道、書院造等方面，卻普遍的承繼。

與造形文化同樣足以代表此一時代庶民文化的是茶道。室町末期以來的喝茶之風亦在町人和武士之間盛行，由喝茶發展為茶道是日本特有的風氣。茶道是修心養性的手段，除了喝茶之外，尚有古書畫的鑑賞、茶器的製造、茶具的欣賞，茶室、庭園的建造等，養成廣泛的興趣，可說是一種綜合的生活美學藝術，同時也是社交的技藝。茶會成為政商之間洽談政經事務的沙龍。

東山時代完成茶道的珠光，將貴族與民眾的要素巧妙的統合，達到一種藝術的境界，此為堺市商人武野紹鷗所承繼，再為千利休集其大成。

由於織田信長、豐臣秀吉與大名均嗜好「茶湯」，武家生活立刻流行茶會。千利休的茶道以簡素、和敬、靜寂的生活倫理等所謂「侘」(wabi，閑寂)「寂」為根本精神，規定茶會的禮儀與草庵風的茶室、茶器等規範。

(二)音樂與歌舞伎

代表江戶初期町人文化的淨瑠璃之成立，實始於桃山時代。自室町中期以後，即有淨瑠璃與牛若丸的戀愛故事《淨瑠璃物語》之表演。這種「節」，稱之為淨瑠璃❸。

江戶時代極盛的歌舞伎，亦始於此一時代的阿國歌舞伎❸，起

❸ 起初伴奏是用琵琶，其後改為三味線（從琉球傳來的蛇皮線加以改造者）。

❸ 緣於出雲大社（島根）的巫女阿國(okuni)，為了籌集出雲大社的修繕費用，赴京都表演。

初是配合三味線的舞踊，不久改編成戲劇。寬永年間禁止女歌舞伎，遂成為後來的僅限於男性的「野郎歌舞伎」。

四、佛教的衰退

在文化方面，最具重要意義的是，宗教威力的減退。自古代以至中世，佛教在宗教界、俗世兩方面發揮無比的威力，對學問、藝術的發達、道德觀念的涵養，精神的形成均有很大的影響。但到了武士階級熱衷於領邑的擴展，領主權的確立，大名領邑的形成，以武力作為自己優勝劣敗運命賭注的時代，一般人已瀰漫著與其謀求救濟、解脫的宗教精神，還不如肯定目前的現實人生，依賴權勢的現實心態。這種現實精神正是使多數的寺院在兵火之中燒毀，寺院領邑被沒收，迫使歷史悠久的大寺院、教團屈服於霸者大名的武權之下的主要因素。至此，佛教完全屈服於武士權威，並在其統制保護之下，專心致志於宗教學教義之研修與民眾之教化。

與佛教同為既有文化一環的學問、文藝，在戰亂中雖亦趨於衰微，但隨著和平的恢復，和漢之古典學與歌學、歌道再興。後陽成天皇的好學，以及和漢典籍之蒐集，和漢古典的出版，實立基於朝廷文化的傳統。武家亦將舊有的學藝作為古典的教養而加以尊重，助長其再興。

五山禪僧之間所傳儒學，依然固執佛教、儒教、道教三教合一的思想，而不能脫離中世佛教的影響。在室町時代發達的連歌、能樂益為流行，但在藝術上卻沒有新的發展。

桃山文化的內容，復興既有文化仍占很大的領域。但古典的教養，卻脫離了狹隘的公卿生活，而為武家社會所歡迎，且及於京都等地上層的庶民。在儒學方面，藤原惺窩學於五山的禪林，擺脫了佛教的包袱，成為武家的賓師而開創了江戶時代儒學獨立的機運。

五、科學與技術

　　桃山文化多彩之一面，應是西洋文化的影響。鐵砲與基督教之傳播所代表西洋文化的影響，的確是日本人從未有過經驗的科學技術與知識之注入，但其滲透的程度不深。蓋其傳到日本的科學技術，除了鐵砲製造法❸之外，尚有活字印刷法❹、造船術、航海法、礦山採掘法、銅版畫、望遠鏡等，其中只有鐵砲與火藥的製造法、造船航海法與礦山採掘法能紮根，其餘則隨南蠻人之離去而消失。印刷術則是在1590年少年訪歐團帶回，以及出兵朝鮮時攜回日本，曾以「切支丹」版稱著，刊印《平家物語》，其後卻未能承繼普及而終。至於在生活方面的影響，則是部分外來語（葡萄牙語）之運用而已。

---

❸　洋槍在葡萄牙人傳入日本之後不久，便由種子島的刀匠以土法仿造成功，刀匠改為製造洋槍者顯著增加，自此普遍的生產新武器。

❹　天皇利用從朝鮮傳來的銅版活字所出版的和漢古典十二部的出版，實為慶長、元和之際，幕府官版、諸家私版流行的先驅。

第二章　幕藩體制的確立

第一節　江戶幕府的成立

一、德川家康的霸業

出生於三河（今之名古屋）岡崎城主之子的德川家康（1542～1616年），在今川氏的勢力下，成為人質 ❶ 而飽受苦難。及至今川義元死，始離開今川氏，回到岡崎，開始擴張其在東海地方的勢力。其間曾協助織田信長，直至織田死後，乃利用其子織田信雄起兵，與豐臣秀吉交戰，旋與之談和。

1590（天正18）年，德川家康隨豐臣秀吉擊敗後北條氏，獲賜關東之地，乃以江戶（東京）為根據地，巧妙的配置其家臣團，並提拔武田、後北條的遺臣，施行「檢地」，全力經略新的領地。德川家康逐漸控制關東之地區，成為支配一帶大名的超級大名 ❷。

豐臣秀吉侵攻朝鮮時，德川家康隨侍其左右，得免參與朝鮮出兵，而保留實力。豐臣秀吉死後，天下已有動亂之兆。豐臣政權末

❶　德川家康六歲即為織田氏與今川義元之人質，至十九歲始獲自由。

❷　「轉封」關東偏僻之地，家臣頗有怨言，但德川家康卻積極經略，成為擁有二百五十萬石的大諸侯。

期雖有五大老五奉行❸之制，以豐臣秀吉之子豐臣秀賴（年僅六歲）為中心，形成合議制，但內部已呈現分裂傾向。繼獨裁者豐臣秀吉之後的秀賴年幼，因此繼承人之爭頗為激烈。

豐臣秀吉在世時，豐臣政權顯已分成兩派。一是以統一權力而力主實施中央集權，限制個別大名權力的集權（文治）派；一是認定個別大名權力的分權派。前者以五奉行之一的石田三成為代表，後者通稱為武將派，與五大老首領德川家康接近。

豐臣秀吉死後，依其遺囑，政務由五大老、五奉行「十人眾」執掌，事實上受託照顧豐臣秀賴到成人的德川家康，卻強化其獨裁趨向，居豐臣政權代理人地位，尤其在前田利家死後為甚。受到豐臣氏恩顧之臣的石田三成等五奉行文治派，對此感到不滿，亟欲剷除德川家康的勢力。

德川家康與豐臣秀吉同抱取而代之的權力觀，當不會擁立年僅六歲的豐臣秀賴。德川家康一方以譜代家臣為中心，一方利用各大名之間的不和，籠絡加藤清正、福島正則等武將派，挑撥石田三成等文治派。石田受到挑撥，乃策劃打倒家康，於1600（慶長5）年，由上杉景勝（五大老之一）在會津舉兵，得毛利輝元、宇喜多秀家等西國的大名響應（西軍八萬人）；但與石田三成、小西行長等文治派對立的加藤清正、福島正則等武將派，卻參與德川家康的東軍（七萬）。東西十數萬大軍在關原❹激戰，兩軍初不分軒輊，但西軍終因小早川秀秋之倒戈而大敗。德川家康因豐臣派大名勢力之分裂而得勝，終於掌握了霸權。

關原大戰之後，西軍大名沒落，德川家康對參與西軍的諸大名

❸ 家康於小牧之戰時，即為與豐臣秀吉不分軒輊的武將，且為最大諸侯，在豐臣秀吉歿後，為內大臣、五大老首席，在伏見城執掌政務。

❹ 關原(Sekigahara)在美濃，地勢險要，為攻不破之關，乃兵家必爭之地。這是東西兩軍決勝的重要一戰。

加以嚴厲的處罰，掃除反對勢力，確立了霸權。於是建立了統一的貨幣制度❺，獨占對外貿易，領地之分布全國各地，並著手進行其統馭天下的政策❻。

　　1603（慶長8）年，德川家康被後陽成天皇任命為征夷大將軍，隨即在江戶開創了德川幕府（亦稱江戶幕府），開啟了此後二百六十餘年德川幕府統治的時代。自室町幕府將軍足利義昭於1573年被織田信長逐出京都以後，幕府將軍之制已中斷三十年，至此再度恢復幕府政治。

　　二年後（1605年），德川家康將將軍職讓與其子德川秀忠，藉此明示將軍一職為世襲。德川秀忠與第三代將軍德川家光，致力加緊控制大名，整頓幕府組織與制度，奠定了江戶幕府的基礎。

二、二元政治

　　德川家康退隱後，回到駿府（靜岡），表面上不過問政治，實際上卻仍掌握政治大權，其居所稱大御所（ōgosyo，前任將軍）。初期的幕府政治採取江戶與駿府雙頭馬車的二元政治形態。德川家康智囊團是僧侶與學者，如崇傳之負責神社、寺院行政，撰寫外交文書，參與「武家諸法度」等之擬定，林羅山在學術、文教方面的貢獻等即是。

　　此外，德川家康著手進行建設江戶大城廓（城樓），同時築造二

---

❺　此時鑄造了慶長金銀、寬永通寶，創立金銀錢三種貨幣的通用制度。此一貨幣制度從經濟面促進了中央集權，具有從土地經濟增進幕府財源到貨幣經濟的重大意義。

❻　戰後對石田三成等九十名大名，強行「改易」（取消領邑）、轉封（改調到偏遠地區），沒收的領邑達六百二十二萬石之多。這些無主空地一部分撥入直轄地，大部分則加封給譜代大名（六十八名），支配大名的封建統一權力的基礎於焉成立。

條城、伏見城、駿府城以及京都、堺、長崎、奈良等主要都市作為直轄市。

當德川家康仍在駿府大御所發號施令之際，豐臣秀吉之子秀賴（1593～1615年），雖淪為只擁有攝津、河內、和泉為中心六十萬石的大名，但仍盤據固若金湯的大阪城，以及豐臣秀吉嫡子的聲望和巨富，而有不能輕忽的勢力。德川家康遂多方設法消滅豐臣氏，一再命其修造神社、寺廟，使其消耗財力，並以方廣寺鐘銘事件❼挑撥豐臣秀賴，進而出兵圍攻大阪城。但以城堡不易攻，乃以填平大阪城的外濠為條件謀和（冬之陣），卻故意違反協定，連內濠亦予填埋，並破壞外城，孤立天守閣（城樓）。隨即強其所難，迫其「轉封」邊區，不從，遂於翌年（1615年，元和元年），再度出兵征服。大阪城既已失去內外濠溝的屏障，遂被攻陷。豐臣秀賴等自殺，豐臣氏亡（夏之陣）。

德川家康滅亡豐臣氏，剷除其最大的心頭之患。至此，開創了此後長達二百六十餘年之久的太平之世──德川時代，世稱元和(本年改元)偃武。

三、幕藩體制的確立

㈠江戶幕府的統制機構

幕藩體制乃是幕府與諸藩統治全國的政治體制，亦即江戶幕府的統治體制。德川幕府以七百萬石領邑的最大大名，統制全國諸藩。諸藩的政治雖各自有其獨立性，但受幕府的統制，大體以共通的組織與方法統治其領邑。

❼ 位於京都的天台宗寺院方廣寺大佛殿，於重建之際，新鑄造的巨鐘銘文有「國家安康」、「君臣豐樂，子孫殷昌」等文字。德川家康以之為藉口，証解其故意將家康之名字分開（以豐臣為君，斬殺家康），有咀咒之居心，以求豐臣氏之安泰與繁榮，因而命其停止供養。

江戶幕府的中央職制有幾項特色：一、將軍擁有絕對的獨裁權，二、以軍事編制為基本，戰時所有官吏均服軍務，大名、旗本❽均須依其所得俸祿，奉獻其軍役，三、行政與司法無明確的區別，四、施行隱密而嚴格的警察政治，五、採取合議制、輪流制，以防範權力的集中，六、參與中央政治的，僅限於譜代大名❾與旗本，外樣大名❿被排除在外。

將軍之下的最高職位是「大老」，但非常設。總攬幕政要職的，則是「老中」⓫，其次為三奉行⓬。通常老中統轄幕政，若年寄⓭、三奉行與遠國奉行⓮，分擔行政與軍事。多數的官職是複數構成，每月輪替處理政務，重要的政務則以合議裁決。但無論中央與地方各項官職，均由譜代大名中選任，其餘則由旗本、御家人選任。擔任財政的最高官吏是老中，其下有勘定奉行（管轄財政）為首長的

---

❽ 旗本(hatamoto)亦稱旗下或幕下，其中能謁見將軍者為旗本，而不能拜謁將軍者，則稱御家人(gokenin)。他們都是將軍直屬的武士（他們統稱之為直參，jikisan，通常指戰場上主君的直屬武士團，江戶時代則專指直屬家臣團中，萬石以下領地的武士）。據1722年的調查，旗本有五千餘人，御家人七千餘人。他們居於江戶，依其采邑多寡與才能而就公職，負擔軍役。

❾ 譜代大名乃是關原之戰前即從屬於德川氏的大名，約有一百五十家。

❿ 外樣(tozama)大名，乃是關原之戰後臣屬德川氏的大名，有近百家。

⓫ 有大老(tairo)時，老中(rōjyu)居其下，但通常不置大老，老中成為幕政的最高機關（長官），由譜代大名選任五至六人，採取合議制，決定政事，輔佐將軍。

⓬ 寺社、江戶町與勘定等三奉行。奉行為各該機關的長官。

⓭ 初稱「年寄」(toshiyori)，其後改稱「若年寄」，為僅次於老中的重要職位，管轄旗本、御家人與江戶城內的事務。

⓮ 遠國奉行乃是設置在長崎、佐渡等偏遠地區的地方官。

勘定所，為財務官廳的中樞。其下設有金奉行、藏奉行與鑄造貨幣
的「金座」、「銀座」**⑮**等。

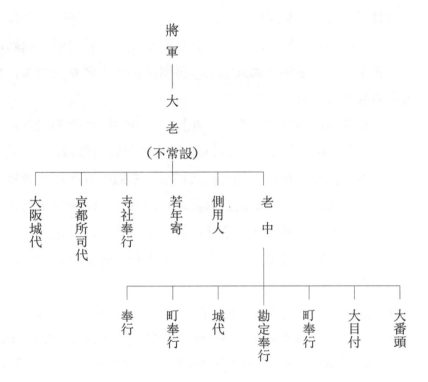

圖12　江戶幕府的機構

㈡幕府的統御政策

　　江戶時代的幕藩體制是以將軍與大名的強大領主權，統治土地
與人民的政治形態，經濟的基礎則為農業生產。這不僅是指以將軍
為頂點的幕府與各藩的統治機構等狹隘的意義，而具有從生產結構
及其關連上包括政治機構的歷史特質。

　　從德川家康到第三代將軍家光，是德川幕府的奠基時代，也是
集權的「武家政治」時代。德川幕府擁有四百萬石的「天領」**⑯**，

⑮　鑄造金銀幣的鑄造廠。

⑯　所謂天領，即幕府的直轄地，如加上旗本三百萬石，幕府領地共達七

為最大的大名，同時控制重要的都市、交通要衝與礦山，並壟斷貨幣的鑄造與發行。享保年間（1716～1735年）有金八十萬兩，米六十萬石。

關原之戰後，德川家康推行比豐臣政權更徹底的諸侯統制方策，即將旗本、譜代大名或親族（親藩）分布於關東、東海等樞要之地，將「外樣大名」移置於奧羽、四國、九州等偏遠地區或非軍事、經濟地區。親疏相間，其間配置「天領」，以資監視控制。

德川氏雖開設了幕府，但其幕府政制的齊備仍在第三代將軍德川家光之時，在此之前，實際上有如村莊政治，乃是三河大名組織的延長而已，連老中、若年寄等職制亦付諸闕如。

德川家康施行大規模的「改易」❶與「轉封」，擴增直轄領（都市、港灣、礦山等），以加強其財力，並整備東海道等街道，進行全國統一政策。第二代將軍德川秀忠亦為了統御大名，常以種種藉口，執行「轉封」與「改易」政策。在其主政期間，被「改易」的大名多達四十一人，而強制推行改易、轉封的結果，畿內及其附近、東海、信越、東北地方大名的分布情形乃發生很大的變化。

司法制度並無特設的裁判所（法院），而是由行政機關兼理。裁判官由老中、三奉行（寺社、江戶町、勘定）以及「代官」❶擔任，起初亦有將軍直裁的。各官吏管轄外的訴訟裁決則歸評定所主管。同時設有「大目付」、「目付」、「隱密」等特務機關，監察武士、民眾行為的官吏。

江戶幕府的政府組織，與軍事組織相應，規定大名、旗本等，依其「石高」❶負擔軍役的義務。其數量因時而變❶。

百萬石之多。

❶　廢除大名的身分，沒收其領邑謂之改易。幕府常藉口大名違反法令或無嗣，實行改封、減封（削減領邑），或轉封（改派到他處）處分。

❶　幕府派往直轄地的地方官。

　　幕府的財源有地租、礦山收入、貨幣改鑄收益、沒收領地財產等，其中礦產的收入初期屬重要財源，不久喪失其重要性。其間雖有一段時間是貨幣改鑄收益與「御用金」❹居於首要，但最重要的仍是地租。

(三)統制政治——身分制度的確立

　　就統治階層的關係而言，有將軍、大名、直參三者與武士間的主從關係。這種主從關係不限於武士，一般社會亦同樣存在。士農工商的身分制度已完成，而建立了封建秩序。全國土地在各領主之下，從自治的町、村起，層層的統制。

　　至於地方政府的組織，則除各藩由大名各自統治之外，散佈全國各地直轄地（天領），則設置京都所司代（京都）、城代❷、遠國奉行、郡代❸、代官等治理。

　　1.武士的統制

　　幕府對大名、武士的統馭，採取強行配置大名、強制各藩興土

---

⑲　依1649年規定如下：

石高	軍役人數	供武器的數量
2百石	5人	甲冑、槍
1千石	21人	弓、鐵砲各1，槍2
1萬石	235人	騎馬10，弓10，鐵砲20，槍30，旗3
10萬石	2155人	騎馬170，弓60，鐵砲350，旗20

⑳　領邑產量的額度。

㉑　幕府為了籌措政治經費（國費），臨時向富商課賦的稅，稱之為御用金。

㉒　城代就是城主。但大阪與駿府不置城主，由譜代大名輪流守護城砦。

㉓　直轄地農村均派遣「代官」治理，但其管轄地較廣大的，則稱為郡代。

木、制定交替參覲❷，約束其行動等多種方式。

　　首先是除了重新配置大名之外，盡量拔擢德川家族，及在關原之戰以前即已追隨家康的諸侯——譜代大名。並將德川家康之子孫分封於樞要之地，作為「親藩」，創設了尾張、紀伊、水戶等「御三家」❷。德川秀忠亦將其子分封於衝要之地，甚至藉故貶黜其胞弟忠輝（有繼承將軍資格的對手）為庶民。至於外樣大名則分封於東北、九州等偏遠地區，使「譜代大名」與「外樣大名」的領地犬牙交錯，彼此牽制。在確立霸權後形成的「譜代大名」及由德川氏家族受任的親藩日多，遂得以成為支持幕府的穩固基礎。

　　早在德川家康於攻陷大阪城（1615年）之後不久，幕府即制定「武家諸法度」❷作為統馭大名的法規，規定大名的營造事宜以及交替參覲等制，著重大名的統制與大名互相之間的監視。同年，定「一國一城」令，規定每一諸侯所管轄的地方，只准留下一個城池，其餘均須拆毀，助長了兵農分離和武士集中都市的傾向。大名隨意被改易、轉封，且須取得將軍頒發的「領知朱印狀」，始被承認其領主權❷。此外，德川幕府利用懷柔的巧妙政策，以對付外樣大名，即以賜婚與賜姓，以為籠絡❷。

---

❷　始自豐臣秀吉時，依德川幕府初期的規制，大名須定期謁見將軍，並留在幕府供職，妻子亦規定須居住於江戶。交替參覲原則上是在幕府一年，在領邑一年，但關東大名則是半年交替。此制促使交通發達，江戶成為大都市而發展，但對大名而言，卻是沈重的負擔，蓋須負擔多數家臣、行李的運送往來，費用不貲。

❷　御三家之外的親藩，共有二十三家。

❷　「武家諸法度」於1615年頒布，內容是獎勵文武，禁止遊樂、隱匿犯人、任意婚姻，參覲規章，統制服裝等。

❷　大名的領邑乃是將軍的恩賜，因此需要獲頒領知朱印狀（十萬石以上者須認證），始得承認其領主權。

2.朝廷與寺廟的統制

在武士為統治階級的幕藩體制裡，朝廷與寺廟幾無活動的空間。將軍雖形式上由天皇任命，幕府與諸大名表面上亦尊敬天皇，但皇室與公卿的領邑極少。幕府對於朝廷、公卿的壓抑亦為前所未有。朝廷雖已喪失其政治上的實權，但幕府唯恐天皇的精神權威被反對勢力所利用，因此一方尊崇朝廷為國家正統的根源，典章儀禮之府，進獻領邑 ❷，復興儀式，但另一方面，卻在京都設「所司代」，控馭朝廷。復於1615年，頒布「禁中並公家諸法度」 ❸，將天皇的權限只限於改元、敘勳、祭祀等，而不涉及實質的政治，規範天皇、公卿的舉止行動，宮中的儀式、官位的任免等，作為壓抑朝廷的根本大典。此法制定後，幕府的壓迫日緊，甚至發生後水尾天皇被迫讓位事件。

此一時代的武家政治思想，以為政權乃是防禦外敵，維持治安，安定民生，而受天皇委任，因此幕府擁有執掌國政的絕對權力。在武家政治中朝廷與幕府之間的關係，遂以此一政治思想，得到政治理論的基礎。

此外，又制定「諸宗諸本山法度」 ❹，嚴格統制佛寺，使寺廟

---

❷ 賜婚即政略結婚，因此，德川初期，與德川家康等有姻親關係的外樣大名多達十三人，獲賜姓的，亦有十二家之多。足見有力外樣大名大都與德川家有姻親關係。

❷ 僅進獻一萬石的領邑，加上上皇領、皇族領、公家領等，亦不過10萬石而已，與普通的大名相垺。

❸ 其中詳細規定朝廷的位階與席次，攝政、關白的任免，公卿的昇官，紫衣、上人號（syoningo，賜給高僧的名譽狀）的敕許等程序。此一制度在整個江戶時代迄未修改。1627年，即曾發生幕府否定朝廷允許大德寺僧侶穿著紫衣的敕令有效性的事件（紫衣事件）。朝廷與幕府間關係一度呈現緊張，最後因朝廷屈服而落幕。

成為幕府的御用機關。復因其受幕府或人名頒受僅有的少數領邑，而受寺社奉行（管理宗教事務的長官）的監視。寺廟依宗派之別，組織本山、末寺。至於基督教禁教政策之一則是規定所有人均須歸屬於任何一寺院的「檀那」❷，由寺院出具其非屬基督教徒的證明。寺廟被利用為庶民統制的工具，而缺乏宗教性。

㈣藩制的確立

　幕藩體制下，大名領邑及其支配機構稱之為藩，由大名統制。大名依其米穀收成的數量，常備定額的兵馬，奉將軍之命出征，或依將軍之命負擔城砦的修築或河川的整建工程。

　諸藩置有家老以下各官職，在幕府政策範圍內得以行使獨立的統治權。大名將其領邑的武士編成藩士，集中居住於城下町，分擔藩政。雖對上級藩士亦給與一部分領邑，其後由於郡奉行與「代官」等管理的直轄領增加，因此大部分仍是採取俸祿制度，大名控制領邑、領民的力量加強。

　雖然如此，但各藩發展的階段仍有很大的差異，情形各自不同。幕府體制的秩序旋即貫徹到藩的體制之中，此即藩體制的確立。

　諸藩企圖收取最大限的地租，並向大阪販賣。城下町乃是為了供給武士的消費物資，同時也是全國流通與領邑經濟之間的集散地。

---

❸ 起初依宗派、寺社之別加以統制，1615年制訂「諸宗本山本寺諸法度」，1665年，又頒布「諸宗寺院法度」與「諸禰宜神主法度」，嚴格規定寺院、神社所應遵守的規定。其目的乃在確立本寺與末寺的制度，規定末寺必須服屬於本寺，並禁止佛寺接受幕府以外的任何命令。寺廟既不作教義的研究，於是淪落為從事改宗的人口調查、葬禮與供養為主的活動。

❷ 檀那意即檀家、檀越之家，為梵語DANAPATI（施予僧侶衣食之佛教信徒）之音譯。

(五)幕府政治的本質

　　在幕府極為周延的統馭與縝巧的制度下，幕府的權力相當安定。其特色在職位的安排上亦可看出。幕政執行的主角是老中、若年寄、側用人、奉行等，形成一個大的官僚組織。至於御三家等親藩則不參與政務，實際執政的老中亦從譜代大名中挑選，採取輪流交替制，因此不會發生鎌倉、室町幕府之類權力被將軍親族或豪強大名所獨占的現象。居老中之上的大老，因非常設，無法永久掌權，當不可能成立執權政治，江戶幕府的本質乃是將軍獨裁下的家宰政治。

第二節　　對外關係

一、對外貿易與朱印船制度

(一)初期的外交

　　江戶幕府的外交政策，基於國內中央集權的過程，採取保持權力為目的的方針。初掌政權，即促進與周邊各國的友好貿易，獲取經濟上的利益，並致力顯示其統一政權的威信。

　　德川家康對貿易採取積極的獎勵政策，因此在幕府初期，對外關係極盛。他改變豐臣秀吉的強硬外交，採取獎勵以貿易利益為目標的和平貿易方針。因此，基督教的傳教，雖以禁教為原則，卻採取默認的形式，信徒乃日增。至於因侵朝鮮而處於敵對關係的對明朝與朝鮮的關係，則加以調整，並與朝鮮重建邦交❸。

❸　對朝鮮方面，命對馬的宗義智與朝鮮商議。1607年，朝鮮使節抵日，以後每遇將軍交替，朝鮮均派遣使節來日慶賀（通信使）。此對於幕府威信的提昇有相當的效果。1609年，朝鮮與宗氏之間，簽訂了「己酉約條」，展開正式的貿易，宗氏每年供應二十艘貿易船。

　　江戶幕府對於明朝則期待重開室町時代的勘合貿易，要求恢復邦交卻因明朝恐懼倭寇肆虐，採取鎖國政策，而無法實現，但中國的商人亦來平戶貿易，明船與日本船隻在臺灣與南方各地的走私貿易極盛。

　　對西歐的貿易則積極進行。當時歐洲有毛織品工業發達的英國與16世紀後半從西班牙獨立的荷蘭二個新教國家抬頭，在國家保護之下，進窺亞洲。德川家康時開始與英荷進行通商貿易。

　　1600（慶長5）年，當荷蘭船隻到九州豐後，德川家康邀請其航海士約斯登(Jan Joosten)與領航人英國人三浦按針(William Adams)到江戶，任外交、貿易的顧問。其後荷蘭（1609年）與英國（1613年）先後取得自由貿易的許可，在平戶開設商館。荷、英兩國在亞洲的貿易競爭極為激烈，但荷蘭在東亞的貿易方面占優勢，甚至控有臺灣，對英船與日本商人加以壓迫。英國為了減少摩擦，放棄東亞的貿易，日本平戶的商館亦於1623年關閉，專注於印度的經略。

　　德川家康對於與西班牙的貿易亦相當積極，派遣使節要求與西屬墨西哥通商。仙台藩主伊達政宗，亦於1613年派遣家臣支倉常長到西班牙，企圖直接與墨西哥通商，卻未達成目的。

　　由於葡萄牙的進出，被奪取亞洲轉運貿易之利而衰微的琉球王國，於1609年，被薩摩藩所征服。此後，島津氏假藉琉球名義，按照往常為明朝的朝貢國，使其運往中國的產品到薩摩販售得利。但琉球王卻仍臣屬於中國，維持兩屬關係❸❹。

(二)朱印船貿易

　　繼豐臣秀吉之後日本人的海外發展，仍繼續進行，渡海到呂宋、東京、柬埔寨、暹羅等地的大名與商人的船隻亦多。幕府頒發「朱

---

❸❹　琉球隸屬中國共計五百零七年，至1609年，淪為薩摩的附庸，而成兩屬關係。

印狀」准許船隻航行海外並加以保護，這種船隻稱之為「御朱印船」❸。朱印船的目的地從臺灣、澎湖島起，到呂宋、爪哇、馬來半島，以及中南半島等地。輸入品以生絲、絲織品、砂糖、鹿皮等亞洲產品為大宗，而歐洲進口的產品則有呢絨等紡織品；輸出則以銀、銅、鐵等為主。當時日本輸出銀的總額高達世界銀產量三分之一。

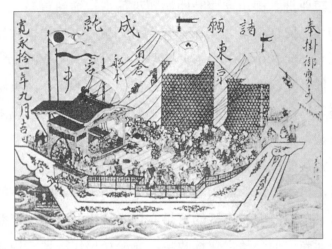

圖13　御朱印船

　　朱印船曾溯航至湄公河金邊(Pnompenh)。當地日僑曾參與柬埔寨的內爭。交趾（法屬安南）亦為朱印船出入的地區。廣南的蜆港(Tourane)與會安(Falifo)均有日本街。此外，暹羅、澳門、馬六甲群島以及安南東京一帶，都有日僑的蹤跡。

　　另一方面，由於朱印船的活躍，當時在遠東市場正拓展殖民地

❸　這種朱印船，自1604～1635年三十二年間，共發了三百多張朱印狀，平均每年有十艘商船出航。與室町時代的日明貿易相比，顯然增加很多。朱印船從一百噸到七八百噸都有，通常是二至三百噸級的船隻居多，每艘裝載商品（或銀）約值一百至一千貫（貨幣單位，一貫等於一千文）。其航行的地方包括暹羅、呂宋、交趾（柬埔寨）、東京等地。

的荷蘭東印度公司，屢被日本商人奪取商機，引發東印度公司的統制機構與日本人之間的衝突。朱印船年間貿易額相當大。對此，荷蘭人因傳教士的潛入，屢向幕府大肆渲染，極力妨礙日本人的海外發展。

朱印船的派遣，於設立之初，是以商人居多，尤其北九州、京都、大阪地方的商人為最。島津、加藤、細川等西南諸國的大名亦屢派船隻，經營貿易。但後來逐漸限定於特定的商人階層，尤其1620年代以後，與幕府有密切關係的「代官」或與銀座有關的富商居多。朱印船的資本通常是由大名投資，雖亦有部分中小商人資本，但貿易卻受到資本集中與特權商人階層所獨占。另一方面，大名所派遣的船隻除了特例之外，1612（慶長17）年以降，幾已絕跡。

當時葡萄牙商人以澳門為根據地，經手中國生產的生絲，運到長崎，賺取暴利。幕府乃於1604年，設置「絲割符」(itowapp) [36] 制度，允許特定的商人壟斷生絲的進口，排除葡萄牙商人的利益獨占。

為了維持幕藩體制，必須展開領主的商品流通，但領主權力如能使物資大量的投入市場乃是幕藩領主所最期望的。1632（寬永9）年，江戶、大阪的商人加入「絲割符」組織。

(三)向東南亞的擴張

由於地利、銀的出產與企業精神，日本乃能進向南洋一帶從事貿易活動。乘坐朱印船出國的日本商人，有的由於貿易的需要而滯居海外，有的在海外被僱用為士兵、船員等，亦有因禁教令而被放逐的，因而在南洋各地都有日本人的足跡，甚至在南方各地建造了施行自治制度的日本町 [37]。

[36] 此一制度乃是由幕府直轄都市堺、京都、長崎的有力商人，組織同業公會（仲間），由公會決定洽購價格。其中部分貨物以原價售予幕府，部分則出售給國內進口商，以杜絕葡萄牙人的暴利。

[37] 有如華人街(China town)，在交趾、東埔寨、菲律賓等地，都有這種日

二、禁教與鎖國

德川家康為了取得貿易利益，甚至利用傳教士，默認基督教的傳教，耶穌會以外的舊教各派也陸續前來傳教，因此信徒大增，至1605年，已達七十五萬人之眾。傳教地區亦從九州、中國地方擴展到關東、北陸、奧羽地方。新教國英國與荷蘭又向幕府告密，指斥葡、西人的領土野心，而儒教與佛教教徒亦對基督教加以責難，幕府唯恐其統治受威脅，遂決定禁教。1612年，對直轄領江戶、大阪、京都、長崎等地發出禁教令，翌年，頒發全國禁令，驅逐傳教士。1616年，第二任將軍德川秀忠承其遺志，重頒禁教令，強迫信徒改信。隨又嚴禁日本與菲律賓之間的船隻往來，並將對外貿易限定在平戶與長崎兩港。第三任將軍德川家光以後，更徹底實施禁教，統制貿易，採取限制與外國之間的關係。1623年，與荷蘭競爭失敗而撤退的英國關閉其在平戶的商館。翌年幕府禁止西班牙船隻進口。

幕府於1633（寬永10）年，頒布一項除了奉書船❸之外，禁止日本人出國的十七條禁令，開啟了鎖國的第一階段。翌年，頒布同樣的禁令，限制海外出航以及海外日僑歸國，禁止基督教，加強「絲割符仲間」（行會）的獨占。1636（寬永13）年，更重申嚴禁日本人出入國境的禁令。由於徹底實施鎖國政策，輸入生絲的流通管道，惟有透過「絲割符」制度，於是對外貿易全歸幕府掌握。

在鎮壓基督教與加強鎖國政策聲中，發生了1637年至翌年的島原之亂。此一亂事，起因於九州島原城主松倉氏與天草領主寺澤氏

本町。日本町形成自治領，擁有治外法權，推舉首領，依日本的法律與習慣而運作。其出身大多是在戰國時代失去主君的浪人，或逃避基督教彈壓的武士與商人。

❸ 1631（寬永8）年，規定航行海外的朱印船，除了朱印狀之外，尚須攜帶老中的「奉書」，謂之奉書船。

的苛政，並彈壓基督教徒，引起農民的反抗。島原半島與天草島原
為基督教大名有馬氏與小西氏的領邑，起義民眾之中，有馬、小西
氏的「牢人」與基督教徒占多數。幕府對於以天草四郎時貞為首的
三萬餘農民起義，初派板倉重昌鎮壓失敗，乃動員九州的諸侯十餘
萬兵力，並得荷蘭軍艦艦砲射擊的威力，費時五個月，始得弭平。

　　島原之亂後，幕府愈懼基督教，乃於1639年，頒布最後一次鎖
國令，禁止葡萄牙船來日貿易。翌年，從澳門來航的使節，除了水
手之外，悉數被斬。1641年，取代葡商的荷蘭商館亦被遷移到出島 ❸，
禁止與日本人之間的自由交流，並由長崎奉行嚴格監視。

　　由於葡商貿易與朱印船貿易的中止，日本的對外貿易遂由荷蘭
與中國獨占，但仍受嚴格的限制。至此，長崎遂成為日本對外開放
的惟一門戶，並且只許清、荷二國人通商，斷絕所有與外界的聯繫，
形成閉關自守的鎖國體制。此後約有二百年，除了與荷蘭、中國、
朝鮮保持貿易關係之外，與世界形成隔絕的狀態。

　　鎖國後，幕府實施「寺請制度」 ❹，在基督教徒較多的九州北
部實行「踏繪」 ❹，強迫民眾改信，並加強對基督教的管制。

---

❸　1634年（寬永11年）年，長崎建造了人工新生地出島(Dejima)，將葡萄
　　牙人移居於此，加以嚴屬的監視。

❹　寺請制(teraukesei)，乃是規定所有庶民必須歸屬於佛寺的「檀家」，取
　　得僧侶所發文件，證明其為非基督教徒的制度。同時規定凡是出生、
　　死亡、結婚、遷徙，必須申報。

❹　1628年，實施踏繪(fumie)，命令長崎居民踐踏基督和聖母瑪利亞像，
　　強迫改信。因拒絕改信而遭屠殺的教徒，達二十萬人以上。

圖14　踏繪(fumie)

　　1647（正保4）年，葡萄牙使節赴日，要求復航，1673（延寶元）年，英國船亦航抵日本，要求重開貿易，均被幕府拒絕，其間有荷蘭人的陰謀。由於幕府實施鎖國政策，通航長崎的貿易船只剩荷蘭與中國的船隻。荷蘭以巴達維亞（現在的雅加達）東印度公司為據點，設置其分公司於長崎商館，將基督教的傳教與貿易分開，只求貿易之利。幕府以長崎的出島為窗口，輸入歐洲的文物，每當荷蘭船隻航行前來，即從商館長所提出的荷蘭《風說書》，得知海外詳情。但大多數的日本人則完全沒有這種機會。

　　明朝於17世紀初葉滅亡，崛起於中國東北部的清朝代之而起。清船其後亦航行長崎，貿易額與年俱增。幕府為壓抑激增的進口與走私猖獗，於1688年，限制清船進口數為每年七十艘，並將過去居住於長崎的華僑居住地，限定於長崎的「唐人街」❷。結果，幕府的貿易統制得以加強，於是從一部分特權商人、絲割符仲間（公會）從事生絲貿易的統制組織，進而擴大到整個貿易的統制，及至元祿年間成立了長崎會所包辦準公營貿易體制。至此，完成了鎖國體制。

　　其實鎖國體制，並非一次法令即確立，而是經由數次禁令，前

──────────

❷　日本稱之為唐人屋敷（Tōjinyashiki，即華人街 China town之意）。

後二十數年始完成。至於鎖國的原因及其得失有很多的說法。有謂當時的統治者由於基督教的傳教，唯恐招致葡萄牙、西班牙等國的侵略，所採取的措施。但無論是荷蘭或英國，均因貿易競爭的必要，向幕府有關當局宣傳，誇大其危機意識，而一部分基督教徒之不畏懼迫害，在島原之亂所表現團結反抗的精神，對統治者的確造成恐怖。其次是幕府的貿易統制。幕府唯恐貿易促使工商業發達，招致封建社會基礎的動搖，恐懼外樣大名及其支配下的有力商人成為富強，而加強貿易統制。鎖國之所以能實施，乃因當時的日本封建體制下的經濟，不一定需要與海外發生關連。另一方面，壓制基督教之徹底，使幕府的統制加強，可見鎖國對於幕藩體制的加強與封建社會的存續實有很大的作用。

從17世紀初期實施鎖國，直到1853年美國扣關的二百多年間，日本在國際上處於孤立狀態。德川幕府所實行的鎖國政策，對內穩定其封建統治，造成相對的和平局面，對外防範西方列強殖民勢力的滲透。但對日本社會的發展而言，無疑產生了嚴重的消極影響。不僅失去國內商品經濟的海外市場，以及與國際資本的聯繫交流，同時阻礙了日本人瞭解世界，對外交流，學習世界科學技術的途徑。

三、葡萄牙獨占貿易的崩潰

1604（慶長9）年，幕府使堺、京都、長崎的商人為主體，組織了絲割符的行會（株仲間），給予葡萄牙船舶搭載的生絲決定價格以及概括承購等權限，藉以排除輸入之際購買者的競爭，壓抑採購價格的暴漲。「概括承購法」可因生絲的國內市場量的加減而自由調整國內價格，對幕府與「絲割符」商人保證一定的價差利潤。在日本國內商品的生產尚未成熟，市場仍極狹窄的階段，商人資本不得不以此種手段取得利潤。另一方面，絲割符制度將一向為葡萄牙商人所掌握的生絲貿易的主導權，改由日本操縱。

17世紀初，荷蘭與英國進窺亞洲轉趨積極，過去的葡萄牙貿易路線被切斷。1609（慶長14）年、1613年，荷、英等國先後向日本正式要求通商，在平戶設立商館，而有了強大的競爭對手。葡萄牙對絲割符制度的抵抗，因1609年航船擊沈等的強硬政策而消失。此後，葡萄牙已喪失獨占貿易的利益。

第三節　封建經濟與農村支配

一、幕藩體制的社會經濟結構

㈠士農分離與農民統制

戰國時代以前，武士大都居住在農村，且多從事農業，身分上並無士農之分。豐臣氏統一天下之後，集武士於城下町，居住農村者多屬農民，士農乃告分離。德川幕府承此政策，區分武士為統治者，農民與工商階級為被統治者。

兵農分離的推行，隨著商業、手工業之集中於城下町，將農民束縛於土地的情形愈益加強。1643（寬永20）年，幕府原則上禁止農民轉售土地。與此同時，全國的農民束縛於土地的種種措施遂形成法制化。

封建社會以農業生產為中心，農民以自給自足的生活為原則。幕府為了維持自耕農（本百姓）的經營，防止其沒落，確保年貢 [43] 的徵收，採取盡可能使耕地面積與勞力均衡的政策，於同年（1643年）頒布「田地永久禁售令」 [44]，禁止田地的自由處分。復於1673

---

[43]　對田地課賦產品的稅，稱之為年貢(nengu)，其他則總稱為諸役。

[44]　此一禁止田地買賣的禁令，旨在確保「年貢」的徵收，保護自耕農，具有農民統制與農民保護的雙重作用。

（延寶元）年，發出「分地限制令」❹，以防止土地買賣或分產所造成農民的沒落或耕地的分割。

　　幕府與各藩為了加強其統治，維護社會秩序，制定了士農工商的身分制度❹，使各自的職業固定化，並在農工商之下，置「穢多」(eta)❹、「非人」(hinin)❹等賤民身分。統治者武士可許其稱姓、佩刀，對農民或町人的無禮，武士亦享有殺無赦的特權❹。武士之間，上至將軍、大名、旗本，下至武家奉公人（傭人），均定有嚴格的上下隸屬關係，要求對主人的絕對忠誠。農民與居住街上的工商業者町人之間，上下的秩序禮儀亦極嚴密。

　　被編入穢多的人們之中，除了部分從事農業之外，多數均被迫從事處理牛馬的屍體、皮革製造等零星手工業或行刑等雜役工作。「非人」則從事各種藝能與各種行業，俱被限制其居住地，連服裝亦受到差別性的規範。幕府與各藩之所以加諸種種限制，旨在藉此疏離其對武士的不滿。日本各地迄今仍有上百萬人的「部落民」❺。

---

❹　分地限制令的主要目的乃在防止土地因分割繼承而縮減。

❹　在法制上明確規定士農工商的身分差別待遇。至於公卿、神官與僧侶等，則比照武士階級。

❹　穢多為當時身分最低階層，亦即賤民階級的主要構成分子。不能與一般民眾一起生活，自我形成一個偏僻地區的特殊部落。既屬於四民之外，不必負擔租稅，但須擔任死刑之執行等工作。他們可說是幕府階級政策的最大受害者。直至1871年，始由明治政府解放。

❹　常與穢多混淆，但此時已有明顯的區分。非人可說是沒落的良民，尚有恢復良民的機會。大都從事卑俗的、演藝性職業，大都住在都市或農村的角落，形成特殊的聚落。

❹　所謂「殺無赦」（斬り捨て御免，kirisutegomen），意即擁有先斬後奏之特權。

❺　明治維新後，廢止穢多、非人稱呼，改為部落民（亦稱未解放部落民），

此一時代以家庭為中心的觀念甚重，俸祿或家業傳授給子孫視為義務，生活與交際務須依「家格」而行。在家庭之中，家長的權限極大，可以統制家族。繼承家的長男被重視，武士與富裕的農民、町人的家庭，男尊女卑之風甚盛，即使在武士之家，女子亦無財產繼承權，婦女的社會地位甚低。

村莊是封建統治的一個行政單位，無論地租、訴訟、契約、借貸等，都以全村的名義行之。一村的戶數為五戶至一百戶前後，人口則以三百人至五百人的地方居多。當時的農民多數屬於五十至六十戶的自然聚落，領主將之編成行政單位，利用村莊共同體的「慣行」（習俗）加以支配。

村莊有名主(nanushi)，負責年貢等的分攤、繳納，用水的管理，治安的維持。「百姓代」代表一般農民，負有監督村內名主、組頭的責任。村民分為擁有田地、邸宅，並負有租稅義務的「本百姓」，以及沒有田地，只依靠耕佃的水吞百姓（佃農）。「本百姓」是自耕農，也是村莊的中堅階級，得以參加村的自治。佃農或雇農的生活貧困，他們完全沒有參加村自治的權利。

領主採取由村莊負責繳納年貢的全村莊負擔額包辦制，並將村民編制為類似保甲制度的「五人組」，這是源於律令制度的「五保」，集合鄰近的數戶（五至七戶）農家組織而成。五人組對於防止犯罪、警察、納稅等，須負連帶責任。如有紊亂村莊的秩序者，在村民的協議下，接受「村八分」❺❶的制裁。

「村」為行政單位，同時又是農業經營單位。農民幾乎以稻作為主要生產，近世初期的村落，一般被視為生產力低，且由於稻作的特性，用水以及「入會」❺❷的問題，短期間內勞力集中的必要等，

但仍受社會歧視。

❺❶　村八分是村莊內維持協同生活、秩序所必須的制裁。

❺❷　入會地(iriai)乃是數戶共用的共同地。

具有村落為一單位而處理的要素。例如用水的開發或管理，從「入會地」引進肥料，村內勞力的分配等。「村」給予個別的農民很多限制，但脫離這種單位，農民即不可能經營。

　　近世初期，幕藩領主運用先進的土木技術，修復河川，進行新田開發，各地均進行水利體系的變革。結果，在洪積層臺地開發水田，形成了新的村落。這些村落與各自的水利系統相連，形成一個經濟圈。幕藩領主為了管理主要河川，有必要動員足夠勞力的權力，形成藉此權力支配與此河川連結的農村。

(二)土地政策與租稅制度

　　農民負擔的稅是本年貢，即規定依村莊的生產額，對田地、邸宅課賦一定的租稅，繳交稻米或麥等農作物或貨幣。此外，尚有副業等收益所課賦的雜稅，以及各種勞役。

　　本年貢的租率，在豐臣政權為二公一民❸，江戶中期則成為五公五民乃至四公六民（約為收成的40％）。又租率的決定起初是在同一藩內，亦各自不同，其後逐漸趨於統一。在「街道」（交通要道）附近的村莊，則課賦「助鄉役」❹。不論其為貧富，租稅都屬同率，因此一般百姓的生活極為窮困。

　　此外，更明令限制栽培經濟作物，販賣加工食品的禁令（1632年，寬永9年）。但由於一部分租稅改徵現金，以及農具買賣改用貨幣，農民無不希望栽培經濟作物，因此農作物的禁令乃逐漸形同虛設。

　　幕府為了防止農民奢侈，農村凋弊，於1649（慶安2）年發出「慶安御觸書」❺，嚴密規定農民須遵守法令、服從官吏，並規範農民

❸　二公一民乃收穫之三分之二繳稅，農民只留三分之一的一種稅制。

❹　助鄉(sukego)，乃是在驛站所備伕役、馬匹不足時，從附近農村課徵「助鄉役」（村莊提供人馬）的制度。其後隨著交通量的增加，成為農村疲弊的原因。

的衣食住以及生活的細節，獎勵節約與勸農，甚至禁止遷徙、旅行，
實行徹底的愚民政策。

江戶幕府的農民政策，雖以農為本，但這種農本主義，僅考量
農產品為經濟基礎，強調農民的節衣縮食，繳納年貢為首要，少有
保護農民的精神。

二、農村經濟的發展

戰亂終結後，和平的時代來臨，農民企圖提高生活水準而努力，
幕府與諸藩謀求財政的安定而採取積極的農業振興政策，結果，17
世紀的農業生產有飛躍性的發展。最顯著的是，盛行新田開發與耕
地的擴大。由於治水、灌溉技術的發達，各地水路的開鑿、整備，
開拓了新的耕地。同時進行農業技術與農具的改良、油粕等肥料的
利用普及，刊行了很多農書，栽培技術與農業知識廣被，生產力當
亦提高不少。

(一)農業的發展與新田開發

此一時代，較之前代在農業技術方面顯然有很大的進步。稻米
因應各地氣溫，施行品種改良，耕作法與肥料亦有進步。江戶初期
之前的肥料，主要是堆肥，不久使用油粕等。由於肥料的效率高，
而有二毛作（一年收穫兩次）、三毛作的普及。

1598（慶長3）年，全國的稻米生產量為一千八百多萬石，到八
十年後的元祿年間， 則已增加到二千五百餘萬石， 幕府末期的
1832(天保3)年，更增加為三千萬石。這是因為單位面積收穫量的增
加，而主要的原因則是耕地的擴增。

(二)水產業之發達

江戶時代的漁業，一般都很普遍，尤其關東地方的漁場開拓與

---

❺　「御觸書」(ofuregaki)即告示之意。

中期以降，向北海道進出為特徵。捕漁大都使用大規模的漁網，而
沿岸漁法則已發展到近乎極限，近海漁業亦極發達。為此漁村的結
構亦呈現變化，即由半農半漁的形態，逐漸轉變為專業化的漁村。

　　全國海岸地帶盛行的製鹽，自中世以來卻逐漸集中到瀨戶內海。
瀨戶沿岸的鹽田規模日益增大。

三、工商業的發展

　　由於都市的發展與產業、交通的發達，商品流通的促進，江戶、
京都、大阪（稱為三都）地方為中心的商業日趨繁榮。

　　商人既已專業化，漸有批發商、經紀商、零售商等的分化，後
因批發商與經紀商企圖獨占商業，於是各行業的同業者乃組成行會，
稱之為「株仲間」(kabunakama)。幕府屢加禁止，但至18世紀，為了
統制工商業，調節物價，開始公認一部分業者的工會組織，甚至保
護其壟斷性經營。

　　幕府從他們徵收營業稅，允許其獨占性營業。行會的團結力強，
利用其特權，累積其資本。其中尤以大阪的二十四家問屋（批發商），
江戶的十家問屋等，成為商品流通的中樞。

　　諸藩領邑內，獎勵特產品，企圖殖產興業，以專賣制等方式吸
收利益。德川吉宗（第八代將軍）亦大力推動殖產興業，獎勵菜種、
胡麻等的種植，毋寧是為了增收地租，增進農民副業的收入，以防
止其沒落，農民卻無積極反應。

　　德川吉宗著重生產實用性，鼓勵學習蘭學，緩和洋書之禁（其
實是輸入漢譯西書），對工商業有促進作用。德川吉宗的政策，以本
百姓為基礎，以貫徹生產物地租的土地政策為目的，原來是恢復幕
藩體制的原則。其治世的前半是徹底的壓迫商業資本，其後逐漸加
重其對三都為中心的特定商業資本的依賴。無論是新田開發或殖產
興業，甚至為了安定米價，無不期待町人的力量。

　　17世紀後半，因幕藩領主的勸農政策與大規模的土木工程，耕地面積驟增，復因農民的不斷努力，生產力提高不少。農具的進步與「金肥」的引進，農作品的增加與改良，經濟作物的栽培極盛。為此，本百姓的自立與地位顯已提高。農民手頭剩餘的部分雖少，但仍有轉投注於商品作物或加工生產，而出現江戶周圍的蔬菜栽培，大阪近郊菜種或棉花栽培，松坂與博多等地木棉生產的發達。

　　經濟上屬於先進地帶的畿內，手工業生產大為發展。河內的木棉，山城、攝津的酒，京都的西陣紡織品與清水燒（磁器）等名產，均膾炙人口。全國各地盛產紙張與紡織品，各地亦有其特產品。瀨戶、九谷、有田等，生產優良陶土的地方，陶磁器甚盛，北關東與信越地方，則產生絲織品與絲綢等名產。

　　這些手工業生產，起初是以農村家內工業而興起，其後逐漸專業化，都市的獨立手工業者之生產亦有進展。至18世紀，批發商對農家先行貸放資金與原料等，預先購買產品形態的批發制家庭式工業頗為發達，新的技術傳到各地。西陣紡織的技法不久傳到關東桐生等產棉地。

　　至於工業，則尚在手工業和家庭工業的階段。隨著農業的發展，特產品的增加，都市生活的發展與生活水準的提高，自然產生各種產品的需要，而促進工業的興起。但其形態卻尚未達到使用動力或機械的階段，而屬於運用人力，使用工具的手工業。其中以紡織、陶瓷、製紙、釀酒等為較著。江戶初期是以家族副業的家庭手工業為主，中期以後逐漸出現批發制家庭工業(manufacture)。

　　金銀礦多為幕府直轄，礦山的開發是戰國時代以來富國強兵政策之一。江戶初期因貿易旺盛，銀的需要量大增，遂積極開採金銀礦，並引用西方的技術。銅、鐵、煤等的開採亦頗普遍。

　　另一方面，豐臣秀吉著手的貨幣統一政策亦為德川家康所承繼。江戶幕府一手掌握貨幣發行權，至1636年，大量鑄造寬永通寶，貨

幣更為流通。金融機關之發達亦極顯著。匯兌商除了兌換金銀銅三種貨幣之外，尚經營存放款與匯票等有如今日銀行的業務。

因為產業、金融、交通的發達，商業均極繁榮。幕藩體制使家臣團聚居於城下町，促進了領邑內的商品流通，交替參覲制亦使商品流通擴及全國。

商業的發展在中世末期已很顯著，但尚未滲透到農村內部，促使直接生產捲入商品流通的過程。農村仍處於自給自足的狀態，商業則是在土豪的農民手中，產品是以他們為媒介而與全國流通網相連接。

四、都市與交通的發達

(一)城下町與都市的發展

在經濟發展中，都市的繁榮，具有地域的政治、經濟、文化中心的功能。其中尤以江戶、大阪、京都等三都最為繁榮。

江戶有大名、旗本、御家人等及其家臣、奉公人（傭人）等多數人居住，其生活必需的物資，須仰賴外界供應，遂有工商業者的聚集。自江戶幕府開設以後，江戶遂以大名、旗本等宅第為中心，發展成一大消費都市，18世紀初時人口已超過百萬人以上，為世界之最。

江戶時代後期，江戶不僅成為巨大的消費地，且為東日本物資的集散地，提高其經濟的地位。

近畿地方的農村生產力甚高，很早就有顯著的社會分業，堺、河內、攝津等地，形成了「町場」(machiba)，亦為武士、手工業者與商人聚居之所。這種畿內的先進性，主要是因為近畿地方為全國性商品流通中心。但豐臣秀吉在大阪建築城砦，奠定了此後大阪成為商業中心的基礎。兩次大阪之戰，雖一度化為廢墟，幕府於1615

（元和元）年，發出重建令，召回離散的町人，同時將之劃為幕府直轄領。1634（寬永11）年，更免除各種稅賦，採取種種保護政策。至18世紀初，「天下的廚房」大阪已是人口超過三十五萬人的大都市。不僅是各藩的穀倉，櫛比鱗次，且成為全國物資的集散地。

皇居（宮）所在地的京都，因「西陣織」與京染（染織品）等工藝生產發達，神社與寺廟林立，具有宗教都市的性格，各地來此參拜的日多，17世紀已有四十萬人口。

京都與大阪所具經濟都市的特性不同，它是以公卿、寺廟為中心，所顯現的是政治與文化的氣息，不但具有一千年傳統古都的景觀，工商業亦頗發達，西陣紡織品以及美術工藝品等均極著名。此外，金澤、鹿兒島、仙台與名古屋等地，人口超過十萬人以上的城下町，共有五十多處。

自戰國時代以降，大名將居住於農村的武士集中於城下，而有城下町的急速發展。在兵農分離過程中，武士之集中於城下町形成家臣團，於是手工業生產者與商人均聚集於城下町，成為領國物質的生產、集散地，同時又是消費地。由於江戶幕府初期推行的一國一城令，以致領邑內的城砦全被破壞，城下町乃成為名實相符的藩政中心地。町(machi)大體區劃為武士與町人的居住地區，各依其身分或職業而劃分其居住地域。一般分為武士的居住地區與工商業者等町人的居住地區，可說是涇渭分明。

(二)交通的發達

因為政治與經濟的集權化，交替參觀制之需要，以及隨著產業發達，物資運輸機能之進展，交通亦隨之發達。幹線道路係以江戶為中心。

1.陸上交通

在商品流通的進展同時，交通與通信制度的整備亦有進展。幕

府很早即為了統治全國，整頓陸上交通。從江戶到各地，將五街道（東海道、中仙道、甲州道、日光道、奧州道）列為直轄❻，並建設一里塚（里程碑），每二至三里即設置宿場（宿驛），作為泊宿的設施。宿場有一定的人馬，備為公用旅行之用，如有不足，則徵集預先指定的「助鄉」。另一方面，幕府為了維持治安，在樞要之地設置「關所」，以資監視，甚至故意不在河川造橋，因此對於商品輸送形成阻礙。

2. 海上交通

水運方面，因為鎖國政策，禁止遠洋航行，全力發展沿海航線，所以國內航行甚為發達。水上交通自古以來即為物資輸送的大宗，近世之後，由於大量貨物運輸的必要，全國航路的開發急遽的進行。過去由北陸、東北運來的倉米（kuramai，庫存米）或木材，主要是以越前的敦賀送到若狹或小濱，再由陸路從琵琶湖舟運登陸大津，或從大津送到京都、伏見、大阪等地。

17世紀中葉，從奧羽沿太平洋直航江戶的東迴航路與經過日本海經由下關、瀨戶內海直航大阪的西迴航路均已完成。全國航路的開發，迴船公司的獨立，奠定其發展的基礎，過去被豪商所掌握的運輸部門，從商事部門獨立，同時過去無法自己擁有運輸手段的商人，已具備廣泛參與交通事業的條件，由此商品流通的發展乃更加發達。

內陸的物資運輸，常利用利根川、淀川、琵琶湖等河川與湖泊。17世紀初，角倉了以開拓了富士川、高瀨川等航線。瀨戶內海航路為西日本物資運輸的動脈，港口的整備亦有進展，而外海的沿岸航線亦大為開展。大阪、江戶之間的南海路有各種定期航船❼的開航，

❻　「五街道」乃是大名參觀必經的交通要道，起點是江戶的日本橋。

❼　菱垣迴船與樽迴船均是從事大阪到江戶物資（木棉、酒等）的搬運，後者主要是從江戶運酒及木棉、醬油等到大阪。兩者之間為了運貨而

運輸大量的物質。17世紀後半，河村瑞賢負責確保東迴、西迴航路的安全，使全國輸送到江戶、大阪的物資更為便捷。

五、貨幣與金融

隨著商業的發展，貨幣流通轉盛。貨幣由幕府掌握鑄造權，當時通行的貨幣有鑄金幣廠（金座）鑄造的「小判」 ❺❽ 等金幣，鑄銀幣廠（銀座）鑄造的丁銀、豆板銀等銀幣，鑄錢廠（錢座）鑄造的「寬永通寶」等貨幣。全國以這三種貨幣作為統一貨幣，各貨幣間的換算依行情而定。元祿時代以後，為挽救武士的財政危機，一再改鑄金銀錢幣，導致其品質粗劣，引起經濟的混亂。幕府中期以降，由於領主財政的拮据，部分地區流通一種僅限定於一定地域的「藩札」（藩自行發行的紙幣）。

東日本（江戶）地區採取金本位制，西日本（大阪為中心）則採取銀本位制。金銀幣為秤量貨幣，都市出現以兌換或秤量為業的兌換商（錢舖）。大阪與江戶有資本雄厚的兌換商，兼營幕府與諸藩的公款出納、匯兌、貸款、儲蓄業務等金融機關的業務。利用支票（手形）的信用制度亦整備，對於商業發達有促進作用。

第四節　文治政治的展開

一、文治政治

德川時代自德川家康以來，即注意教化，德川家康雖以武力得

展開激烈的競爭。至18世紀末年，簽訂協定，約定各自運輸的物品。但樽迴船方面的速度較快，因此菱垣迴船漸居下風。

❺❽ 金幣的秤量單位，「小判」一兩，「大判」十兩。

天下，卻深知確立倫理、道德的重要性，而獎勵朱子學。在三河發
跡之前，即已邀請京都名學者藤原惺窩講學。幕府開創後，即聘請
藤原的門人林羅山到江戶任政治顧問，從事普及道統名分論的朱子
學。其目的乃在否定中世以來所盛行，基於「天命」的革命思想，
以及基督教的世界觀，強調大義名分，以確立儒教的倫理體系。但
在江戶幕府初期，由於承受戰爭的餘風，殺伐之氣仍盛，幕府為了
確立其基礎，不得不採取專斷措施。

　　自德川家康至三代將軍家光，奠定了江戶幕府的基礎。初期政
治均採行集權的武斷政治，常以違反「武家諸法度」的理由「改易」
大名。及至幕府的統治權已確立，社會安定之後，個人的能力與武
功發跡的機會減少，因改易而產生的多數牢人之不滿日益嚴重。其
後國內戰亂平息，政局漸趨安定之後，已不能一味的憑恃武力來統
治，於是轉而採取武術、學問並重的政策。

　　1651（慶安 4）年，德川家光亡，年幼的德川家綱繼任，政權
操在保科正之與酒井忠清之手。但不久引發由井正雪之亂。此亂利
用「牢人」的不滿，企圖推翻幕府，以之為契機，幕府一改其武斷
政治，放寬「末期養子之禁」❺⁹，減少因未決定後嗣而死亡的大名
之改易，以防止牢人的增加。

　　1680（延寶8）年，德川家綱死後，從甲府迎接德川綱吉（第五
代）為將軍，開創了元祿政治（1688～1703年）。元祿時代幕藩體制
已趨於安定，乃決定積極推動「文治主義」政策，注重學問、禮教，
至新井白石主政而達到高潮。

　　德川綱吉主政的三十年間，利用前代所累積以及新興町人的財
富，展開其空前的繁榮時代。德川綱吉首先任命堀田正俊為大老，
肅清幕政，斷然實行大名的改易，加強將軍的專制，並推動外樣大

---

❺⁹　過去一向不承認大名於臨死之際，急遽提出「末期養子」的繼承人申
　　請，此際則改為承認五十歲以下大名之認養，以資繼承。

名參預幕政，使幕府擺脫過去的家政機關性格，明確成為幕藩領主
階層的統治機構。德川綱吉愛好學問，初期的施政，展現了儒學與
實際政治相結合的文治政治。不僅在政治上頗富朝氣，且在學問、
藝術方面呈現蓬勃清新的氣象。但堀田正俊被殺（1684年）之後，
起用「側用人」⑩柳澤吉保，雖仍推動文治政策，但大舉興修神社
寺廟，花費不貲，復因富士山噴火等天災接踵而至，導致幕府財政
之惡化。幕府實施貿易限制⑪以及貨幣改鑄⑫，以彌補拮据的財政
作法，雖暫時得以渡過財政危機，卻引起一般物價的騰貴，呈現慢
性的經濟窘困狀態。

　另一方面，農村則因不堪苛收之苦，以各村的「名主」等為中
心，掀起了要求減輕租稅的「百姓一揆」（農民暴動），使社會發生
動搖。但文治政治的方向逐漸穩定，各藩亦企圖謀求藩政的安定與
領邑內經濟的發展。各大名以有才能的家臣為輔佐，整頓領邑內的
統治機構，加強藩主的權力。同時興起產業，進行治水工程，開發
新田，以謀財政的安定，但因生活水準之提高，交替參觀等的支出，
藩的財政仍極窘困。復因急速的經濟成長，以自給自足為原則的經
濟結構發生變化，幕府與各藩的財政遂發生動搖。初期的幕府財政，
除了直轄領的租稅收入之外，礦山的金銀收入與貿易利益，頗為豐
裕。但後來佐渡礦山等金銀的產量銳減，在鎖國下的貿易利益，亦
逐漸減少，且因明曆大火⑬，江戶城與市街的復興，需要龐大的費

⑩　側用人(sobayōnin)，乃隨侍將軍之左右，主要任務是把將軍命令傳達給
　　「老中」。

⑪　1684年的貿易額達銀六千貫，荷蘭船則是銀三千貫，1697（元祿10）
　　年，設置長崎會所，加強其對長崎貿易的管理。

⑫　鑄造元祿金銀幣與四寶字銀等劣幣，甚至連錢幣亦由京都「絲割符」
　　行會承包改鑄。

⑬　明曆大火係1657年在江戶發生的火災，整整燒了二天，幾使江戶成為

用，德川綱吉任將軍時所積蓄的庫帑幾已無存。旋發行多量劣質的元祿金銀幣，以其差額歸之於幕府的收入。為此使幕府的財政一時得到好轉，但貨幣的價值低落，導致物價暴騰，使庶民的生活更為痛苦。

德川綱吉致力儒學的弘揚，推展文治，卻矯枉過正，不免流於形式。其晚年，耽溺於逸樂，且沈迷於佛教，大興寺廟的營造與整修，浪費不少帑藏，使幕府的財政急速的惡化。1678年所發布的「憐愛生物令」❻❹，因殺生違令致獲罪者甚多，過分保護動物甚於人的傾向，有主客顛倒之慨，足見其迷信與偏執。至此，儒教主義的政治，卻變成喪失理性的專制暴政。

但從另一方面來看，此一時代產業發達，物資豐富，風俗自然流於華奢，大都市均甚繁榮，學問與藝術極為興盛，產生了絢爛的元祿文化。

隨著文治政治風潮之強化，有幾個藩主，基於儒學思想，以教化家臣與領民的政策，或招請儒學者為顧問，圖謀刷新藩政。

二、正德之治

在經濟、社會發生劇變中，繼續其散漫政治的德川綱吉於18世紀初死亡，由其甥德川家宣繼任將軍（第六代）。德川家宣罷免柳澤吉保，命間部詮房為「側用人」，拔擢木下順庵門下的新井白石，大力推動文治政治。新井白石是優秀的儒學者，精通和漢之學，對制度與歷史造詣極深，識見卓著，能充分發揮經綸，致力於儒教合理主義的論說為政治的基礎，從現實游離而走向形式化的文治主義，卻成為其現實政治理念。此一時代的政治稱之為正德之治。

廢墟。

❻❹　「憐愛生物令」命令保護狗類與鳥獸，並嚴格的厲行，引起庶民的不滿。據載，觸犯此令而受懲處的人，多達六千餘人。

　　他首先廢止「憐愛生物令」，舒緩庶民的不滿情緒，維護裁判的公正，採用公卿的儀禮，以圖改善幕府與朝廷之間的關係，並簡化朝鮮使節待遇❻，矯正兩國國交的縟節。

　　新井白石傾心於幕政的改革，貨幣改鑄是當時的一大難題。他以為貨幣改鑄引起物價暴騰的慢性化，導致經濟惡化，因此力主恢復豐臣秀吉時代原有的金銀品位，主張限制流通量。1710（寶永7）年，發行「乾字金」，旋又發行新的金銀幣，質量均已完全復舊，但仍無法壓抑物價的上漲趨勢。復由於長崎的國際貿易，日本金銀流出海外者不少，唯恐漏巵過多，乃於1715（正德5）年頒布「正德新

圖15　朝鮮使節行列

---

❻　朝鮮使節團之謁見，始於17世紀初，稱之為通信使，至1812年共有十二次，每次人數多達四、五百人，每為迎接，為之造橋修路，並提供人員，所費不貲。至此乃加以簡化改善。

令」，限制清、荷二國的進口船隻數以及貿易額❻，但亦个能解決幕
府的財政困難與物價問題。

　　新井白石抱持治國平天下的崇高理想，標榜儒教的理想主義施
政方針，但停留於觀念形式上的修正，而未能及於封建制度本身的
根本改革。所著重的是幕府體制一時的安定，熱衷於儀禮制度等形
式的變革，而疏忽一般民眾切身的民生問題，因而難免與現實脫節。
然其在學術的獎掖方面，卻有相當的成就。

第五節　江戶前期的文化

一、江戶前期文化的特色

　　江戶時代是封建文化特色最能發揮的時代。由於幕藩體制的成
立，封建制度之成熟，鎖國制度之推行，促使「國風文化」的發展。
就文化為中心加以考量，與政治、社會經濟條件的互動下，封建精
神伸張，而創造了學藝、宗教、道德等當代獨特的文化內容。

　　自安土、桃山時代以來近世史發展的軌跡，到江戶時代完成了
封建文化的目標。封建文化基調實為江戶時代歷史的重點。

　　江戶時代的文化特色，是承繼室町、安土、桃山時代萌芽的庶
民文化而發展，亦即隨著町人（商人）經濟的發達，在學術、藝術
方面，充滿了濃厚的民眾色彩。另一方面，統治階級武士之間則深
研儒學，使儒教道德廣及於全國各階層。這種文化發展的背景，主
要是由於封建制度之確立，而維持了長期的太平歲月，以及幕府採
取積極的文治政策，提高生活水準，使庶民得以愛好學問與藝術，

❻　亦稱長崎新令。清船限定每年三十艘，貿易總額六千貫；荷蘭船隻則
　　是每年二艘，貿易額三千貫，藉以防止金銀的流失。

商人階層亦能追求文化，加上印刷術的發達❻，書籍之普及，而提昇了文化水準。

江戶文化並非外來文化的移植，而是將外來文化消化以後的日本文化的發展，也可說是平安時代以後第二次的日式文化成熟時代。

元祿時代由於商人經濟活動轉趨活潑，以京都、江戶、大阪等地為中心，商業極盛，富商輩出。但武士階級為封建教學（儒學）所束縛，缺乏創造文化之力，而商人則著重現實，標榜黃金萬能主義，蘊育著產生燦爛文化的生機。文化的中心是近畿地方，至於江戶文化則不及近畿地方文化之燦爛，仍處於町人文化的勃興期。

二、儒學的發達

(一)封建倫理──朱子學

朱子學是在13世紀以後，由日本的禪宗僧侶傳到日本。至江戶時代，成為日本封建社會的正統教學。儒學的勃興乃是江戶時代初期文化史上最燦爛的現象。

江戶時代以前，學問只是作為貴族與僧侶教養的知識，一般的民眾幾乎不可能有接觸、享受的機會。但到了江戶時代，卻因印刷術的發達，政治家的獎勵，以及民眾在社會經濟上的生活逐漸豐富，而得以濡染儒教。

---

❻　活字印刷術自16世紀末，自歐洲、朝鮮傳入日本，促進了書籍的刊行。歐洲人所帶來的主要是基督教傳教士所利用，由朝鮮傳入的活字法，則很快成為多數書籍的刊行。自1593（文祿2）年輸入之後，首先刊印了《古文孝經》、《日本書紀》與《四書》等。德川家康亦曾刊印《貞觀政要》等，稱之為「慶長活字本」。但活字印刷法，並未發揮其近世初三大發明之一的偉大作用，再度恢復以前木版法。這或許是因為木版法較為進步之故，但主要仍歸因於多數的活字所必要的漢字漢文文章，並不適用當時的活字法。

儒學的源流始自公卿的家學與禪宗的五山文學，但被江戶幕府
與諸藩所接受，成為日本幕藩體制封建社會的正統教學而有飛躍性
的發展。在江戶幕府的保護下，儒學成為武士思想的根本，而居思
想界的主流地位。但此際所謂儒學，並非漢學的儒學，而是稱之為
宋學的朱子學。

儒學之所以成為學問的中心，乃因其重視上下秩序的禮節，正
合乎欲維持上下身分制度的封建社會統治者的需要，其中尤以朱子
學為最盛。蓋朱子學重視身分秩序，規範「五倫」（君臣、父子、夫
妻、兄弟姊妹、地主與佃戶）的身分階級，猶如天理的普遍與恆常
的理，推行寡欲主義的教學，成為封建獨裁統治階級的意理，朱子
學遂受到德川幕府的庇護，而成為江戶時代儒學的正統學派。易言
之，儒學取代了中世的佛教，成為代表近世思想的主流。此一思想
廣被整個社會，塑造了尊重上下關係的封建思想。

自元祿至享保年間(1688～1736年)，為近世儒學最興隆的時代。
新井白石、荻生徂徠、室鳩巢等儒學者相繼參與幕府政治。

武士之間，戰亂平定後有需要建立武士道理念化的倫理，這就
是儒教思想的理論化，藉此以明君臣之分，以獻身的道德為中心，
倡導統治者的修養。

林羅山得近世儒學的始祖藤原惺窩的推薦，為德川家康起用之
後，林家代代居幕府御用學者之要津，受到特別的保護。此一時期
以京都為中心，出現很多儒學者❻。此後很多藩亦邀請儒學者，但
其目的乃在將軍或大名的教養，並非為武士的教育，對一般武士的
影響甚少。第四代將軍德川家綱、大名德川義直（名古屋）、德川光
圀（水戶）與保科正之（會津）等，以其為儒教保護者而出名。

❻　藤原惺窩及其門人在京都創立的朱子學派，稱之為「京都學派」。朱子
　　學的另一學派是南村梅軒所開創的南學。由此系統出身的山崎闇齋，
　　依據儒教方式解釋神道，倡導「垂加神道」（垂加為山崎闇齋的別號）。

第五代將軍德川綱吉召儒學家林信篤（鳳岡）講授經學，同時經常集大名、旗本等，親自講經，復任林氏為為大學頭，指導文教，並建立湯島的聖堂，置學問所。聖堂附屬的學問所稱之為聖堂學問所或昌平坂學問所，於寬政年間（1789～1800年）正式成為幕府的官學。此外，又在全國各地樹立石碑，獎勵忠孝仁恕，表彰孝子節婦。赤穗義士的壯烈事跡所以能傳誦一時，實由於這種獎勵忠孝，讚許「討敵」的風氣所造成。

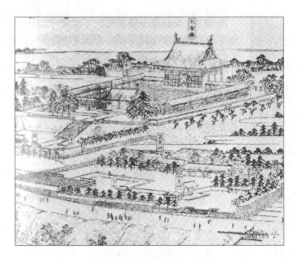

圖16　湯島的聖堂

各藩亦設置藩學，作為家臣教育之所，模仿幕府，以朱子學為中心。為此，儒學乃成為學問的中心，不僅是武士，社會一般道德的儒學思想，遂得以普及，日本人的思想與想法，所受影響甚深。

除了朱子學之外，奉明朝王陽明所創立的陽明學者，有中江藤樹與熊澤蕃山。他們提倡陽明學，批判現實，具有革新的精神，卻因此受到幕府的排斥⑥。

⑥　他們對於古代中國道德秩序囫圇吞棗的儒學，批判其為死學，提倡符合日本風土與歷史的儒學。主著《大學或問》含有對幕府政治的強烈

㈡古學及日本學的發達

　　自17世紀末葉以來，由於商品經濟的發展和貨幣經濟的發達，
農民階層分化為寄生地主與佃農，町人與農村工業經營者，產生「工
廠制手工業」。由於農民起義與貨幣經濟的滲透，幕府的封建體制及
其對外閉關政策發生動搖。執思想界牛耳的朱子學權威受到衝擊，
於是產生了「古學」的新思想。

　　朱子學、陽明學原來是宋代、明代對儒學的解釋而來的學問，
對此一學風不滿的學者，主張應回歸孔子、孟子的思想，而開創了
新的學派，稱之為古學。

　　山鹿素行、伊藤仁齋與荻生徂徠等古學派，否定朱子學的意理，
認定朱子學的「天人合一思想」乃是後世的見解，因而主張重新評
價儒教本來的經典，即不拘於朱子的解釋，欲從儒教的經典中探究
儒學真意，因而出現了山鹿素行的「經學」，伊藤仁齋的古文學、荻
生徂徠的古文辭學（總稱為古學）。

　　山鹿素行基於兵學的立場，探究有益於武士日常生活的學問，
由思想上探究的結果，主張不倚賴後世的朱子學或陽明學學說，而
倡導直接閱讀儒學，學習中國古代聖人之教（聖教或聖學），著《聖
教要錄》，批判朱子學，因而觸怒了幕府當道，而被流放。

　　伊藤仁齋視《論語》為至高無上的天下第一書，對中國古典進
行實證研究。荻生徂徠繼古學派的理論，把儒學當作客觀考察政治
制度的標準，力主國家政治優於個人的道德，亦即群體的倫理高於
個體的倫理。徂徠學一方面將個人從群體生活中解放，產生日本學
（即國學），一方面將自然法則與道德分開，提倡研究自然的自由，
易於接受西洋科學技術，開闢了走向西（洋）學之路。其門下學者

────────────

　　　批判，因此長久無法出版。旋因其政治批判而被幽閉於下總古河，病
　　死。

輩出。

　荻生祖徠以後儒學不復出現以自己見識確立思想體系者，但其學風卻具有廣泛的影響力，在18世紀前半幾乎支配了以江戶為中心的學術界。

三、學術與文藝

(一)史學與經世論

　江戶時代文化最重要的，乃是學術的獨立。所謂學術的獨立，包含兩種意義：一是在學術內容方面，擺脫中國學術的影響而獨立；二是在學術本質方面，從宗教、文學等混合狀態中建立了學術的獨自領域，其中尤以儒學的發達為最。

　江戶時代的朱子學，在哲學方面缺乏理論創造，但在歷史的領域裡，卻興起了大規模的修史事業，對日本文化有深遠的影響。

　在江戶幕府初期，進行兩項大規模的修史事業。幕府於1644年命林羅山編纂國史，至其子林春齋始完成，名曰《本朝通鑑》。這是以《資治通鑑》為範例所編寫的漢文編年體史書，撰述神武天皇（傳說中的第一代天皇，約在西元前6世紀）到後陽成天皇之間的日本歷史。水戶藩主德川光圀，則於1657年在江戶設置彰義館，進行大規模的史料蒐集工作。其目的乃在確定歷史上的大義名分，雖於18世紀初，初步完成《大日本史》，但直到1906年始真正完成（前後費了二百五十年）。　於是形成了以大義名分與尊崇皇室為本的水戶學學風，對幕府末年尊王攘夷思想的展開有促進作用。這是儒家學者之手所撰寫，其理論依據乃基於儒教的名分論，但不能忽視其實證的歷史事實的調查與記述的態度。《本朝通鑑》與《大日本史》可說是日本國史編纂的雙璧。

　儒學對民眾的教學著重於無條件的服從，但對統治者，則教導

其勤政愛民，因此，隨著儒學的興隆，興起「經世濟民」之學（類似政治學、經濟學）。促使自閉於古典世界的學者轉而重視社會現實的問題，而有探究政治、經濟現實之學，此稱之為經世論 ❼。

㈡文藝

元祿文化的最大特色是近畿地方為中心，迎接興盛的町人文學。最能表現庶民抬頭的是1700年前後元祿時代為中心的文藝之發達。其中尤以井原西鶴、松尾芭蕉、近松門左衛門為最著。猶如紫式部與清少納言等才媛一時輩出的平安文學之繁華。

小說方面，以反映庶民生活的通俗小說居多。井原西鶴以銳利的寫實手法描寫寄生於封建社會的商人階級二元生活的形象，淋漓盡致表現町人奢華生活心境，為近代寫實文學的先鋒。井原西鶴起初以俳諧為人所稱頌，不久轉到「浮世草子」❼ 的小說。他基於肯定現實的立場，描寫「浮世」的世相與風俗，赤裸裸的描寫町人熱衷於情欲與金錢的百態 ❼。捨棄武士身分而成為市井的松尾芭蕉，帶給俳諧嶄新的風氣。他著重「靜寂」(wabi，幽居）與「優雅」(sabi，幽雅），提高其藝術性，同時巧妙的讀出身邊的日常事物，堪稱庶民藝術的精華而風靡一時。

無論是西鶴或門左衛門，都是出身於日本經濟中心的大阪商人世界，這些作品所描寫的是現實的人性與商人氣質。元祿時代是庶

---

❼　經世論者（荻生徂徠、熊澤蕃山等）重視封建社會的基幹產業農業，基於農本主義立場立論，但對商品生產的現實問題，缺乏實用性的解決方案。

❼　浮世，即俗世、人世之意，草子是文中插圖的小說。浮世草子(ukiyosōshi)是以世態人情為題材，寫實方式表現的散文。屬於大眾文學的一種。

❼　井原西鶴的作品有《一代男》、《五人女》等，描寫情欲與戀愛生活。描寫的對象大都是追求女色與金錢的元祿町人，尤其是上方（京都、大阪）町人的生活，屬於功利主義的作品。

民開始登上主導此一時代文化的地位，商人（市民）文化進入全盛時期。

　　承室町時代「御伽草子」❼之後的「假名草子」，以世態人情為題材，著重道德教訓為主的通俗作品，建立散文藝術的地位。

㈢美術與工藝

　　繪畫方面，桃山時代盛極一時的障壁畫依然盛行。17世紀初，繪畫界出了狩野探幽、尾形光琳等名家。狩野探幽調和了宋元畫風的水墨畫與豪華的狩野派技法，並引進大和繪的技術手法，開創了江戶狩野派的新畫風。狩野派為幕府的御用畫家，在江戶城、名古屋城、二條城等的障壁畫，展現其妙技。但由於長久受到保護，過分依賴傳統的權威，以致固守先例古風，而缺乏創造力。狩野派在美術的立場一如林家之於文教，充分顯示尊重權威為生命的封建文化的特質。

　　最足以表現當時美術風氣的是浮世繪(ukiyoe)。浮世繪乃是描寫當時的風俗，以民眾的生活、姿態與風景為主要題材。其題材都是商人階級的現實生活（花街柳巷的妓女、歌舞伎的演員、花鳥風月等）。浮世繪自元祿時代開始，受到明朝繪畫的影響。畫家以菱川師宣為最著，他利用木版繪畫，力圖大眾化的創作，被稱為浮世繪的始祖。鈴木春信長於描繪美人的情緒，他與木版畫家合作，創作了精緻而多彩多姿的「錦繪」(nishikie)，並普及於一般民眾，開近代藝術之先河。

　　京都富商出身的大和繪作家尾形光琳，採用俵屋宗達的畫法，強烈表現裝飾的因素，大受富商的欣賞，但最受到庶民愛好的是，美人、官吏以及相撲等畫題的浮世繪。

　　工藝方面有很多優異的作品。野野村仁清、尾形乾山等，留有

❼　御伽草子(otogisōsi)是通俗短篇小說。

裝飾用高雅的陶器，尾形光琳則以優秀意匠的蒔繪（makie，漆器上的泥金畫）聞名。

(四)建築

　　建築方面，確立了兼有神社、寺廟與陵墓的特殊建築——靈廟建築。採取神殿、鳥居（神社前的牌坊）等神社的要素與塔、樓門、鐘樓等寺廟的要素的混合，其中以德川氏的靈廟日光東照宮為代表性存在。

　　京都的桂離宮，在造形感覺，極盡實用性、機能性的力學構造，由雁行型的三個書院，迴遊式庭園與茶室等構成，為美術史家、建築家、藝術家所讚嘆。

圖17　桂離宮

(五)演劇

　　民眾的文化在藝能領域逐漸推廣。幕府與各大名對「能」與狂言加以保護。17世紀初，京都出現來自出雲的阿國，開始「念佛舞」，加上簡單動作的歌舞伎（採三味線、鼓等的伴奏，與之呼應而演出的劇稱之為歌舞伎）為眾所歡迎。起初僅限於女性的女歌舞伎，不

久成為美少年為主角的「若眾歌舞伎」，因有違風紀而被禁演，終於
改為只有男子的「野郎歌舞伎」（女性的角色亦由男扮女裝取代）。
江戶與近畿地方有常設的劇場，江戶有市川團十郎、近畿有坂田藤
十郎等名演員，頗受歡迎。

四、教育的普及

江戶時代，學問是以武士為中心，而教育機關主要亦是為武士
而設。幕府積極獎勵儒學，諸藩亦為使藩士學習儒學、漢詩漢文、
兵學與經濟等，紛紛設置藩校。17世紀中葉有藩校（教場）的設置
（備前岡山），至幕末已有二百餘校。藩主之中，頗多好學之士，水
戶的德川光圀、會津的池田光政等均是。

另一方面，庶民教育則有寺子屋❼之普及。寺子屋亦以儒教為
本，教導讀、寫、算盤等，而儒教道德不僅是武士，甚至普及於民
眾。

隨著文治政治的展開，學問成為仕官的有力條件，無論浪人或
庶民，無不競而志向學問。為此，在東京、大阪、京都等大都市，
均設有多數的私塾。私塾不分身分、家格，充滿自由的氣氛。其中
以中江藤樹的藤樹書院（近江）、京都的伊藤仁齋的古義堂（京都）
等較為有名。

五、宗教

(一)佛教

江戶時代，佛教寺廟全置於幕府的統制之下，但因實施「寺請
制度」(teragoi)，所有人均須成為佛教寺廟的檀徒，其存續遂被保障。

---

❼　寺子屋起源於寺院教育的傳統，主要的教育對象是六到十五歲的兒童
　　為主。擔任老師的是僧侶，神官、浪人與町人學者。

但教義的研究反而陷於停頓而保守，唯有明僧隱元（1592～1673年）歸化日本，傳播禪宗（黃檗宗），於山城的宇治創建萬福寺，給予佛教界相當的刺激。

　　名僧有江戶初期臨濟宗僧侶，任家康政治顧問，起草各種法令的崇傳，天台宗的僧侶天海，以及因紫衣事件反抗幕府而被流放，其後卻受將軍家光的尊崇的澤庵等。

㈡神道

　　鎌倉至室町時代所見伊勢神道或吉田神道，乃是以神道為主，佛教為副，而基於「神佛習合」（融和）理論。進入江戶時代以後，儒教轉盛，吉川惟足依據儒教理論，倡導有體系的吉川神道。這是將過去伊勢神道與吉川神道為基礎，具有極強的道德性。其主旨是神之道與天皇之德為一體，因而成為後來尊王論的根據。這是結合朱子學的理論與神道，影響至大。以這種神道的改革與發展為基礎，促成江戶後期復古神道的興盛。

第三章　幕藩體制的動搖

第一節　幕藩體制的推移

一、幕藩體制的衰微

　　幕藩體制乃是武家政治體制最堅固的一種政治形態，在德川氏巧妙的運用政治術策，建立各種制度，得以維持長久的政權。幕藩體制可說是沒有讓其他足以威脅其政權或發生衰亡機會的一種相當周密的統治體制。因為中央集權的壓制，使大名不易引起叛亂，鎖國政策亦足以防範外國勢力侵襲於未然。但此一狀態，卻由於從內部發生衰微，迫使鞏固的權力機構發生動搖，實亦顯示即使是無與倫比的權力，仍會由於內在的因素而衰退。

　　江戶時代的後半期，幕府與諸藩實行各種改革，卻走向崩潰。在近世史的推移中，元祿時期在政治、經濟、社會、文化方面，可說是達到封建制度的巔峰，但經過元祿、正德（1688～1715年）到享保（1716～1735年）年間，卻已到了轉捩點。促使此一幕政轉變的背景是町人的抬頭與農村經濟形態的變化。

　　町人的抬頭實意味著商業的發達，且是直接導引以自然經濟為基礎的封建社會的崩潰。德川中期以後的幕府與諸藩財政赤字遽增

的傾向，實為不可避免的宿命。因而出現在身分上居於最下位的町人，卻在經濟上位居最上位的矛盾現象。

武士的財政窮困，導致對農民過重的貢租需求。但貨幣經濟之滲透到農村，使得農民無法負擔過重的賦稅，農民的反抗乃日趨表面化。遂有幕府的享保、寬政、天保改革，以及各藩的藩政改革，力圖阻止這種封建制內部的矛盾，加以重整。但這一連串的改革卻只能救急於一時，而無可觀的成果。幕府與諸藩改革的共通點是，加重農民的租稅，以緩和財政困難，統制貨幣經濟，以促進產業的振興，解決農村問題。但獎勵文教的結果，造成武士階級倫理的反省，科學技術重要性的自覺，以及隨著貨幣經濟的發展，功利主義精神的發達。一方面形成保守性強烈的傳統文化，一方面在學術上，主張國學的復古主義，展開了明治維新之路。西學的發達，使其積極引進西洋的科學技術，成為近代文明的先驅，與儒學鼎立，而占有獨特的地位。

(一)幕藩體制與貨幣經濟

幕藩體制的經濟基礎是在領主權力的村落支配與身分統制下，小規模的自耕農高率的地租。土地的生產關係為經濟結構的基本，因而屬於土地經濟（自然經濟）。農業上稻米生產為全產業的主要部分，基於土地生產的農村經濟，尚有濃厚的自給自足性，因而亦可稱之為自給經濟。這是與貨幣經濟、交換經濟相對的概念，表示封建經濟的特質。但江戶時代的經濟結構，一方面殘存這種自然經濟，另一方面卻日見貨幣經濟的發達。

隨著貨幣經濟的發達，基於土地生產關係的自然經濟結構當然會起變化，於是土地與稻米以外的商品與金錢乃成為重要的經濟力，而建立在土地領有與地租收取之上的封建權力亦將隨之而變化。

幕藩體制的危機與衰亡的原因，始於享保時代（18世紀初期）

表面化的農村變化。幕藩的統治體制原是奠基於自耕農自給自足的經營。但貨幣經濟的侵蝕作用，及於農業經營，終於引起土地所有制的變化，促使自耕農為中心的農村結構發生鬆弛。幕府與諸藩採取的民政方針是，防止農村的自給自足經濟與貨幣經濟的直接交流，因此，自始即禁止村落內部的商業活動，限制穀物（米麥）以外的商品作物，甚至干涉農家的消費生活，禁止農民轉業為商人，嚴禁土地買賣，施行嚴苛的統制措施。但自17世紀末至18世紀初，除了穀物之外，逐漸盛行棉、菜種、煙草等經濟作物的栽培，養蠶、製絲、紡織等副業日盛，農家的貨幣收入與消費增加。另一方面，租稅制度則是採取現金繳納制，農家的貨幣需求更多。

村落內部為利用農閑做活，以增加副業收入的農家，或買賣日用品的行商增加，甚至出現小商店。如此一來，貨幣經濟的力量動搖了農家經濟的自給自足性。對此，幕府與諸藩乃禁止農民除了本行以外的零售，屢次發布節儉令，卻未見效。

土地制度的動搖，起因於土地所有權移轉的地主制度（或可稱為佃農制度）之發生。農村由於貨幣支出的增加，地租之現金繳納制，金錢借貸之增加，田地之買賣，典當盛行的結果，出現出售土地或購買土地的情形，於是產生地主制度。

過去雖有一部分將多餘的土地釋出作為佃耕，但因土地兼併或新田開發而產生地主制，則是江戶時代中期的特徵。結果，以自耕農的自耕經營為原則的農業規模起了重大變化，自耕農的維持為基本方針的農政顯已衰退，村落社會的地主勢力抬頭，貧富之差距愈甚。如從土地所有權的性質來看，武士階級的土地領有權漸弱，而農民階級的土地所有權益強。

由於地主勢力的抬頭，與都市的富商勢力，促使士農工商差異性的封建制度社會階級關係內部產生中產階級，提高了庶民的地位。而農民的土地所有制之發達，滲透到封建制度基礎的武士階級的土

地領有權，使其支配力與土地疏離，根本動搖了幕藩體制的根基。
這是封建制度史上不可忽略的基本變化。

(二)百姓一揆

　　就村落社會的變化而言，地主制度之發生與「百姓一揆」❶，
實為其兩極。江戶時代二百六十餘年之間，共發生一千二百多件「一
揆」。其方式有逃亡、強訴❷、騷動等，性質亦各異。騷動的規模，
從一個地域，到跨過數十個村莊的，甚至有一領邑的大部分，或波
及於其他領地的大規模者。時代愈後，發生的次數愈多，規模愈大，
而逐漸染有「改造社會」運動的性質為其特色。

　　整個江戶時代，僅凶歉即有一百多次，其中大饑饉即有二十一
次。農村人口因而減退，農家溺嬰的惡習日甚。領主之中，有採取
教戒、育兒之補助，以改進此一惡習，卻不容易遏止。蓋除百姓一
揆的積極抵抗之外，離村與溺嬰可說是消極的生活自衛手段。

　　總之，農村乃是幕藩體制所據以成立的根基，因此農村的變化
當然會影響及於幕藩體制。但農民的土地所有制的發達，則是緩慢
的出現，並未急遽的打擊幕藩的領地支配力，而幕藩體制亦能肆應
此一變化，而得以從容的調整其農政的方針，因此，尚不足以引爆
幕藩體制的重大危機。其次是百姓一揆的頻仍，削弱幕藩體制的支
配力，喪失其威信，但對幕藩體制的緊密組織，其影響只是局部，
尚未動搖及於體制的中樞。

(三)內部的腐敗

　　幕藩體制的動搖直接的禍源實為統治體制內部的腐敗。其主因
乃是貨幣經濟與土地經濟的均衡之勢已被打破，貨幣經濟已超越幕
藩體制的統制力而異常的膨脹。易言之，由於貨幣經濟的膨脹，政

---

❶　農民起義或暴動稱為百姓一揆。

❷　強訴(gōso)意指自力救濟式的訴願。

治與經濟發生疏離。武家財政的困難，家臣團的生活困難愈甚，武士階級如不倚恃商業資本、高利貸資本，即無法生存的事實，乃是18世紀初葉幕藩體制的實際狀況。對此經濟上的瓶頸，幕府唯有盡量統制貨幣經濟，遏阻其對支配體制內部的影響，實行極端保守的經濟政策，封建政治乃愈益加深其財政危機。

在貨幣經濟的滲透中，幕藩體制內部腐敗，出現武士階級綱紀之紊亂，倫理道德之頹廢。本來，重視剛健、武勇，以自誇其統治階級的品位，以忠誠為最高道德的武士，長期在都市過著舒適的消費生活而日漸墮落，加上主君所授與的俸祿已不足以維持生計，遂有不顧武士的面子，向町人借款。苦於財政困難的諸藩，不顧家臣的窮乏，採取削減俸祿的非常措施。在此情況下，武士的節義廢弛，盛行收賄、請託的風氣。這種武士的頹廢風氣，正是幕藩體制內部腐蝕的最大原因。

二、幕府政治的改革

至元祿後期，江戶幕府開設以來一百二十年，其成立的基礎發生變化，在政治、經濟各方面發生龜裂，勢須全盤檢討，補強幕藩體制。

出現幕藩體制矛盾最深刻的是幕府的政治。元祿末年（17世紀後半），幕府的財力已衰竭，而政綱廢弛，內外充滿矛盾。

第五代將軍德川綱吉上任之初，起用堀田正俊為大老，文治頗有可觀。但其晚年，卻實施獨裁。一因礦山開採量之減少，外貿收入銳減，支出反而增加，且實行無預算的政治，致使財政支絀。諸藩亦因交替參觀，財政負擔沈重，雖採取加稅以及對家臣的減俸，仍難脫離困境，因而有向町人告貸以紓困者。

德川綱吉死後，德川家宣繼任將軍（第六代）之職，開了幕府政治刷新之端緒。所謂正德之治，乃是正德年間（1711～1715年），

側用人間部詮房、儒臣新井白石輔佐將軍，所從事的各種政治改革。

　　新井白石致力控制預算，限制長崎貿易，以防止銀兩之大量流出。其中最重要的政策是清理元祿時期的惡質貨幣，恢復到慶長年間（16世紀末年）優良的金銀品位的貨幣改鑄。為此，罷免勘定奉行（財政長官）荻原重秀，處罰與荻原重秀勾結，鑄造惡質貨幣，取得不當利益的「銀座」主管，取締匯兌商行會（兩替仲間），推動果斷的肅清，以良質的新金銀貨幣，恢復貨幣的價值，以圖安定通貨。這是糾正元祿時期的放漫政策引致通貨膨脹、物價暴騰，生活困難的禍因，可說是幕府權力與貨幣經濟的最初對決。此外，限制長崎貿易，調整國內重要物資供需，防止金銀流出海外，屬於計劃性的貨幣經濟統制政策。元祿時期所頒布「憐愛生物令」等惡政之廢止，農民課役之減輕等均屬之。

　　此外，修正朝鮮使節之禮遇，撙節開支，改訂武家諸法度，刷新司法制度，修訂幕府儀式、典禮。這些政策的根本精神乃是基於儒教的文治主義。而正德時期（18世紀末）的政治，實具有與元祿政治同樣的本質，其運作與「側用人」政治無甚差異。為此，對於形成幕藩體制禍因的農村問題、財政困難等，既無法樹立一項根本的解決之策，亦不能集中貫徹改革所必要的強權。

　　元祿時期惡質貨幣之整理，進行得並不順暢。當時新井白石的改革，被評為細微末節，而元祿時期以來對「側用人」政治之不滿，已顯現在幕府的親藩、譜代之中。結果，正德政治以其本身的弱點而不能防止幕藩體制的動搖。

(一)享保改革

　　隨著商品經濟的發展，消費支出驟增，復因旗本與御家人之增加，人事費遽增，江戶幕府的財政日益困窘。正在此時，由於德川家繼（第七代將軍，1709～1716年）之早逝，卻無繼承人，乃從紀

州迎紀伊家德川吉宗（和歌山藩主）為將軍❸。

　　崇拜其曾祖父德川家康的德川吉宗，標榜江戶幕府開創之宏規理念從事幕府政治的改革。一般以為這是從文治主義轉變為武斷主義的過程。此一改革稱之為享保改革。

　　德川吉宗的享保改革，乃是幕藩體制面臨危機後最早的改革。享保的改革是多方面的，時間長達三十年。德川吉宗起用有才能的譜代大名、旗本，以將軍為中心進行。

　　德川吉宗以為武士困窘的原因乃在生活奢靡，遂決定罷黜文治政治的中心人物間部詮房，廢止新井白石等人的各項改革，推動政治機構的官僚化，志在恢復幕府初期的獨裁制。於是擬定對策以圖解決當時嚴重的三項政治課題（幕府及旗本、御家人的財政困難，貨幣流通不順暢，奢侈風氣與紀律紊亂）。

　　享保改革的根本方針是師法幕府開設之初的剛強精神，具有強烈的復古傾向，在政策上採取適合社會、經濟實情的解決方策，以加強幕府的權力，可說是精神上的倫理主義，政策上的實利主義。

　　首先是致力權力之集中，廢止「近臣」政治，但與幕府初年的政治不同的是，政務已趨複雜的時代，因此著重整頓「老中」以下官吏的職制，尤其充實「勘定方」❹與直轄領的官吏，以利獨裁政治的運作。1720（享保5）年，整理過去的法規，制定「公事方御定書」❺，首度明示裁判的基準，規定有關犯罪的刑罰，同時編纂《御觸書集成》❻作為行政的參考。

---

❸　德川家繼無子，德川秀忠嫡系絕。德川吉宗為秀忠之弟賴宣之孫。此後一直到第十四代將軍德川家茂，均出自吉宗之嫡系。

❹　「勘定方」是管理財政的長官。德川吉宗將之分為「公事方」（掌訴訟、請願的司法官）與勝手方（掌出納的財務官）。

❺　這是幕府初期的刑律，明和的科條類典、寬政的刑典，均以此為根源。

❻　《御觸書集成》(ofuregaki syūsei)，分類編纂幕府初期以來的「觸書」

　　其次是財政的整理。整理元祿時期以來紊亂的財政，乃是享保新政當務之急。對策是緊縮政費，改正俸祿制，實行節儉，以節約支出，同時設法增加收入。

　　此次改革的目的乃在重建旗本、御家人應支給的祿米不足的嚴重財政問題。首先發出「節儉令」❼，禁止奢侈品、遊藝，以削減消費支出，並命大名「上米」❽，短期解決財政困難問題。但根本重建之策則是獎勵新田的開發，呼籲町人投資開發以增加收入，並採用以過去數年的收穫量為基準，訂定地租（年貢）的「定免法」❾，以圖安定收入，同時提高租率，增收年貢。對旗本設置「足高之制」❿，藉此一方減輕財政上的負擔，一方起用人才。這種政策確使幕府的財政逐漸好轉。此外，採取殖產興業政策，獎勵栽培甘薯、櫨、朝鮮人參等，放寬漢譯西書的輸入限制，引進新知識。

　　德川吉宗的改革，雖得到相當的成果，幕府的稅收亦因而增加，

　　（法令、告示、通知）。

❼　節儉令極為徹底，甚至連歷代將軍墓地的新建亦予以中止。

❽　上米(agemai)之制是，大名依其俸祿，每萬石捐獻百石，但交替參覲留居幕府的期間減半，並自1722～1730年間實施。每年徵得十八萬七千餘石，相當於天領年貢收入的一成。此一制度實施了十年，於1731年廢止。

❾　定免法(jōmenhō)，是不論豐歉，依田地面積大小，以十年的平均數作為固定稅率，徵收地租；而原來所採行的是「檢見法」(kemihō)，乃依當年收成之豐歉，經官方實地檢驗之後，訂定徵收稅率稅法。其主要目的乃在增收年貢，結果由過去的四公六民（農民所得六成）改為五公五民（農民只得五成）。

❿　足高(tasidaka)乃是訂定旗本所膺任職位的基準俸祿，若有昇任新職務，而其薪俸未達支薪標準時，由幕府支給其差額。卸任後再恢復其原有的俸祿，藉以排除職務加給流於世襲而影響財政。

赤字財政得以克服，但地租的增收，壓迫了農民的生活，百姓的暴動日益增多。雖因新田開發而增產稻米，卻招致米價的低落，幕府乃許可大阪堂島的稻米市場，並廣聽民意，設立民眾訴願的「目安箱」⑪，允許組織「株仲間」（同業行會），實行米價的調節與商業統制，但卻不能消除依靠稻米生活的武士與農民的不滿。

㈡田沼時代

享保改革之後，由於繼任的將軍德川家重幾近白痴，因此，又恢復近臣政治。至第十代將軍德川家治時，由老中田沼意次攬權，進入田沼時代。

田沼意次有鑑於年貢增收已達極限，為了維持幕府的財政，注意到發展中的商品經濟，求諸財源於其流通過程。所採取的是重商主義經濟政策，即擴大專賣制度。先是設置幕府直營的「座」，專賣銅、鐵、朝鮮人參等，並允許特定商人專賣。准許一般工商業者設立同業行會，給與販賣、製造等特權為條件，徵收營業稅⑫。這些政策實有統制工商業者，作為調節物價的作用，但引起因專賣而喪失利益的農民的反彈。

對外貿易亦頗積極，對於長崎的貿易，一改過去的政策，輸出銅或海產，藉以輸入金銀。除長崎貿易外，逐漸緩和「正德新令」

---

⑪　目安箱(meyasubako)，1721年設置於評定所（最高法院）門前，讓各方投書，表達對政治的意見或對官吏的不滿。每月三次由將軍親自檢閱，以為施政參考。雖由德川吉宗自我判斷，民眾的意見未必有被採納的機會，但對於整飭官箴政風，改善政治，卻有相當的效果。如設置貧民救濟的養生所，訂定江戶市內的防火方針等，無非是採納目安箱民意反映的結果。

⑫　營業稅稱「運上金」(unjyōkin)，為雜稅的一種，主要課徵對象為工、商、漁、礦、運輸等行業，有固定的稅率，惟其繳納數目每年不同。冥加金(myōgakin)亦是雜稅，但無固定稅率。

的限制，在定額以外，改用銅與海產，以換取金銀的進口。更設置「銅座」「鐵座」等，以掌握其專賣權，積極實施重商主義政策。同時調查各地的銅山，促進銅的增產與專賣。在開墾事業方面，積極籌劃北海道的開發，並在江戶、大阪等地從事大規模的土地開墾事業。

對於海外進口的金銀，卻將之改鑄，成為幕府的收入。這種改鑄，與殖產興業政策對應，具有刺激市場景氣的目的，這也是最早發行標準貨幣的銀價。

田沼的政治重點乃在積極推進殖產興業政策，他一反德川吉宗（享保改革）復古的緊縮方針，採取與商業資本結合的經濟政策，嚴禁農民一揆，獎勵密告，加強農民統制，確保地租，同時獎勵農民從事副業，普及經濟作物。但過分維護商業的重商政策，引起中間剝削與幕政的腐敗。幕府的財政雖因新的財經政策而好轉，但世風奢侈，賄賂風行，武士階級的負擔轉嫁給農民，農民生活極為窮困。

此時商品經濟擴及全國，導致農民階層的分化，加以天災頻仍❸，瘟疫流行，病死、餓死者達數十萬人之多（但武士卻無一人餓死）。實施重商主義的田沼改革被指為「秕政」，而飽受批判，旋因將軍德川家治之死而失勢。

(三)寬政改革

1787（天明7）年，在江戶燒毀之後，松平定信被任命為首席老中，處理此一難局，再度推行緊縮政策，以改革田沼的弊政，世稱「寬政改革」。

松平定信首先起用新人，整肅綱紀，命大名、旗本、武士、商

❸ 1782年奧羽地方為中心的凍災開始的天明大饑饉，翌年又有淺間火山的大噴火。領主的剝削與大名之割據造成糧食物資流通之阻礙，一遇凶歉，即造成饑饉。

人等均行節儉，徹底實施緊縮的財政政策❹，並採取嚴刑峻法，強調封建身分制度的維護。

此時幕府又遭逢赤字財政，其對策則在改正過去自享保改革以來倚恃商業資本的方向，而貫徹本來依生產量徵收地租的原則，維護過去將農民束縛於農村的自然經濟，並採取壓抑商業資本的政策。

首次廢止過去專營機構——座和雜稅、營業稅，並停止鑄造新幣。嚴禁商人出售奢侈品，僅准販賣本年度儲存的貨物。然以當時社會經濟已疲憊不堪，武士階級，尤其以旗本的破產最為嚴重。因此，於1789年頒布「捐棄令」❺，以圖救濟旗本及御家人。

在農業政策方面，為了防止農村人口的減少，頒「舊里歸農令」，限制農民出外做活，以阻止農民湧入都市。對於在江戶無固定職業的人給與資金援助，獎勵其歸返農村，嚴禁殺嬰陋習，以確保農村人口。甚至限制經濟作物的栽培，利用「橫目」、「目付」等專任監視民眾的官吏，加強農民統制，阻止商品經濟的發展。蓋恐與都市商業資本的結合與擴大，對幕藩體制剝削關係的維持造成不利。為了肆應饑饉，命各大名每一萬石儲藏五十石的「圍米」❻，並撥款補助大阪、京都等地設立社倉、義倉。

在經濟方面，最重要的政策是解散同業行會「株仲間」(1841年)。對於「仲間」外的商人以及在農村以商品流通的發展為背景而成長的在鄉商人等新興商人，亦容許其自由交易。

在文教方面，採取嚴屬的統制措施，規定起用人才以出身官學者為正途，訂定幕藩體制確立時期的意理支柱朱子學為正學，以林

❹　幕府的歲出削減三分之二，連將軍私生活的「大奧」（將軍內宮）的費用亦減少三分之一。

❺　規定六年以前旗本與御家人所欠的借款一筆勾銷，至於最近五年內的積欠，則准其以低利分年償還，並由幕府低利融資。

❻　「圍米」(kakoimai)為儲糧之意。

家的昌平黌為官學，禁止聖堂學問所的朱子學以外的講義（寬政異學之禁）。甚至取締民間的文教、出版及思想 **⓱**。此外，為了端正風俗，禁止奢侈品的買賣，婦女的結髮，男女共浴與賭博。

這種政策基本上是一種緊縮政治，表面上雖能壓抑農民的暴動，並有幾分社會福利措施的意義，但在任僅七年，且其政策是消極而保守，因此無法阻止農民階層的分化，更不能遏止封建統治者對商業高利貸資本的依賴。及至松平定信引退，幕府政治再度陷入混亂的局面。

第二節　封建社會的動搖

一、武士與農民的窮困

㈠武士階級的變質

幕藩體制的基礎，乃是倚賴自然經濟下的封建地租制，同時有立基於封建地租的貨幣化，即貨幣經濟的要素。這種本質上的矛盾，只要幕藩權力能完全操縱流通過程的町人階級，即可無事。但當商品經濟發展，武士成為都市消費者階級，則必將表面化。蓋武士的收入是固定的，而貨幣的支出卻與日俱增，文治主義政策卻促進此一趨勢。結果，自17世紀後半以來，一般武士階層的經濟窮困日顯。

江戶幕府初期的財政相當的充裕，但自第四任將軍德川家綱起，由於支出之增加，金銀礦山產量之減少，鎖國之實施，貿易量銳減，

⓱　取締出版與風俗，加強封建統治，要求統治者的自覺與被統治者對政治的絕對服從。對風俗的刷新亦頗用力，取締紊亂風俗，嚴禁政治批判性書籍的出版。代表性的洒落本作者山東京傳，即被處五十日手銬徒刑。

倉廩日蹙。第五代將軍德川綱吉以後，財政愈益拮据，於是不斷地改鑄貨幣，獎勵節儉，以彌補財政之不足。

17世紀末至18世紀初的元祿、正德時代，無論幕府與諸藩，均陷於財政困難的窘境。幕府尚可以改鑄貨幣獲利而彌縫一時，但諸藩則因「交替參觀」，以及江戶藩邸支出之浩繁，財政的慢性窮困日益加深。因此，惟有削減藩士的俸祿，增收地租，施行特產品的專賣，或徵收領邑內商人與富農的雜稅，以為挹注。甚至向幕府申請貸款，或以貢米作保，向大阪商人告貸，或加徵直轄領地內農民的賦稅，以資彌縫。

至於小諸侯的財政則更為困窘，除了借款之外，往往強制性的借貸，有無法償還而破產的情形。不僅增加諸藩士的不滿，且引起農民的反抗。

武士的經濟逐漸由采邑制轉為俸給制，而米價的變動乃直接影響其生活，而成為重大的問題。蓋武士居住於城下町過著純粹的消費生活，其收入與支出逐漸呈現不均衡。蓋其收入是以農民所繳交的田賦為主，這種稅額當無法遽增，而都市生活費用卻因生活程度日益提高而與年俱增。

下級武士的生活困難日益嚴重。他們因為身分限制，不能自由地發揮才能，自立謀生。因此，惟有暗中從事當時禁止武士從事的商業或手工業。有些藩甚至鼓勵家庭內的手工，而以特產品聞名。下級御家人亦迎接持有「持參金」❶的養子，甚至出賣武具刀劍或御家人資格者。以將軍「直參」為傲的御家人處境如此，可見封建社會一項重要支柱——主從關係與身分制度開始崩潰。

㈡農村的變化

幕藩體制的危機與衰亡的原因可追溯到享保時代出現的農村的

---

❶　原指隨新娘帶來的陪嫁錢。此處是指隨身攜來的錢。

變化。原來農村的成立是倚賴本百姓（自耕農）自給自足的經營，而幕藩體制的統治體制則立基於農村，但因貨幣經濟的侵蝕作用及於農業經營，引起農民土地所有的變化，使自耕農為中心的村落結構發生遲緩的情勢。依幕府諸藩的民政方針，為了防止農村的自給自足經濟與貨幣經濟交流，自始即禁止村落內部的商業活動，限制米穀以外的經濟作物，干涉農家的消費生活，禁止農民轉為商人，嚴禁土地買賣，施行種種統制方策。但自元祿時代開始至享保之間，除了米麥之外，棉、菜種、煙草等，以貨幣收入為目的的經濟作物之栽培逐漸盛行，甚至有養蠶、製絲、紡織等副業，農家之貨幣收入及消費增加。另一方面，租稅制度對田園的地租採取代金繳納制，因此農家的貨幣需要轉多。村落內部出現利用農閑做活，以增加副業收入的農家，銷售日用品的行商人，以及小商店。貨幣經濟動搖了農家經濟的自給自足性。幕府與諸藩乃屢次頒布節儉令，並禁止農民本業以外的經商行為，卻無實效。

　　江戶時代中期以後，每當幕府與諸藩財政窘困之際，必先增收農民的田賦。及至貨幣經濟滲透以後，自給自足的農村愈益凋弊，貧困的自耕農出售田地而淪為佃農。另一方面，卻有富農興起，因當時的租稅制度並非累進法，而是不分土地大小，同率課稅，因此，耕地愈多則愈富。富農兼併貧農的土地，或經營商業，或投資開發新田，或營高利貸。於是農村中階級分化乃愈顯著。貧農之中頗多離開農村而走向都市，於是都市人口膨脹，農村人口反而減少。反之，頗多因生活困難而以土地為抵押，甚至出售土地而淪為佃農，或不能繳納租稅而成為「奉公人」（傭人）。農民之間貧富差距日甚，因而有一個富農，就產生數十戶貧農之說。大都市近郊尚可以種植蔬菜、棉等經濟作物，耕地面積雖小，卻勉能獨立，但北陸與奧羽地方，則有土地集中於大地主的傾向。

　　由於農民生活困苦，養不起子女，墮胎和殺嬰的風氣盛行，因

此，江戶時代後期（18世紀後半期），日本的人口幾未增加。復因天災荒歉頻仍，農村更為荒廢。各地諸侯均各自為政，禁止本藩的糧食運往他藩，復因地主和商人囤積居奇，損害更大。

處於最低生活的農民，一旦遭遇凶歉，瀕臨餓死狀態，因此常要求減免田賦，或團結以對抗官吏之不法，或集體逃亡，甚至鋌而走險，起而暴動。幕府與諸藩均採取高壓手段對付，首倡者總是被處以極刑，但農民的要求卻大多能被接受，田賦亦獲相當的減免。除此，都市亦常發生反對高利貸，米價高漲，而搗毀米店等事件。發生次數多達數千次。尤其江戶後期，暴動更為頻繁，規模逐漸擴大，參加者數以萬計。

相對於武士的困窘，都市商人之中有趁貨幣經濟發展之勢而成長，將其所累積的財富貸與窮苦的武士，或投資於新田開發、釀造業、農村手工業等以積富者。在身分上為統治者的武士，卻被町人掌握經濟的實權，倚賴其經濟力的傾向驟增。

農村亦有很大的變化。透過經濟作物的買賣，捲入貨幣經濟，貧富的差異擴大，讓售土地而沒落的農民增加。另一方面，產生了購買其土地而出租給佃農，以佃租作為生活之資的寄生地主，以自耕農為中心的農村結構開始崩潰。

雖有町人的新田開發，直轄領增加，田賦亦驟增，但田賦不能不兌換為貨幣。對武士階級而言，米價非維持高水準不可。但1723（享保8）年以降，卻因豐收而使米價低落，招致武士的窮困，當局只好採取買米、儲糧之策，以維持米價。至1732年，又逢歉收而暴騰。為此，江戶發生最早的一次燒毀事件，被稱為「米將軍」的德川吉宗，努力傾全力於維持米價的安定，亦屬徒然。此際幕府的財政，已到了只增徵田賦，調整米價，已無法解決的地步。即使農村亦有顯著的商品經濟之滲透，而高利貸的活動亦轉趨活潑。以放租為中心的地主與佃農關係，使倚賴剝削農民剩餘勞力的幕藩體制之

原則發生動搖，淪落為佃農的本百姓的地位趨於不安定。

二、近代工業的萌芽

大阪周圍與尾張的棉織業，桐生、足利等北關東的絲織業，自天保時期已開始進行。但在鎖國政策之下，原料的供給與產品的銷售網有限，幕府與各藩均實施嚴苛的農民統制，各藩的專賣制度亦成為發展的障礙，而無法大力推展工商業。

至幕末時期，幕府與各藩引進西洋的技術，設置直營的西式機械工廠。熱心設立工廠的佐賀藩、薩摩藩、水戶藩等，創設了造船廠。這些西式工業後來成為明治維新時期官營工業的模範。

18世紀初以降，都市商人與富裕的地主，已開始注意農村的經濟作物與商品的生產，預先貸款（或貸放原料）給農民，然後收購其所有產品。

經濟作物棉與棉紡織加工業較為發展的畿內、瀨戶內海沿岸地區，小農與非耕作者大多留在農村，或改種經濟作物，或從事販賣日常用品。當木棉的紡織技術引進以後，家內手工業遂成為農家副業。

在商品經濟的發展之中，都市與農村的加工業，亦有新的發展。17世紀末年，已有小規模的家庭手工業。至18世紀初，貨幣經濟滲透到農村之後，農業的商品生產已有進展，而農民的分化亦開始。喪失土地的小農民，一方從事佃耕，一方投入原始的家內手工業，以彌補家計。累積土地的地主，則逐漸商人化，不久即在工業方面，出現「問屋」（批發）制家內工業。至19世紀以後這種家內工業益為發達，於是有設置工廠而將手工業集中於此而從事生產的方法，稱之為工廠制手工業(manufacture)。經營者之中有大商人，亦有地方上的富農。這在釀造業、製油業、水產加工業、紡織業等為最早，在幕末開港以後，甚至設置西式機械工廠。

工廠制手工業與批發制家庭工業不同，它並非單獨的家庭經營，而是集中在工廠生產。雖其在組織上有分工的可能，但在經營上卻完全是統制的。其特性是大量生產，且運用水力能源，得以提高工作效率。這種工廠制手工業與近代機械工業仍有一段距離，但可說是近代資本主義的萌芽。

工廠制手工業發達的結果，其中心地點逐漸都市化，生產專門化，產量亦隨之增加，勞工乃成為賺取工資的工人。此實促使貨幣經濟發達的原因之一。於是自然經濟逐漸瓦解，終於發展成貨幣經濟，而奠定了明治維新以後近代工業發達的基礎。

幕府末年，繼工廠制手工業之後，興起了機械工業。1858年開放門戶，與西方各國通商之後，幕府與西南四雄藩，先後設立了西式機械工廠，生產武器、紡織等，實為機械工業發展的開端。

三、貨幣經濟的發展

以封建社會作為基礎的自然經濟，由於貨幣經濟、商品經濟的發展而崩潰。農村之中經營商業者日增。農民亦為了取得貨幣，逐漸改種經濟作物。由於貨幣與商品的流通，使政治上孤立的諸藩得以連結，村落本身的孤立性亦被打破。

隨著商品貨幣經濟的發展，在經濟上獲利的是商人。尤其是江戶、京都、大阪富豪之中，逐漸出現在全國具有貿易關係的，或向諸大名貸款大筆金錢融資者。這些富豪多數都是兼營商業與金融業者，如三井商行之兼營木材、綢緞，泉屋（今之住友）兼營書籍、鐵等，甚至兼營兌換業。

商人逐漸在經濟上獲得利益，而累積財富，過豪奢的生活，且有以金錢取得武士資格的，於是封建社會乃逐漸崩潰。

第三節 江戶後期的文化

一、町人文化的成熟

㈠文化、文政文化的特色

江戶後期具有日趨濃厚的庶民文化的傾向，雖沒有前期清新的、健康的、明朗的風格，卻具有纖細的成熟之美，同時具有矯揉而頹廢的傾向。

江戶時代文化史可分為元祿時代（17世紀末）為頂點的前期，以及自田沼時代（1772～1784年）到文化、文政時代（1804～1829年）盛行的後期。前期隨著封建制度的成立，展現封建精神、學藝等各方面文化的創造，尤其町人文化的文藝、演劇的發達，文運極盛。後期則承繼其後，在幕藩體制的動搖聲中，庶民生活的蓬勃發展，文化在很多方面日趨成熟而普及，塑造了國民文化的體系。如謂元祿時代形成了國民文化的基礎，則後期更可看出其內容之充實。明治時代近代文化的發達，乃是以此一江戶後期文化的廣度與深度為基礎，吸取西洋文化的結果。

文化的成熟、普及的根本原因，主要依靠產業經濟的發達。自元祿、享保時期以來，各種產業發達，生產流通量增大的結果，勞工與物資已很充裕，因此沈浸於學藝，朝向享樂的方向。

江戶時代的文化是日本文化史上最發達的時代，且與古來的文化不同，而獨具特色。其特色有三：一是純粹的日本風格。過去奈良、平安時代的文化，概為模仿隋、唐的文化，鎌倉、室町時代的文化，則是宋、元文化的移植。江戶時代則因採取鎖國政策，甚少

受到外來文化的影響，日本文化遂能在鎖國體制之下，自我發展，形成真正具有日本特色的文化。二是文化普及於上下各階層，可說是庶民文化的發達時代。奈良、平安時代的文化是貴族的專利品，鎌倉、室町時代的文化則是端賴僧侶的創造，一般平民與文化漠不相關。江戶時代，卻由於天下泰平日久，人民生活安定，不僅上流社會的文化發達，下層庶民的文化活動亦極活潑。平民之間，學者文人輩出，且亦誕生了庶民本位的大眾藝術。三是上方（京都、大阪一帶）文化次第東漸。日本的文化中心自古即在畿內，即連江戶時代初期，也只是京都、大阪文化移入江戶而已，江戶本身並無獨自的文化。其後隨著幕府文治政治的發展，江戶終於產生了獨自的文化。到了江戶後期，江戶文化且已超過了京都、大阪文化，於是江戶文化遂成為日本文化的中心。

　　文化、文政時代為中心的江戶時代後期文化，以江戶的繁榮為背景，在都市人的活力支撐下逐漸普及。江戶發展為足與京都、近畿地方並駕齊驅的全國經濟的中心地，迎接了多數都市民眾為對象的町人文化最盛時期，此一時代的文化稱之為化政文化。在相繼施行的嚴苛統制之中，已喪失了元祿文化所具有的健康、專注的精神，而充滿遊樂、好奇、頹廢與無力的風氣，人們只能將其被壓抑的本能，以帶有諷刺的文藝發紓，而具有強烈的尋求縱情與官能享受的嗜好。

　　這種文化的爛熟、頹廢傾向的背景實源於經濟上雖富裕，卻在身分上仍處於最低層的商人之不滿，以及苦於重稅而受壓抑的農民的絕望與反抗，正反映封建社會的窮途末路。

　　後期文化的特色，是江戶文化的成熟，地方文化的發達，以及生活樣式的固定。江戶原來是新興的政治都市，較之京都、大阪，其歷史較短，文化傳統較淺，因此前期文化的中心是在京都、大阪。但到了後期，因德川幕府開設以來已有一百多年甚至二百年的歷史，

作為武家政治的首都，學藝的中心地，名實俱為日本最高地位的都市。武士的風氣與町人的風氣自行混和，創造了豪邁的江戶兒女氣質與瀟灑的情趣與風尚。江戶遂凌駕於近畿地方而成為文化中心，實具有日本文化史上劃時代的意義。尤其從江戶的町人生活產生了小說、歌舞伎、浮世繪、版畫、藝能等的發達，並影響及於地方。

文運並不偏重京都、大阪、江戶等大都市，各地亦頗興旺。其原因乃是各大名（諸侯）城下町的繁榮，藩校為中心的學問之發達。隨著港口都市、地方都市等的繁榮，町人的生活水準提昇，新田開發，地方產業發達，農村地主階級勢力亦大為伸張，促進了地方文化的發展。中央有名學者、文人、畫家之來遊，富商、地主子弟的遊學、「寺子屋」（私塾）的開設，文藝的流行，居住於地方的學者、文人、畫家的活動，在一般的地方均可看到。文化的中央集權為近代的特色，地方文化的發達，則是封建割據體制與產業經濟的發達所帶給江戶時代的一大特色。

元祿時代是以全國性的生產活動興盛，貨幣經濟發展的時代。與奢侈的風潮之中日趨困窘的武士正相反，隨著經濟進展的浪潮而積富的町人甚多。他們逐漸擁有經濟實力，但卻沒有政治的力量，所累積的財富，在幕府與各藩種種統制下，不能隨意的投資，因此多浪費於遊樂一途。

㈡文藝

德川後期的「上方」文化已隨町人商業地位的滑落而停滯不前，隆盛的文化已轉到政治、消費都市江戶。但元祿時代商人清新的創作已日趨淡薄，且受到幕府當局對風俗方面的一再壓制，商人失去元祿時代朝氣蓬勃的氣象，而呈現封建文化末期的頹廢現象。於是出現狂歌❶❾、川柳❷⓿、洒落本❷❶、浮世繪等所顯現的諷刺與諧謔，

---

❶❾　江戶時代中期流行，以通俗的表現，諷刺為主的滑稽和歌。

充分表現受到壓抑的商人之不滿傾向，而歌舞伎與講談等令人生畏的鬼怪故事與俠客、義賊的行徑則受歡迎。

1.小說

江戶式町人文化的主流是小說、浮世繪與歌舞伎。代表元祿文學的「浮世草子」以井原西鶴為頂點，但其後卻日趨定型而衰微。

小說在元祿時代流行於近畿地方的「浮世草子」逐漸衰微後，因印刷術的進步，民眾讀書能力的提昇而在形態、內容日趨發達。江戶文藝最早出現的是，描寫江戶花街柳巷百態的「洒落本」以及以諷刺與滑稽為主的「黃表紙」作品❷。這些都是反映田沼時代充滿享樂的世態與花街柳巷的繁榮，最能表現出江戶人的氣質。但在寬政改革時期（18世紀末），因整肅風俗，而受到嚴苛的取締，「洒落本」成為絕版。受此打擊後，乃避免以花街柳巷的生活為題材，改為市井男女的戀愛小說，這就是「人情本」。其後「人情本」逐漸增加其頹廢的好色色彩，很多作品大都冠以「春色」兩字。天保改革時，為永春水即以紊亂風俗而受罰。

代之而起的是以滑稽與笑談為基礎，生動描寫庶民輕妙生活的「滑稽本」，出現式亭三馬與十返舍一九等作家。另一方面，產生以歷史或傳說為題材，倡導勸善懲惡的長篇小說。瀧澤馬琴花了二十

❷ 川柳的句型與俳諧相同，即由五・七・五三句，共十七字而成的詼諧、諷刺的短詩。

❷ 洒落本(shyarehon)。所謂洒落意指滑稽或詼諧之義。洒落本生動的描寫風化區的哀歡，雖具有文學性，但難普及。有名的作家是山東京傳(1761～1816年)。此類小說被認為傷風敗俗而被查禁，乃改變其作風，而變為「人情本」。

❷ 黃表紙(kibyōshi)是黃色封面的插圖小說。改編自中國故事的「金金先生榮華夢」，諷刺交織而成的成人讀物。以其寓時局批判意味，為幕府所禁，乃轉而寫作教訓、報仇類的長篇作品。

八年的歲月，寫了一部二十六卷的《南總里見八犬傳》。但這些小說，或因空想而缺少現實性或藝術性，且流於勸善懲惡的倫理說服性質，但以其使文學脫離少數人的獨占而為民眾所喜好。

　2.詩歌

　　在芭蕉死後，俳諧失去其支柱而逐漸式微。但地方的俳壇卻極活潑，在都市商人與農村地主之間，甚為盛行。但與芭蕉的俳風相較，難免低俗而平凡。至18世紀初期，與謝蕪村盛倡復歸芭蕉，他又是文人畫的巨匠，因此創造出富有古典文藝氣息而充滿畫意敘情的纖細華麗的俳諧。此外尚有表現強烈個性的小林一茶，以及以洗鍊技巧見長的炭太祇等。但一般而言，都不免流於低俗。至江戶後期，俳諧毋寧被狂歌、川柳所壓倒。

㈢藝能

　　演劇方面，自18世紀前半，竹田出雲留有優異的淨瑠璃作品。不久從木偶淨瑠璃產生歌舞伎非常隆盛的時代，完成了歌舞伎的表演形式。

　　17世紀後半，成為演劇一環的歌舞伎，至18世紀後半，以江戶的劇場為中心而達到全盛時期。19世紀初期，鶴屋南北著有多數的歌舞伎作品。

　　在武士階級的壓制下，表現町人笑聲與遊藝的文藝，為江戶文藝的特色。歌舞伎成為綜合音樂、腳色與演技、舞臺裝置的演劇而大成。「長唄」 ㉓ 與「三味線」（三弦琴）為町人社會所愛好，且被歌舞伎所引用，於是歌舞伎乃成為都市生活之花。

㈣美術

　　18世紀末為浮世繪的黃金時代，美人畫家有喜多川歌麿，使浮世繪益見爛熟。喜多川雖不脫頹廢之美，但以單純的線條和明朗的

㉓　長唄(nagauta)，配合三弦笛子等吟唱的歌曲。

色彩，描寫人物的陰影與官能的奧妙，其畫法散發出官能的美感。東州齋寫樂則以大膽而富有個性的運用構圖、線條與色彩，敏銳的描繪人物個性獨特的「役者繪」（大人物畫），但不受當時人的歡迎。

其後錦繪因充斥千篇一律，形式固定而喪失個性的作品，乃日趨衰微。但其間有葛飾北齋與安藤廣重的風景畫，提昇了日本浮世繪的水準。

幕末時代採用西畫的技法，開拓了風景畫新畫風的葛飾北齋與安藤廣重，尤其安藤細緻而用心的描寫日本的風土，有很高的評價。葛飾北齋的傑作「富嶽三十六景」，以自由的筆調，描寫大自然，安藤廣重有「東海道五十三次圖」、「江戶名所百景」，描寫鄉土的情趣。浮世繪的「版畫」（錦繪），影響了馬內(E. Manet)與莫內(C. Monet)等法國印象派的畫風。

圖18　富嶽三十六景

山水畫方面，自18世紀初，中國的畫家伊孚九來到長崎，傳授南畫❷❹之後，日本亦極盛行。其特色是以水墨自由的筆觸描繪山水，

❷❹　南畫，亦稱南宋畫或文人畫，宋元時代興起於華南，明末清初為全盛

注重畫面風格甚於技法的繪畫，代表性的作家是池大雅與與謝蕪村。寫生畫則自中國的沈南蘋於江戶中期赴日傳授後盛行，代表性的作家是圓山應舉，他吸收中國寫生畫的長處，同時採取西畫遠近法的技法，創造了具有立體感的新畫風，稱為圓山派。

此外，因基督教之禁而中斷一時的西畫，隨著享保改革解禁西書而興盛，於是繪畫理論範圍遂得以兼採西畫的畫法。

二、國學的發達

「國學」源自江戶時代初期日本古籍自由研究的學風。日本古典的研究，專門以闡明古典的本來面目為宗旨，已少佛教與儒學的影響，開拓了日本語學，奠定了後來「國學」的基礎。其後又有人研究古語古典，確立近代實證的文獻學，提倡在儒學之外日本「古道」的復古運動。

國學的起源始自真言宗僧契沖等「歌學」的革新運動，脫離了中世的因襲，專從實證的立場考究。而將此領域擴大到「古道」，否定與儒學調和折衷的儒家神道，求其純化的是荷田春滿。荷田春滿力主古道之復興，排斥外來思想。

18世紀後半的田沼時代，幕藩體制已開始動搖，幕府政治陷於散漫鬆弛，學者與浪人等知識分子興起了新的學問與思想。在此背景之下，透過古典的研究，以探究日本固有之道的國學，在思想上學問上，達到大成之域。最具貢獻的是賀茂真淵及其門人本居宣長。

賀茂真淵則專研《萬葉集》等古代歌謠，主張回歸接受外來思想影響之前古代人的生活與思想，指斥儒學污染了古代的真心，而樹立了淳樸的國學獨自的歷史觀。及至18世紀後半葉，由於幕藩體制的動搖，知識分子普遍萌生危機意識，遂又產生新思想與新學術。

時期。其畫法是以柔和的筆致與溫和的色彩，描繪出人所見的世界形像。代表性的作家有池大雅、與謝蕪村等。

元祿時代所奠定的國學，至此遂告完成。

本居宣長縝密的實證研究《古事記》，撰寫《古事記傳》，闡述人類生活的基礎乃是自然感情「真心」，如未喪失真心，即能符合神的意志而生活，主張捨棄中國的國風與醉心中國文化的「漢意」，回歸日本的固有精神。本居批判文學的勸善懲惡主義，肯定至情主義，提倡自然主義感性說，並經由《古事記》等古典研究，將「古道」理論擴大到復古的神道體系。但這種復古主義帶有宗教色彩，在本居宣長時已變成一種非理性的神秘主義，因而阻礙了合理主義的發展。

儒學一直未能擺脫古來的教理，而國學則是新的學問，因此能實行自由的研究，批判精神亦強。

受本居宣長影響的平田篤胤開創了尊崇日本固有純粹信仰的復古神道，強烈排斥儒學與佛教。強調其師承本居宣長非理性實踐主義，賦予日本學神秘的政治實踐性。其後，國學加強日本中心的復古主義，給與幕末時期排外攘夷思想強烈的影響。平田篤胤所強調的日本優越性論調與皇室崇拜，充分顯示其偏狹的國粹主義傾向。這種日本學在明治維新前後，普獲日本全國農村的神官、村吏與地主的支持，使其對政治的關心導向尊王攘夷論，而成為後來攘夷運動的思想根源之一。

三、西學的興隆與新思想的萌芽

(一)西學興隆的背景

朱子學的「格物窮理」說，含有科學精神，在江戶時代，引起不少探究自然科學的興趣。但「格物窮理」之學畢竟無法與西洋近代自然科學的研究相比擬。

西學肇始於與長崎的商館交涉之後，初稱南蠻之學，透過荷蘭

學習西洋的科學技術，因此稱之為蘭學或洋學。18世紀初年，新井白石著《西洋紀聞》、《采覽異言》，成為日本西學的濫觴。

西學以自然科學為主要內容，但它同時含有新思想與世界觀的萌芽。處於鎖國之下，吸收、研究西洋的學術、知識極為困難，但以倡說世界地理、物產、民俗的新井白石等人為先鋒，在第八代將軍德川吉宗時代，為了「殖產興業」而放寬漢譯西書的輸入後，蘭學乃日益發達。其中醫學作為實用之學而很早即被引進。

18世紀以降，由於幕府封建體制的動搖，以及商品經濟的發展，產生促進自然科學勃興的風潮。當時的自然科學，以農學、本草學、天文學、地理學與「古醫方」為主，均與自然經濟的農業社會有密切的關係。

將軍德川吉宗獎勵實學（儒教「實踐道德之學」），隨著古學的勃興，變成利用厚生的知識和技術之學，受南宋永嘉學派功利主義的影響，注重對現實的有利、有效性，而緩和了西學的禁令，且促使西洋科學技術和知識的傳入。

當時的蘭學不僅應付封建階級的需要，且向民間展開啟蒙運動。西學的勃興，不但承受了西洋自然科學技術的思想，同時對於形而上學表示關心，引起對西歐的重視，而否定中華思想的存在，實有鼓吹弱小民族脫離中華而獨立自主的近代意識，無異表示日本人在西學勃興時期的民族自覺。其後更發展為國際性的人權平等思想，否定中華思想的夷狄觀念及儒教的封建身分制度。

初期的西學不只是對西學及技術的承受與發展，且加深其與民間的關係，成為近代思想的萌芽。但到了寬政年間（1789～1800年），因幕府加強思想統制，西學遭受挫折。

在寬政改革時期，幕府曾頒布「寬政異學禁令」，禁止朱子學以外的教學，並取締「社團」的活動，重新宣布朱子學為正統的封建教學，以圖挽回幕府教學政策的尊嚴，藉以安定人心。但不能否定

西學的實用性，更不能抹殺其已變成日本科學發展的一個現實趨向。

㈡西學的發展

　　由於受到鎖國的侷限，大多數人的對外觀察全被遮斷，但仍無法壓抑少數對西洋文化熱烈憧憬而學習的意願，而不斷有致力學習西洋文化的努力。這種學問稱之為蘭學或洋學。

　　其實蘭學的原動力乃是隨著國內經濟進展而來的經驗科學的發達。到了田沼時代（1770年代），更由於幕府與各藩的殖產興業政策，而促成蘭學的興盛，但只限定於對統治者加強封建制度有益的技術之研究，至於思想以及社會體制的研究，則仍受嚴密的限制。因此，以自然科學與應用技術，如醫學、地理學、軍事學等較為發達。

　　西學發達以後，為學術界擴大了自然科學的領域，並帶來技術的長足進步與合理的實證的思考方法，同時亦加深了日本人對世界的發展與海外情勢的認識，促使海防論、開國論的興起，有助於兵學、砲術、航海術、造船術的研究與發達。結果，成為封建制度瓦解的思想要素，奠定了明治維新以後科學發達的基礎。

　　幕府處罰林子平，統制西學，但在1811年，設置蘭書譯局，聘請洋學者大槻玄澤等為「蕃書和解御用」（譯官），翻譯蘭書。結果，西學失去其勃興時期的批判性格，而逐漸隸屬於權力。

　　19世紀初，由伊能忠敬作成沿岸實測與日本全圖，並設置「蠻書和解御用」（其後的蕃書調所（即翻譯局））的局（部），從事西書的翻譯。緒方洪庵則在大阪開設適塾，培養多數的人才，為其後吸收西洋文化奠定了基礎。德國的外科醫生席波特(P. V. von Siebolt)在長崎設立診療所，並設置鳴瀧塾，教導西洋醫學。

　　西學研究的擴大，促進了醫學、天文學、植物學、語學的研究，更及於一般的自然科學。但不久發生席波特洩密事件 ❷，旋又有「蠻

❷　1828年，席氏於歸國之際，被發現其行李中藏有禁止物品的日本地圖，

社之獄」，壓制西學者渡邊崋山與高野長英等 ㉖ 。此一事件為封建勢力與西學者之間的首次衝突，給日後西學者極大的限制。

西學的發達給與當時對外封閉的社會大眾帶來西洋文明與世界情勢的智識，開啟批判封建思想與鎖國政策之思緒，而掀起其開國思想的肇因。佐久間象三亦附和開放之說，卻為攘夷派所殺。

(三)科學的發達

1.醫學與本草學

1754年，已有山脇東洋不以漢方醫學為滿足，而取得幕府的許可，從事人體解剖。至於透過蘭學，促進醫學研究劃時代的進展者，應推蘭醫杉田玄白等所譯《解體新書》的出版（1774年）㉗。此書翻譯的完成促使蘭學的一大進步，使人們重新認識西洋醫學的優異。

杉田玄白的門弟大槻玄澤，著《蘭學階梯》，並在江戶開設蘭學塾芝蘭堂，培養百名蘭學者。

本草學方面，闡明中國本草書所記載的動植物之名稱與日本出產品的對照，致力於栽培過去一向從中韓進口的藥材，以謀自給自足，其成果集大成於小野蘭山的《本草綱目啟蒙》。尤其高麗參的栽培，曾在日光藥園試植，至18世紀中葉已大致成功。

2.天文與曆學

幕府於18世紀中葉，設置天文臺（曆局），從事天文、測量。天文、曆學有安井算哲，糾正了當時常用的曆法誤差，首創日本的曆法（貞享曆）。

長崎荷蘭通事之間，有利用其語學知識，試譯西洋的天文學圖

___

而受到驅逐出境的處分，幕府天文課的高橋景保等有關人士亦連帶受懲罰。席氏於歸國後，著*Nippon*一書，成為日本研究的泰斗。

㉖ 渡邊崋山與高野長英等組織尚齒會，從事西學研究，力主開放門戶，批判鎖國政策之非，於1839年被捕入獄，史稱蠻社之獄。

㉗ 此書是杉田玄白與中川淳庵等人譯自荷蘭語（原文為德文）。

書，介紹哥白尼的地動說到日本，牛頓的力學亦東傳日本。這種先進的天文學之引進，給與山片蟠桃等知識分子的世界觀相當大的影響。

關孝和發明筆算式代數，並開拓了獨特的微積分學，但後來這些理論除了應用在體積的計算等之外，未能像歐洲般，作為自然科學或應用技術的技術而發展，卻被當作「關氏和算」之術而流於數學遊戲，但其對曆學方面的應用則頗有貢獻。其後，經由漢籍《曆算全書》、《天書或問》等傳播西洋天文學的知識，卻仍未能脫離天動說的窠臼。

　3.其他科學

田沼時代木草學者平賀源內，以西洋科學之傳授為背景，從事摩擦發電器之試驗，秩父金山的開發等，多方面發揮其奇才。及至天保時期，大阪的橋本宗吉，試作電氣的實驗，並出版了物理、化學的書。

㈣革新的社會思想

　1.反封建、開國思想

奧州八戶的醫生安藤昌益，在《自然真營道‧統道真傳》中，否定一切階級關係與剝削，主張人類生而平等，以萬人從事農耕的自然視為國家的理想，全面批判封建體制。其思想是透過在東北悲慘的封建制度的矛盾所產生，實為日本獨自的社會思想。但這種過於超時代的革新思想，卻只是孤立的「打高空」的存在，而沒有後續發展。與安藤昌益的農本主義思想不同的是，倡導積極的商業富國政策的海保青陵。他批判當局的重農抑商政策，提倡重商主義，振興商業，吸收利益，採用專賣政策。

隨著對西洋文化之理解與認識的加深，遂產生了與世界交際有利日本的想法。其立場則已超越了幕府或藩的範疇，而是基於日本

整個國家利益為前提。於是萌發了就鎖國政策的批判，主張向世界開放的新思想。林子平著《海國兵談》，力主海洋國日本的海岸防備與創設海軍之必要，而發現西洋列強之強大實繫於其國民統一，實屬卓見，顯示初期開國思想之水準。

此外，著有《經世秘策》、《西域物語》的本多利明，則主張積極促進對外貿易，加強國防。佐藤信淵著有《宇內混同秘策》等書，力主推動社會改革，排除身分制度，興辦國營事業，鞏固國內體制。幾近空想的政治論，卻構想積極向東南亞擴張的對外膨脹企圖。這些思想雖不能評價為近代思想，但其共同點乃在對鎖國政策之批判以及主張建立強大的軍事力、經濟力的統一國家。由此可看出與明治維新以後日本政府所標榜的「富國強兵」政策同樣的思考模式。

另一方面，由於西學的發達，逐漸瞭解世界的情勢與西洋列強文明的進步，對於原來被鎖國制度封閉的儒學本位思想加以批判，而倡導開國論者，當亦出現期望日趨腐敗的幕藩體制之革新。

18世紀80年代開始，外國船隻出沒於日本近海，對外的危機意識便出現於有識人士之間，因此除經濟政策論之外，亦倡導加強軍事，喚起國家意識，以度過整個國家危機的新政策論。林子平的《海國兵談》等可說是此類著作的前驅。18世紀末，幕府傾向於功利主義的財政政策，導致綱紀的紊亂，致使幕府的權威喪失，於是部分人士乃將政治上的希望寄託於一個毫無權勢的朝廷。

他們雖具有指向中央集權國家體制之實現，而有超越封建體制的範疇，但在意識上並非否定幕府的政治，毋寧只是強調推進絕對主義，作為幕藩體制的延命之策而已。由此可見其與安藤昌益的思想在本質上不同，而與不久之後展開的尊王攘夷思想亦無關連。

2.尊王論

對於面臨西力衝擊的危機而動搖的幕府政治，從正面與之挑戰對決的，既非上述進步的經世論，亦非來自蘭學的新思想，而是復

古的國學與根源於朱子學之中復古神道的尊王攘夷思想。

皇室雖在幕府的監視與控制之下，既無武力，又乏經濟力，只憑藉傳統的權威，其在國民的內心，卻有一股強烈的思慕皇室的尊皇情感。點燃此一情感的是神道與日本學的初期尊王思想。如垂加神道之尊皇斥霸，以及日本學的產生與古道的鼓吹。而大義名分論則受明末東渡的華人朱舜水的影響，此一名分論遂給明治維新前夕的尊王運動很大的作用。

18世紀中葉，仕於公家的竹內式部，讚美王朝政治，力主尊王論，但被流放。山縣大式亦讚美律令制的王朝政治，主張打倒幕府。這種尊王論，到平田篤胤時，發展為以日本中心的世界觀為基石的復古神道，並進一步發展為強調天皇權威的水戶學❷。

與西學的發展大約同時，受儒學影響的學派，有大阪懷德堂的山片蟠桃與富永仲基等所展開的獨自思想。他們均出身於大阪的商人，雖受朱子學之薰陶，卻沒有儒學的包袱，而建立特異的學風。山片蟠桃同時亦受到西學的影響，堅持合理主義思想，在其所著《夢之代》，作敏銳的自然、經濟、社會制度、歷史、宗教等的評論，尤其是基於合理主義的無神論與地動說之祖述、對《記紀》《古事記》與《日本書紀》之批判有卓越的見解。富永仲基進行的是獨自的考證學研究，他批判儒教、佛教，主張神道為日本古來之道。

(五)教育

幕府獎勵以儒學作為武士的教育，在寬政改革期間，設置官立昌平學問所，名實俱居於官學的本宗地位。此外尚有和學講談所、醫學館等。西學的研究所有開成所之創設。藩校亦陸續設立，愈到幕末愈為增加（約有二百七十校）。

---

❷　為因應幕末不安穩的情況，由水戶藩的學者所倡導，以幕府為中心，重建加強國家體制的新思想，稱之為水戶學。

　　18世紀以降，多數的藩為了教育藩士的子弟而設立藩校。藩校起初以朱子學為主，講授儒學，或以武術、習字為主要科目，其後加上西學與國學，施行隨著年齡與學力的學級制。離開城下町的地方，亦受藩的援助而創設了教育藩士與民眾的鄉學㉔。

　　民間方面，由武士、學者、町人等開設私塾，講授儒學、國學、西學等。其中大阪的懷德堂則是大阪町人出資所設立，接受幕府保護的教育機關。

　　其後隨著一般民眾的社會勢力擴增結果，開始有為民眾而設的教育設施，這就是寺小屋（teragoya，私塾）。為數眾多的寺子屋為村莊官吏、神職人員、僧侶與富裕的町人等所經營，施行讀、寫、算盤等日常生活有用的簡易教育，以及平易的道德教育。讀、寫的教科書則是《庭訓往來》、《生意往來》，亦有教導寫信以及道德或幕府法令者。其後加上書畫與茶道等。私塾不僅在大都市，地方小都市與農村亦多設置，對於地方文化的推動頗著功效。寺子屋原來是起自民間自發的初等教育機關，其後受到領主的獎勵而劇增，據明治初期的調查，在學制頒布以前，日本全國超過一萬五千所。

　　庶民的初等教育機關寺子屋同時出版教說女性心得的書物，女子教育亦在進行。18世紀初，京都的石田梅岩等，創始心學，簡易的說明儒教道德加上佛教與神道的生活倫理。

　　幕府獎勵實學成為西學發展的契機，過去一直為長崎通譯所獨占的所謂西流・楢林流等狹窄範圍的蘭學（西學）研究，轉而為廣泛階層所承繼。當然，幕府只是把握西學的技術層面，以資統制機構的加強，於是設置天文臺，任命桂川家為幕府的官醫，使其以醫學為中心，從事西學研究。這種西學研究基礎之擴大，促進了醫學、天文學、植物學、語學的研究，並推廣到自然科學。

㉔　鄉學屬於高等的民眾教育機關。分成以藩校的分校，教育藩士子弟的機關，以及半官半民的庶民教育機關兩種，經費則是民間自籌。

第四章 江戶幕府的滅亡

第一節 幕府政策的轉變

一、幕藩體制的改革

(一)大御所時代與大鹽之亂

　　老中松平定信辭職後，第十一代將軍德川家齊親政（1793年，寬政5年）。至1836（天保7）年，讓位於其子德川家慶，仍居江戶城，掌握實權，稱「大御所」，其間約五十年（1793～1841年），稱文化、文政時期，或大御所時代。德川家齊的治世，解除了寬政改革的緊張情緒，但江戶的生活充滿豪奢 ❶，賄賂風行，世風日下，政風一蹶不振，財政尤為拮据。

　　德川家齊的治世，解除了寬政改革的緊張情緒，但無積極的政策，與進展中的社會疏離。文化時期（1804～1817年），在老中松平信明執政下尚稱安定，但後半時期（水野忠成繼任後），則賄賂風行，世風日下，政風更是一蹶不振，財政尤為拮据。為了彌補財政的惡

❶　以德川家齊將軍生活之奢華，顯現此一時代政風之敗壞。據說德川家齊之妾多達四十人，兒女五十五名。大奧（將軍邸）的女侍多達六百餘名。

化，屢次改鑄劣質的貨幣。

　　此一時代鬆弛的政治，助長了享樂的、營利的風潮。為此促使商人的經濟活動轉趨活潑，促進了庶民文化的開花。在文化上有江戶為中心的町人文化的展開，展現了江戶文化的純熟。但由於海防經費驟增，幕府的財政開始露出破綻，只能依靠貨幣改鑄而得以暫時挹注而已。

　　由於商品經濟的發展，消費性支出增加，遂使仰賴固定「年貢」（地租）收入的武士生活窘困，下級武士已到窮困潦倒的地步。但最嚴重的則是天災頻仍，連年饑荒。大饑饉引起社會的混亂，全國各地農民暴動層出不窮。

　　天保年間（1830～1843年），連年歉收，終於發生大饑饉（天保饑饉）。無論農村或都市，到處充滿著困窮的人，百姓一揆（暴動），搗毀事件頻發，但幕府與各藩卻束手無策。1836年的饑饉尤其嚴重，在大阪亦相繼出現餓死者。町奉行（市長）不採取救濟之策，富商卻囤積居奇，獲得暴利，幕府不得不命令京都、大阪地區的米轉運到江戶。此時不忍坐視民眾苦難，曾任大阪町奉行所捕吏的陽明學者大鹽平八郎（1792～1837年），於1837（天保8）年，率領其門弟與民眾，襲擊富商巨賈，搶奪倉庫，以圖救濟貧民（大鹽平八郎之亂），足見當時社會之不安。此亂雖僅一日即被鎮壓，卻使江戶幕府的威信盡失。

　　大鹽之亂顯示幕藩體制已瀕臨危機，亂事本身雖無太大效應，但在大阪這一重要都市，且由幕府官員的武士主導，公然以武力反抗的亂事，給幕府與各藩很大的衝擊，也給處於危機四伏的農村很大的影響。以之為契機，發生了國學（日本學）者生田萬（1801～1837年，自稱為大鹽之門弟）以及越後柏崎的騷動等地方性一連串百姓一揆的波瀾。

㈡天保改革

促使幕府實施天保改革的直接契機繫於大鹽平八郎等的暴動，而基本上是當時封建支配普遍性的動搖與危機。這不僅產生幕府的天保改革，且及於各藩的改革。最顯著的藩政改革，有水戶、長州、薩摩諸藩的天保改革。

幕府為肆應財政困難與內外緊迫的情勢，於1841（天保12）年，第十二代將軍德川家慶，依水戶藩主德川齊昭之議，以老中水野忠邦為中心，推動獨裁專制的政治改革，以圖加強幕府的權力。

基於危機意識，水野忠邦採取急進的方法從事改革。他仿效享保、寬政改革的形式，出自固守傳統封建政治的根本思想，因此，不論其為新法、舊法，在形式上，一概以繼承祖先遺制為原則。改革的骨幹是獎勵文武，刷新風俗，提倡節儉，清理旗本的債務，壓抑商業資本，以及離村農民的強制歸農等措施。

改革的最大的目的乃在農村對策，即防止農村的動搖，因此首先發出節儉令，禁止奢侈品與華美的衣服❷，嚴厲取締社會的敗壞風俗。接著發出「歸建令」，禁止農民出外做活，強制流入江戶的貧民歸鄉，防止都市遊民增加，以重建因天保大饑饉而荒廢的農村。最重要的措施則是解散「株仲間」（同業行會）❸，以確保營業的自由競爭。由於株仲間利用其特權，控制物資的供需與物價，使武士與庶民的生活受到壓迫，幕府的統制力亦難壓制其暴利式的經營，加上同業行會以外的在地商人已隨著地方產業之發達而漸趨活躍，

---

❷ 節儉令雖屬道德風俗匡正政策，同時也是為了抑制消費欲望，以平抑物價。

❸ 將物價上漲的原因歸之於同業行會獨占商品的流通，未能實行自由競爭。同業行會原來是商業、手工業同業間的組合（工會），具有幕府商業、手工業統制組織的功能，但因其享有特權，往往利用特權，左右物資的供需，操縱物價，使武士與庶民的生活受到壓迫。

農民亦自行販賣其副業的生產品。在地商人的活動與農民之追求商業利潤，顯示江戶時代後期貨幣經濟的發展。這些新興商人階層與農民的利益自與同業行會的排他性獨占組織不相容，雙方因而屢起紛爭。為此，水野忠邦認定物價的暴騰乃起因於同業行會的獨占，乃斷然加以解散。

　　水野忠邦企圖排除已滲透到幕藩體制內部的高利貸特權商人勢力。同業行會的解散乃是呼應打破這種特權機構的在鄉商人階層的抬頭，同時亦可視為對特權商人壓制的第一步。但此舉在沒有任何準備之下急遽的實行，立刻引起物資供需的失調與商品流通的混亂。

　　1863（文政3）年，發生攝河泉上千的村莊聯合興起「國訴」，對抗大阪三所「問屋」（tonya，批發商）獨占木棉，而獲得勝訴的事。其後仍有類似的運動，終於打破了同業行會的壟斷。

　　幕府又為了救濟苦於財政的旗本與御家人，頒布「棄捐令」❹，同時實施物價的控制，並利用江戶富商的資本，以圖調節米價與物價。幕府強制性實施降低所有商品價格，禁止各藩經營的專賣制，但課賦大阪、堺、兵庫等地商人的公務稅（御用金），不啻是強制性的公債。同時為了重建文化、文政時代紊亂的貨幣制度，以彌補赤字財政，卻導致發行劣質的貨幣，這與降低物價為目標的政策背道而馳。在生活與風俗的嚴厲統制與經濟的不景氣下，人們的不滿日益昇高。

　　類此改革相當嚴苛而徹底，可說是挽救幕府權威的稀有機會，但因1843年發布「上地令」❺，意圖使江戶與大阪周圍的土地歸幕府直轄，以防範農民暴動於未然，並確保年貢米的運輸，應可說是

❹　1789年頒定，即將六年以前的借款一筆勾消，五年以內的借款，則降低利息。

❺　「上地令」（agechi）旨在整理統合幕府的直轄領。這是將江戶以及大阪十里四方各大名的領地，劃歸幕府，而以其他土地作為交換的措施。

劃時代的創舉。但此舉對大名與旗本在財政上將處於不利的地位，無異是足以制於死命的重大改變，連「御三家」（德川直系親屬）之一的紀伊德川家亦表強烈的不滿，終於迫使將軍撤回成命。水野忠邦遂亦引退（1843年）。天保改革僅三年半即半途而廢。

由此可見幕府雖已注意到幕藩體制根本的領邑問題，卻無法解決，這對於幕府政治可說是致命傷。改革的失敗顯示幕府權力的衰退。

此時中產階級雖逐漸成形，但在政治上仍甚微弱，在幕府內部的動向，亦未出現改革派的新興勢力。因此，天保改革的本質，與寬政改革同樣，屬於保守的改革。

此外，在外交軍事方面，幕府亦作了改變。1842年，廢除「異國船燒毀令」，以緩和與歐美列強之間的摩擦。至於軍制改革，則不僅限於提振士氣，尚武的復古的軍事振興，而具有充實軍備，以禦外敵的企圖。即曾計劃舉行西式軍事演習，並集訓新式的砲術。但這種採用新兵制的方向，卻又恐蘭學之興隆，產生對幕府軍事力的政治批判，而無法順暢的進行。

天保改革的失敗，使幕府獨裁政權的維持日益困難，促使社會的動搖益為劇烈。其後雖有幕政改革，但只不過是統治機構內部的彌縫策，而無法大規模的實施。因此，天保改革乃是維護幕府獨裁制的最後一次大改革，而其失敗實為導致其崩潰的主因。因此有天保改革乃是明治維新起點之說。

1851（嘉永4）年幕府發出「株仲間再興令」，恢復「株仲間」，但其目的不在課徵營業稅，而是規範地方商人階層的活動，使之從屬於幕府流通政策之下。此時僅以一般性的商業壓抑，已不足以發揮功能，因此希望置於幕府的統制之下。但透過大阪、江戶，以控制全國流通的意圖，卻不能統制諸藩的專賣制，尤其西南諸藩均置於幕府流通制之外，實為致命的弱點。

幕府權力之不張，實已到無法隱匿的地步。此一事態於1853（嘉永6）年發展到美使培里(Mathew C. Perry)開國要求之際，須向諸大名諮詢的地步。而日益增大的海防經費，使幕府的財政發生破綻，至天保時期數次的貨幣改鑄，亦只能彌縫一時而已。

(三)雄藩的興起與藩政改革

江戶幕府成立後一個世紀，諸藩的地位大體已告安定，藩制亦已確立。但18世紀以後，由於農村結構發生根本的變化，商業資本的成長，幕藩體制發生動搖。各藩在經濟體制上出現財政危機，勢須改革藩政。

藩政改革是享保時代以降，與幕藩體制的歷史共通的改革機運的一部分，且受幕府享保、寬政、天保改革的影響，但以各藩各自的立場實行。改革的內容與成敗各異，但共通的是著重財政之重建，士風之刷新，文教之振興，行政組織之強化等，以加強藩的權力，同時進行農民的統制，領邑內產業的振興，肆應貨幣經濟的膨脹以及農村社會的變化。

諸藩的政治因各藩成立的情形以及各藩領邑的經濟情況而有所不同，但受貨幣經濟的膨脹所引起的財政困難與藩士生活之困窘，或飢荒、農民起義的打擊，農村土地制度的變化，地主勢力的發展等影響，使藩的統治組織發生動搖，且引起權力的腐化，則是各藩共同的遭遇。尤其財政困難乃是最嚴重的政治問題。即使是仙台、薩摩等大藩，亦自初期即為財政困難所苦，大部分的藩則自17世紀中葉至18世紀初起，出現收支不平衡的狀況，其後更是日益惡化，而達到無可收拾的地步。

解決財政困難最積極的對策是，新田開發、勸農、國產品的獎勵、專賣制的實施，「藩札」（藩內通行的貨幣）的發行等。這些政策亦有賴民間富豪的經濟力始能實行，因此每每引起貨幣資本的活

動，在藩的權力穩固的地方頗著成效，但較弱的藩則反而招致與富豪勾結的腐化官僚，使藩的威信大喪。專賣與「藩札」的發行，目的在於不將商業利潤僅委諸於商人，而是收回領主之手，因此，中期以後肆應貨幣經濟以加強藩權力之策，實為一項值得注目的政策。但在領邑內的產業與商人勢力的統制、物資的供需及貨幣流通的調節，與批發資本的提攜等必要的條件未能齊備時，反而引起領邑內生產者的不滿、物價騰貴，與藩當局勾結的特權商人與在地商人之間的爭執，導致領邑經濟的混亂。

與幕府的改革同時進行的是長州、薩摩與肥前等各藩。這些藩雖屬大藩，但其財政相當困窘，每為龐大的借款所困擾。充斥於藩內的種種不滿，時而爆發農民暴動，時而釀成家臣之間嚴重的對立。

各藩為挽救財政困難起初均採取減少其對家臣的采邑、俸祿或發行「藩札」的措施，旋即著重殖產興業與專賣制度的實施。但初期的專賣制度，卻具有強制性貢租性格，而招致農民的抵抗，甚至引起百姓的暴動。

1.長州藩

在明治新政府居於核心地位的長州藩，率先從事改革。1840年長州藩的負債達八萬五千貫❻之多。其通常收入只不過年額三千七百貫餘，即使將一年的收入全部充當還債，不計利息，亦須時二十三年始能償還，可見其財政破綻之嚴重。加之，大部分藩士的窮困極為嚴重，多數是住在自己的領邑，處於自給自足的狀態，勉強維持家計。但沒有領邑的下級武士的困窮則已到無可挽救的地步。

這種極端不健全的財政，充分顯露藩內外商業高利貸資本掌握財政中樞的事態，財政乃日益惡化。藩政與商業資本的腐敗結合，對執政者卑屈態度的不滿，於1830年爆發為反對專賣制度的大規模

---

❻　貨幣單位，等於一千文。

「一揆」，從正面接受此「一揆」民眾的要求，促成財政重建而登場的是村田清風為中心的下層武士改革派。他們居於封建家臣團的基層，受到藩財政惡化的嚴重影響，提倡改革的需求是解決切身的民生問題。對於除了命令節儉之外無其他方法的執政者之無能加以糾彈，甚至高唱處刑論。這些下層的武士，才是改革的強力推動者。

村田清風的改革，範圍甚廣，及於內政、教育、財政與兵制。在內政方面，修改徵稅法，改革司法制度，廢止擁有多數田地的淫祠，財政方面，整理撫育局的財政，節減經費，設置社倉。教育方面，則是獎勵明倫館的文武之學，設置醫學館。軍事方面，則加強軍事力，舉行大規模的軍事演習❼。

其中以負債的整理為優先。先是處理藩士對藩的借貸，藩士對商人的負債，亦由藩代負，視同藩的債務，分三十七年償還。對特權商人的這種強制措施，當非與這些人保持密切關連的執政者所能做到的。

更重要的是，採取在藩外的經營金融、倉儲業等積極的經濟政策，開闢財源，可說是藩為單位的富國強兵之策，終使長州成為西南雄藩之一。

2.薩摩藩

薩摩藩的改革，似與長州藩有共通之處。天保初期的薩摩藩負債總額達五百萬兩之巨，約為經常收入三十年分。

由下級武士被起用的調所廣鄉（1776～1848年），得藩主島津齊興（1791～1859年）的信任，出而從事改革。先是以片面的通告，分二百五十年無息攤還所有負債，以近乎一筆勾消的手段解決一切債務，以除後顧之憂。對琉球積極作殖民地經營，並開發香煙、海產等產品，以圖充實財政，甚至攫奪奄美三島（大島、德之島、喜

---

❼　參加人員三萬五千人，馬四二千頭。

界島）的特產（統購砂糖，運往大阪，以圖巨利），並將硫磺、明礬
等加以改良，列入專賣制度。以其所得，創立藩營的紡織、兵器、
化工等工業。

軍事方面，則是建造反射爐，製造大砲，引進西式軍事工業。
在幕末發揮舉足輕重影響力的薩摩藩，其經濟實力乃是得自這種對
琉球巧取豪奪的「天保改革」的成功。

圖19 大砲製造所（佐賀藩）

3.水戶藩

在政治、地理條件上與薩、長二藩迥異的水戶藩，亦推動相當
規模的藩政改革。水戶藩是御三家之一，位居關東北部，為尊王攘
夷論之起源地。水戶藩的改革是在藩主德川齊昭主導下自天保初年
即開始進行。其改革有如幕政改革的縮影，顯現藩主齊昭的特色。
如1843（天保14）年實行的神佛分離、軍制改革、海岸防備之充實
等為最著。前者是基於水戶名分論的思想統制，有沒收寺院免租地
使僧侶還俗歸農，增徵貢租的企圖。後者是為了海防而使藩士徵集
海岸住民的賦役，以防備歐美列強的入侵，同時努力鑄造大砲等，

加強軍備，均較之其他各藩積極進行，但整體而言，具有農民統制的強烈色彩。

4.佐賀藩與土佐藩

佐賀藩在商業方面，促使領邑內的「有田燒」等磁器作為專賣，在農業方面，實施均田制度，沒收大商人、大地主的土地，撥給農民，以確保自耕農的身分，重建本百姓（自耕農）體制。

土佐藩則採取緊縮財政與壓抑商人活動政策，並致力維持、確保自耕農，使之不致成為佃農或僱農。

總之，薩摩、長州、土佐、肥前等西南雄藩，均使中低階武士參與藩政的中樞，一方加深其與江戶、京都、大阪三都商人及領內地主、商人的紐帶，一方加強藩的權力。這是幕末時期西南雄藩所以壯大的基礎。

天保改革以及諸藩改革的主要背景，乃是商品生產及其流通面所顯示中產階級的發展，所謂改革，乃是中產階級發展所面臨封建制的危機與執政者的對策而已。因此，改革的主要目標乃在財政的健全化，而其成敗關鍵實繫於封建家臣團所擔任改革事業的角色，顯然屬於政治上的問題。這同時又是究竟以甚麼作為改革成敗的依據，亦即如何評價改革本身的基本問題。

明治維新的變革既然具有世界史意義而遂行，則改革案即使是如何的優異，如未能依循藩內新勢力的發展方向，則無法肆應開國這一國際問題。

由此看來，水野改革失敗的意義，當甚明瞭。較之其他改革的失敗更值得一提的是，在改革的過程中，沒有給予新的政治勢力在幕府權力之中的政治發言餘地，這就是幕府改革無可避免的失敗主因。

二、政治、社會思想的發達

幕藩體制的動搖與社會的變化，在思想方面產生新的方向。早在17世紀後半，在儒學者之間已有很多學說，提及如何維持封建制的方策，至18世紀，毋寧批判封建社會，而產生重新加以檢討的意見。

尤其是安藤昌益著《自然真營道》，指出萬人親自耕作而生活為自然之世的理想，否定武士從農民剝削的社會與身分階級社會，批判封建制❽。其思想雖頗富革命性，但未能廣泛流傳，對一般的影響甚微。大阪懷德堂出身的富永仲基、山片蟠桃，基於合理主義的立場，對儒教、佛教等既成的教學投以懷疑的眼光。

至19世紀，曾與都市、農民有過接觸實情的人之中，維持、改良封建制的現實經世思想轉趨活潑，論述如何打開封建社會的矛盾。海保青陵批判卑視商業的武士的偏見，展開其學說，以為藩的財政重建，非依靠工商業不可，本多利明更重視與西洋諸國交易的富國策，佐藤信淵主張產業國營化、貿易的振興與國防的加強。

儒學的尊王思想為水戶學派❾所主張，尊重天皇為王者的觀念形式因而發達❿。18世紀中葉，竹內式部在京都向公家遊說尊王論而被流放。山縣大式在江戶主張尊王論，攻擊幕府政治的腐敗而被處死刑。一般而言，尊王論並非否定幕府，而以尊重天皇維護幕府

---

❽ 安藤宣揚自然世界的理想社會，否定階級社會，標榜所有人從事農耕的自然世為國家的理想形態。

❾ 以《大日本史》編纂事業為中心而興起的學派，以朱子學為中心，綜合國學、神道，強調尊崇皇室與確立封建秩序。後期則以德川齊昭為中心，由藤田東湖等學者倡導尊王攘夷論，對明治維新有很大的影響。

❿ 朱子學的大義名分論，以為以德治人的王者，優於以力治人的霸者，即尊王斥霸的思想，如就日本的情形而論，當應尊重天皇的理論。

權威的說法居多。由復古主義的立場倡導尊王論的國學者，亦認為將軍是受天皇委任而行使政權，並不否定幕府政治。但本居宣長的門人平田篤胤倡導的復古神道，則滲透到各地的富農與神官。在幕末時期，於內外的危機感之中，亟欲宣揚尊王攘夷論的影響，加強現實政治運動的結合。

第二節　封建體制的危機

一、幕末的危機

幕末是指天保改革失敗後至幕府滅亡二十五年間的時代。其間有1853年美國使節之航抵浦賀，1858年的開國、國內的對立與混亂、倒幕運動之激化等，時勢的變化劇烈的時期。過去雖局勢一直都處於動盪不安，卻為具有長期的統治組織所維護，在沒有反對勢力情勢下存續的幕府權力，有如老朽的建築物因急流而沖垮了礎石，支柱崩潰而支離破碎，終於倒塌。

幕末的危機，歸因於內在與外在的兩項因素。內在方面是封建制度的衰退，而外在的因素則是西力東漸後受到資本主義列強的影響。易言之，受到內外在因素的激發，引起幕藩體制的分裂與幕府的衰亡。茲分述之：

1. 內在的因素

封建制度的衰運有三：一是封建制度下農村的變化，即地主制之發生，貧富之差距愈大，百姓暴動頻起；二是領主的統制力因貨幣經濟的發達而減退，蓋商業、高利貸雖寄生於領主經濟，其勢力卻日增，而破壞領主經濟與庶民的生活，領主卻無法壓制，且任豪商獨占貨幣經濟的利益，而不能加以吸收；三是社會秩序的紊亂。

武士的生活日益困窘，統治階級的品德與道義日衰，無法壓抑庶民
階級的抵抗，武士與庶民之間，有富農與富商等中間勢力（中產階
級）之發達。總之，士農工商身分制度逐漸廢弛，風俗、文化頹廢。

　　武士階級的疲弊與頹廢頗甚，幕府與諸藩家臣團的紀律亦極紊
亂，困窘的武士遂有不得不將其祖先相傳的甲冑、刀劍出售、典當，
或兼業，甚至有出售家格者❶。武士與庶民的身分差別因這種家格
的買賣而開始崩潰。武士之中，尤其以在江戶營消費生活的「直參」
之墮落最甚，淪落為放蕩無賴之身者多，被稱為「御家人崩潰」。過
去對德川氏的創業有功的三河武士精強的士風已完全喪失。至於諸
藩，亦為了打開財政困難而依其獻金之多寡准許富豪之家稱姓佩刀
等特典（一般平民所不能享受），甚至允許其武士的資格（主要的是
獻金的鄉士）。各藩的鄉士之中，「獻金鄉士」居然占有一半以上。

　　與武士階級之衰弱相對比，則是庶民階級勢力之抬頭。這是促
進封建的統制組織分解的基本趨向。地方因產業經濟之發達，其經
營形態亦除原有的批發制工廠制手工業之外，產生了企業主在自己
的工作場裡，僱用集體的勞工，以分業生產的工廠制手工業的形態。
以這些民間企業者為前鋒，產生自由的經濟活動，促使幕藩體制的
經濟基礎結構的變化，破壞特權商人與工商業行會（株仲間）的統
制組織。尤其受到開港貿易的影響而引起商業統制組織的混亂，卻
發生新商人、企業者的活動，促進了民間政治的自覺。另一方面，
自江戶中期以來日趨激烈的民變日增，其性質亦從農民百姓的暴動
轉成中農以下貧農等反抗領主，襲擊富農、富商等的暴動。

　　當時庶民階級之間貧富的差距甚大，富農、富商勢力與官吏勾
結，壓榨人民，因此，這種暴動可視為對抗幕藩體制、地主制、商
業、高利貸資本等封建末期壓迫民眾的抵抗運動。在此一社會情勢

---

❶　過繼庶民為養子，而讓給家格，接受代金，自己則隱居的方式。

下，經過都市、農村的民眾抵抗，各基層的行政組織（如代官所、奉行所等）以及「町年寄」、名主等為中心的自治制度、五人組❷等制度，已喪失了統制力。

但不論民眾的抵抗如何的激烈，卻僅止於為了生活而不得已進行的社會鬥爭的程度，沒有發展為對幕藩體制的政治鬥爭。因此，反幕藩勢力由於幕藩體制的分裂，而從武士階級內部產生。至於衝破此一難關的契機則是西洋資本主義諸國的壓力。

2.外因

在幕府採取鎖國政策，貪圖和平美夢期間，世界的情勢大變。西歐自18世紀後半開始，以英國為先鋒，有產業革命，資本主義經濟之發達，科學技術之進步，軍備的充實，先後成立近代國家組織，有極為顯著的進展。

資本主義經濟為亟需大規模工廠所必要的原料，並銷售其多量的產品，需求擴大國外的市場。當時尚未開放的東方國家，遂成為西洋資本主義發展最有希望的市場。

當時歐美已建立資本主義體制，積極向海外擴張，美國也大力展開其西部的開拓。歐美列強為了推銷產品，並取得原料，紛紛向海外落後地區尋求市場，英國等列強乃競向東洋擴展。俄、法、美等列強乃相繼開往日本，要求與日本通商。他們以強力的軍事力與政治力為後盾，倚恃海上的勢力進入未開化之地，開拓殖民地，對獨立國家則強制要求通商貿易，甚至奪取領土作為根據地，這就是列強的世界政策。在此強力的政策推動下，印度的貿易市場被英國所打開，接著全印度乃被英國所併吞。東洋的老大帝國中國，於1840

❷ 江戶幕府為了統制農民所設置的組織，即將近鄰五至七家農家為一組，創設五人組（在三代將軍家光時確立）。負有年貢的繳納，犯罪者之連坐責任等，實為統制農民最有效的手段，且在農忙時或婚喪喜事之際，亦可收守望相助之效。

年的鴉片戰爭被打敗後，屈服於英國的要求之下。

　　其次是日本處於被迫直接接受西洋各國壓力的立場。這不僅是幕藩體制最大的危機，且是決定日本國運的歷史性危機。面對此一危機，咸認以幕藩體制的孱弱，已無法與西洋的強國對抗，更無法經由通交貿易以收拾封建制度的混亂。因此，一方面產生國民統一的國家組織之加強，一方面維持已呈現動搖的幕藩體制。

　　此時，因各國之間的勢力均衡而互相牽制，造成日本維護其獨立的良好條件。譬如俄國一時占領對馬時，其他各國均加反對，尤其強大的英國艦隊逼進對馬，迫使俄國知難而退。琉球一度成為英美法等在遠東的根據地，法國企圖與琉球締結條約，置於其勢力範圍之內，卻遭受其他各國的牽制而未得逞。又當英法美荷等四國聯合艦隊攻擊下關時，列強已互相約定不要求割讓土地與特殊權益，或干涉內政等。這是因為英國有鑑於中國民眾的抵抗與內亂的負面影響，對日本採取與其要求領土或是特殊權益，毋寧助成其國家的統一，以收取貿易利益的外交政策。

　　在庫頁島、千島問題與俄國發生爭執，屢次談判領土問題時，日本面對俄國的強勢與壓迫，並未屈服，而堅持千島與國後(Kunashiri)、得撫(Urupu)兩島之間為國界，庫頁島不分界，作為兩國人雜居之地。

　　隨著科學技術之發達，生活水準之提昇，對外貿易之風氣盛行，開國後貿易發達的經濟情況，使日本不至於淪為殖民地的命運。但幕末的開國，乃是受到美國東洋艦隊威壓的結果，而締結了拱讓關稅自主權的不平等條約，迫使日本後來很長一段時間處於不利的地位。

二、西力東漸與幕府的因應

　　列強之中，首先開往日本要求開放的是俄國。俄國自18世紀進

行西伯利亞的開拓，並取得堪察加(Kamchatka Pen.)以後，即沿太平洋南下，其勢力已伸展到千島和庫頁島（樺太）。曾於1792年、1804年兩次派遣使節航抵長崎，正式要求通交貿易，為幕府所拒❸。其後俄國一度襲擊庫頁島、擇捉等地。但因遭逢法國入侵，自顧不暇，此後四十餘年，俄國不再叩關。其間，英船、美船均曾開往長崎要求通商。

在俄船來日之前，幕府已自荷蘭商館得悉俄勢南下的消息，林子平、本多利明等人，均著書疾呼北邊防衛之急❹，幕府亦察情勢危急，乃著手調查北海道❺，同時劃蝦夷地為直轄地，歸函館奉行管轄，命東北各藩負警備之責。其後與俄國之間，續有紛爭❻，但幕府仍然墨守成規，堅持鎖國政策。

1798年，幕府改北海道為直轄地，先開發東部，並探勘南千島、庫頁島。19世紀初年，停泊日本沿海各港的外國船，大多是要求糧食薪水的漂流船，幕府於1806年，頒「撫恤令」，允許給與失事船隻薪水，使其返航。但不久，英、俄軍艦相繼叩關，英國捕鯨船與商船亦出沒於日本沿海一帶，且與日人屢起糾紛。

1808年，英艦（Phaeton號）為了攻擊荷蘭船，突然進入長崎港的事件，長崎奉行引咎自殺，幕府遂於1825（文政8）年發布「異國

---

❸　1792年，俄國使節羅克斯曼(Adam K. Laksman)送漂流民到根室，攜帶期望通商交涉的國書，但幕府卻拒絕接受，命其回航長崎。1804（文化元）年，復派雷薩諾夫(Nicolai P. Rezanov)航抵長崎，要求通商，幕府以鎖國的方針拒之。

❹　林子平等，強調認識海外情勢之重要性，提倡海岸防備必要性的所謂海防論。

❺　1798年，派遣近藤重藏等探險千島，旋又命間宮林藏探險北方。

❻　1811年，登陸國後島的俄國軍艦艦長哥羅溫，被日本警備隊所捕而監禁於函館。俄國亦於翌年拘捕開拓擇捉的淡路商人高田嘉兵衛。

船燒毀令」❶，採取強硬的對外政策，同時加強國內統制。

其後，由於得悉中國在鴉片戰爭中敗於英國，乃於1842年廢除「異國船燒毀令」，同時積極建造反射爐，製造大砲，改革軍制，以充實國防。旋因攘夷論抬頭，幕府窮於應付。1844年，荷蘭國王致書日本，敦請日本開國，但缺乏國際情勢認識的幕府，卻不願遽而「開國」，仍加以拒絕。及至英、美、法各國軍艦相繼東來要求通商，幕府更是進退維谷，終於不得不打破祖法，諮詢諸侯，以決定是否「開國」的問題。

三、開國與政爭

首先打開日本門戶的，是比俄、英兩國起步較晚的美國。1846年，美國東印度艦隊司令官比特爾(James Biddle)率領二艘軍艦進入三浦半島的浦賀港要求建立國交，然為幕府所拒。

1848年，美國對墨西哥之戰爭獲勝而取得加州，旋又在加州發現金礦，掀起採金熱潮(gold-rush)，美國西部急遽開拓，遂又進一步進窺太平洋，乃開始規劃橫渡太平洋的對華貿易。同時其在北太平洋的捕鯨業日益發達，為此需要一個能提供貿易、捕鯨船隻糧食、燃料的補給港，而需要日本開國的聲浪高漲。於是乃於1853（嘉永6）年，命東印度艦隊長官培里率領四艘「黑船」進入浦賀港，攜帶致日皇國書，要求開國通商❶。幕府在大砲威嚇下只得受理國書，但僅答應至明年春天始能前往長崎再議。培里艦隊雖返航，但在沖繩（琉球）與小笠原群島設置儲煤站。

---

❶　告示對「異國」船隻一概加以燒毀之令。

❶　1850年，在美國議會通過開放日本鎖國的決議。

圖20　培里登陸橫濱

　　隨著對外關係的緊張,幕府不斷加強江戶灣及沿海要地的警備,並加緊建造砲臺, 訓練鐵砲 (洋槍) 隊。西洋情勢與西式兵制的研究轉盛。對外方針掀起了開國、鎖國兩論的廣泛議論, 這可說是一直採取獨裁制而彈壓論政的封建政治的一大變化。開國論因為西洋學術之習得, 對世界情勢的認識, 一部分經濟學者及充當外交之任的幕府官吏與有識者之間倡導開國、進取的方針, 以打開封建制度的窒礙; 反之, 昧於世界情勢, 具有獨善思想的儒教學者, 以及不喜變更既有制度的保守當局, 多持鎖國論。

　　對此難局, 幕府已喪失獨斷處理的能力。維護權力之途有二: 一是取得有力大名之協力, 起用人才, 解決外交問題; 一是加強幕府的領導階層, 堅守原有的專制獨裁, 壓抑反對意見。採擇第一途徑的是首席老中阿部正弘, 他使隱居中的前水戶藩主德川齊昭參與幕府政治, 不分外樣、譜代, 與聲望高的大名薩摩藩主島津齊彬等提攜, 同時起用川路聖謨等人才, 採取漸進的開國方策。首先在長崎設置海軍傳習所, 成立江戶講武所, 購買、建造軍艦, 建設品川

船埠與函館五稜郭防禦設施，新設「蕃書調所」（翻譯西書局），振興西學，實行新的政策，刷新幕府的政治。

為了因應美國的要求，幕府打破先例向朝廷及諸侯徵詢「開國」的意見，以求取舉國一致的對策。但老中阿部正弘的新政策，卻得不到彥根藩主井伊直弼等一部分有力譜代大名的協力，反而引起朝廷、外樣大名介入幕府政治，開啟了一般輿論批判幕府政治的端緒，成為幕政轉變的一大契機。雖然如此，「開國」與攘夷兩論對立，幕府躊躇不決。其間俄使普提亞廷(E. Putyatin)也率領四艘軍艦開入長崎，要求劃定俄、日之間的國界，開港通商，幕府極為狼狽。

1854（安政元）年春，培里依約再率軍艦七艘，進入江戶灣，要求幕府答覆。幕府被迫在橫濱簽訂「日美友好和約」 ⓳，約定開放下田、函館二口，供給淡水、糧食等，救助遇難船隻與船員，美國得以派遣領事駐下田 ⓴，且附有最惠國條款，為日本不平等條約的嚆矢。不久又與英國在大體相同的條件下締結日英友好條約。翌年（1855年），復與法國簽訂友好條約。至此，具有二百年以上傳統的「祖宗歷世之法」的鎖國體制完全崩潰，日本被迫捲進近代世界國際社會之中。

與美國交涉的老中堀田正睦，呈請簽訂條約的「敕許」，但朝廷因攘夷之風氣甚盛，難予苟同。1856（安政3）年，中國因阿羅號事件 ㉑ 的結果，與英法訂約（天津條約），首任美國駐日總領事哈里斯(Townsend Harris)乃以英法的威脅為由，脅迫幕府簽署通商條約。大老井伊直弼不得已在未得敕許的情況下，於1858（安政5）年6月，

⓳　亦稱神奈川和約，蓋以培里與日本全權在神奈川附近的橫濱村舉行會議，因而稱之。

⓴　美國依約於1856年派遣哈里斯為駐日總領事。

㉑　事件是因懸掛英旗的華船被清朝水師取締，引起與英國之間的戰端（砲轟廣州）。

與美國締訂日美修好通商條約和貿易章程。此一條約規定開放函館、新潟、神奈川、兵庫、長崎等五港以及江戶和大阪二市，並享有關稅協定與領事裁判權，通商口岸允許設置租界，不得禁止外國人的國內旅行等。日美通商條約訂定以後，英、荷、俄、法等國亦先後與日本締結通商條約，這叫「安政條約」或「五國條約」。

開港後，「敕許問題」等一連串政治問題，以及起因於開放的國內經濟的混亂，引起了朝野上下的不安，攘夷運動與反幕派相結合，加速了倒幕的趨向。幕府假藉敷衍外交，極力阻止自由貿易的進行，英國也為避免攘夷運動轉劇而阻礙貿易的進行，採取妥協態度。

但是國內的排外主義高漲，幕府自1860年起，陸續發布各種禁令，實行阻止自由貿易的政策。及至1864年，四國（英美法荷）聯合艦隊為報復長州藩砲轟外國船隻而攻擊下關，終於迫使幕府解除貿易統制而改採自由貿易政策，並於1866年，訂立「改稅約書」，作為減輕下關事件賠償額與兵庫開埠延期的代價，結果，輸入關稅一律改為從價5%的低關稅率。這一不平等條約，此後費了四十餘年的歲月始得廢止。

開國的結果，打破了三百多年來的傳統，影響極為深刻。其影響及於政治、經濟、社會三方面：

1.政治方面

放棄鎖國政策的結果，改專制為諸侯會議制，國內輿論分裂，以致幕府的威信掃地。

繼阿部正弘之後，由佐倉藩主堀田正睦任首席老中，他是對西學有理解的開國論者，因此幕府的外交方針愈走向開港通商，終於在1858年簽定日美修好通商條約。但在幕府呈請朝廷的敕許過程中，掀起了反對幕府開國方針的強硬攘夷論。其中心人物是阿部正弘死後離開幕府的德川齊昭，猛烈的批判幕府的處置。

條約的敕許問題與將軍繼嗣問題，成為政爭的焦點。第十三代

將軍家定病弱而無子嗣，為繼嗣問題而衍生推戴德川齊昭之子慶喜
的一橋派與擁護紀伊藩主德川慶福的紀州派之間尖銳的對立❷。一
橋派是以雄藩為中心，企圖藉此參預幕政的改革，以打開對外的危
機，紀州派則以親藩諸侯與將軍近臣為中心，企圖以幕府的獨裁打
破僵局。

　　幕府終於任命紀州派的中心人物井伊直弼為大老。井伊直弼雖
師事本居宣長系的國學者長野義言，有很深的國學素養，且亦精通
世界情勢，但為了加強幕府的權力，採取與阿部正弘不同的途徑，
即集權力於一身，排除反對勢力，強力推行幕府政治原有的專制獨
裁，以恢復幕府的威信。他不待朝廷的敕許，斷然簽定日美修好通
商條約，立德川慶福為第十四代將軍（改名為德川家茂），同時嚴懲
反對派的親王、公卿、大名、有司、藩士、民間志士❸，這就是「安
政大獄」。為此，引起尊攘派的公憤，終於導致櫻田門外之變❹。在
進行彈壓之間，外交政策採取與美國以外的諸國亦締結同樣的通商
條約。

　　2.經濟方面

　　依據通商條約，自1859年7月起，先開放橫濱、長崎、函館等港，
並開始對外貿易。就貿易額而言，幕府末年的貿易發展頗速，橫濱
一港即占全國貿易額六成以上。初期以輸出居多，到了後期，輸入
與年俱增，1867年已呈絕對的入超。據安政條約的內容，出口關稅
為五分，進口關稅二分，表面上對日本有利，但因經濟結構不同，

---

❷　以德川齊昭，越前藩主松平慶永、尾張藩主德川慶勝、薩摩藩主島津
　　齊彬等親藩、外樣的有力大名為中心的一橋派是擁立有聲望的慶喜。
　　紀州派則是集結在大老井伊直弼之下，與一橋派對抗。

❸　處死尊王攘夷派的吉田松陰、橋本左內等人，受株連者逾百名。

❹　水戶藩浪人為首的志士，於1860年3月，在江戶城的櫻田門外，襲殺幕
　　府的大老井伊直弼，以報復其「安政大獄」的政治迫害。

因而進口物品激增，而威脅到國內產業，且蠶絲業、茶葉、棉花、海產的出口量驟增，以致失去自給自足的均衡，因此，引起國內必需物資之不足與通貨膨脹。自由貿易的發展，使日本國內生產過程急速地捲入商品生產漩渦之中。結果在生絲方面可見養蠶和製絲生產的分工與製絲手工業的興起。與此同時，從事聚集物品和放款的鄉村貨主的活動轉趨活潑，舊有的生產過程和商品流通結構發生動搖。小規模的自給自足經濟與漫無邊際的世界經濟接觸的結果，基礎薄弱的日本經濟，其根基顯已受到震撼。

在輸出方面，因為歐美列強大量採購物資，供需失去平衡，引起國內物資的暴騰。金銀的比價差異（日本的金銀價格為一比五，而外國則是一比十五，外國商人乃持銀幣兌換日本金幣），導致黃金的大量外流，迫使幕府發行劣質的金幣，助長了一般物價的上漲。新興的商人破壞了物資配給的系統，使幕府財政更加困難。惟有增加農民的租稅，並減縮、拖延家臣的俸祿，以資應付國防建設、支付賠款、派遣使節等日增的開支。如此一來，更加重民眾的負擔。

收入固定的武士與貧窮的町人，受到的影響最大。農村方面，富農、地主、在地商人等，卻因製造輸出的生絲與茶而富裕，開港後數年間，生絲生產額之增加達二倍，其他輸出商品亦增，為提高品質而萌芽的工廠制手工業等新的生產方法亦極盛行。

但面臨此一情勢，幕府始終只是設法保護武士的生活，防止農村內部的劇烈改變，維護日漸崩潰的封建經濟之基礎。幕府試圖壓抑貿易，以阻止其影響層面。結果，不僅新的經濟發展被阻，甚至導致輸出減退，輸入超出的現象，尤其是棉織品的輸入與日俱增，國內經濟的發展被遏制，而日趨混亂。

　3.社會方面

開國的結果，尊王與攘夷論結合，尊王論巧妙地利用此一時機，鼓動反對幕府的風潮。在此情形下，遂有將封建國家體制改制為資

本主義國家體制的趨向。

　　商品流通破壞了幕藩的市場統制。雖有一小部分商人、地主獲利，一般庶民與武士階級卻日愈窮困。貿易的發展使貨幣經濟波及農村，促進農民階層的分化，百姓一揆與都市貧民的暴動盛行，社會危機更為加深。咸認其禍源在於幕府之怯弱與對外貿易，因而責難幕府，仇視外商，甚至襲擊外人，或發生暴動，破壞各種設施。攘夷倒幕運動遂如火如荼地展開。

第三節　德川幕府的滅亡

一、尊王攘夷運動

(一)尊王攘夷論

　　大老井伊直弼雖大力推動擁護幕府政策，但以安政大獄與開國為契機，導致幕藩體制的崩潰與封建制度衰退的結果。原來幕府的權力是藉由統馭親藩、譜代大名，統制外樣大名而成立的，但安政大獄之後，有力的親藩、外樣大名卻背離幕府，成為反對派而採取獨自的行動。幕府的彈壓政策，更引起各藩與民間志士的抵抗。加上開國貿易，原來為鎖國制所維護的封建經濟，卻因此而立即發生混亂。由於物價沸騰，貨幣行情的動搖，物資供需之變化等，武士與庶民的生活日趨困苦，產生人心不安與動搖。沿海的防備，以及處理新事態的政治費用膨脹，財政日益窘迫。過去長時間對幕藩體制鬱積在心裡的不滿與不信任、反抗，一時集中朝向幕府當局的內政外交方針而爆發，而其指導思想乃是尊王攘夷論。

　　天皇與朝廷，在政治上完全置於幕府的統制之下，但在幕府末

年的政局演變下，卻逐漸具有重要的意義，終於位居明治絕對主義政權的中樞地位，天皇與朝廷地位上升的主要原因是尊王攘夷運動的興起。

明治天皇制統治中心的天皇，在江戶時代並無政治權力，屬於一種傳統的、精神的、宗教的權威性存在，類似歐洲的教皇。天皇與教皇雖在政治上有很大差異，但在性格上，可說是日本型的教皇。幕府與統治階層，為了維持自己的權力，盡力設法維護天皇的存在，並加以利用，但一般人對於天皇、朝廷的存在，卻極為淡泊。

幕末時代的尊王與攘夷似乎是密切不可分，但其實是來自不同的源流。尊王思想乃是日本民族生活的傳統與歷史過程之中所蘊育的思想。自古以來，日本的民族統一、國家的成立，乃是以天皇的權威為中心而進行，其後由於沒有推翻國家的傳統、民族獨立的大變革，因此，尊王之心一直存在於國民思想之中。

江戶時代以儒學的政治思想而興起尊王斥霸論，更由於歷史研究之進步，國學的發達，國家成立之由來愈明白，乃興起復古主義，於是尊王思想遂在倫理上、歷史上擁有強固的理論根據，而廣傳於世。

1750年前後，神道家山縣大式等，以其主張尊王思想，批評幕政而被處死。1790年代（寬政時期），有高山彥九郎等民間學者倡導尊王思想。賴山陽則著《日本外史》，從歷史上引證尊王大義。在武家政治之世，尊王思潮亦廣泛流行。

尊王論大體屬於朱子學的名分論，不外是在朝廷的古代權威之下，強調封建上下關係者。這種尊王論，愈到幕末時期，愈與反幕藩體制的動向呼應，而日益彰顯。

尊王論的麥加是水戶藩，但水戶學所主張的尊王論乃是封建上下關係的強調而已。國學者亦倡導尊王論，但並非自始即含有現實變革的思想。天保時期（1830～1843年）以後，尤其平田篤胤的門

人均受到影響，而萌發變革意識，成為走向排幕、反幕的因素。

　　由於近世中央集權封建制度之建立，以及對外關係的危機意識，使日本國家主義逐漸抬頭。尊王思想源自尊王斥霸的儒家思想，自山崎闇齋的「垂加神道」以來，王道指行仁政的天皇政治，霸道指以武力為背景的幕府政治。攘夷論則以所有外國人為野蠻人，唯日本為神聖優異之國，具有強烈的排外主義，尤其以幕府末年受外力衝擊之後為更盛。尊王攘夷有讚頌日本傳統與國土的共通性，其思想體系亦然。即尊王思想源流的日本學，以及朱子學、「垂加神道」與水戶學之中，均有排外的攘夷思想。攘夷思想則是基於鎖國制度與儒教華夷思想（以本國為中華，外國為夷狄的思想）所形成的自尊獨善的世界觀的排外思想。其實，日本自古即有神國思想，但從未表現出民族的強烈排他性感情。但在幕末時代，由於受到外國強大的壓力，誘導了民族的反感，國家的危機意識，而興起了激烈的攘夷論。

　　攘夷論乃是封建武士團所主張，為一種神國思想的表現，與近代民族主義的排外主義不同。他們認為要防止歐美資本主義國家的侵略，拯救封建社會的重大危機，必須斷然實行攘夷，但幕府已無能為力，因此必須與朝廷合作，實行中央集權，使朝廷統制幕府和諸藩。就權力的法源論，征夷大將軍的職權其實也是由於天皇以名目上的最高權威任命的，因而主張天皇至上大權，成為尊王論的理論依據，於是攘夷論和尊王攘夷論合流。尊攘論者更認為要改革政治，充實國力，非統一朝廷與幕府對立的二元勢力，打破現狀不可，因此以外交問題為藉口，展開激烈的倒幕運動。至此，尊王攘夷論又一變而為尊王倒幕論或王政復古論。

　　結合這種尊王論與攘夷論的是幕末的危機意識。將之提高到思想體系的是「水戶學」，而領導此一政治運動的先驅則是水戶藩。其主張是以天皇的權威為中心，加強國家體制，排除外國的壓迫。起

初是加強幕藩體制的運動，由下級武士、浪人、民間有志者作為打破現狀的政治運動而展開。隨著這些下層勢力逐漸成為尊攘運動的主要勢力時，此一運動乃發展為針對幕藩體制高壓的抵抗運動。

開國後，與西洋的交涉日益加深，西力衝擊的情勢愈顯，攘夷遂被視為倒幕的手段，而喪失其原有的實質意義。在此一過程中，朝廷的政治地位由於要求強力的國家體制而逐漸提高，勤王倒幕遂成為尊攘運動的目標。如此一來，尊攘運動，雖亦發生對外人的誤會與殺傷事件，但由此亦可看出幕末對內憂外患的國民運動的意義。

㈡尊攘派的活動

在國內政局趨於混亂之際，攘夷論者的活動乃日趨激烈。他們對從事外國貿易者加以威嚇，甚至殺傷外人，最後竟襲擊英國公使館。雖其亦有藉此外交上的難題，迫使幕府陷於窘境，而一舉發動政變的企圖，但這種企圖之公然進行則在1863年的攘夷親征。

在櫻田門外之變以後，幕府所標榜的政策，著重於制長州藩為中心的攘夷運動之機先。朝廷已派使節赴江戶，督促幕府攘夷，而薩摩藩的實力者島津久光，則假藉使節隨行之名，潛入江戶，要求幕政改革。幕府於1862年7月，任命一橋慶喜為將軍「後見」（輔佐，監護）職，松平慶永為政事總裁，不啻表示其無法抗衡朝廷強硬態度的弱勢。旋又發生島津久光一行於江戶歸途所發生的生麥事件❷，使幕府窮於應付。

由於孝明天皇並不希望進行攘夷，幕府處於有利地位。1863年8月，在京都守護職松平容保與薩摩藩主島津久光的策動下，薩摩藩與會津藩的軍勢以迅雷不及掩耳之勢，控制了京都，決定取消攘夷親征，放逐尊王攘夷派的長州藩士與公卿三條實美等。此次政變，

___

❷　薩摩藩主島津久光於其歸途行經生麥村（神奈川）時，殺傷在場參觀的英國人事件。

使京都朝廷操縱在公武合體派之手。薩摩藩與長州藩二大勢力的關係極度惡化，但卻為幕府起死回生的主因。

　　至此，始終堅持尊王攘夷方針的，只剩草莽志士所依賴的長州藩而已。長州藩雖一度於下關砲轟外國船隻，卻受到英美法荷等四國聯合艦隊的報復而屈服❷⑥，但終於不得不在政策上作大轉變。

圖21　四國艦隊砲轟下關

　　英國艦隊對生麥事件的報復加之於薩摩，如今長州藩又因下關砲轟事件求和，已知攘夷之不可行。在過去攘夷派之中，居於指導立場的人，態度已開始轉變，毋寧想進而改採開國的方向。同時，更明白的將攘夷運動改向討幕。

　　幕府為了克服內外交迫的危機，乃啟用人材，改革幕府政治，設立新式軍事學堂與海防局等。並為集思廣益，格外任用諸藩有識之士，改變向來由幕府獨占中央政治的作風，交結雄藩。

　　安政大獄與櫻田門外之變乃是尊攘派與幕府之間最早的大衝

❷⑥　1864年，英法美荷四國聯合艦隊（十七艘艦艇）襲擊長州藩，毀壞多數的海岸砲臺，抵抗四日而敗，稱之為下關戰爭。

突。此後政治情勢起了變化，導致妥協的契機，即所謂公武合體運動 ❷ 。

㈢「公武合體」運動

尊攘運動是幕藩體制之下受到壓迫的下級武士、浪人、鄉士（鄉紳）以及其他民間有志之士等的共鳴，以武力倒幕為目標。對此，幕府與諸大名，唯恐因外國的干涉、民眾的反抗，使其權力發生動搖，對外關係轉為不利，企圖以公武合體收拾時局。

公武合體乃是將朝廷的權威與幕府的勢力合而為一，以防止權力之分裂，以迴避危機的策略。這與下層階級之破壞性行動相比，實含有上層階級維持權力的意義。

公武合體派乃以幕府為中心，聯合諸雄藩的改革派，基於安政改革的理想，推行全國性的改革，首先注重藩內的改革。其目標乃在促使朝廷和幕府的團結合作，以渡過政治危機。越前藩主松平慶永推行絕對主義的改革，成為公武合體派的典型。

大老井伊直弼死後，形成尊攘派與公武合體派的對立。繼任老中安藤信正圖謀朝廷和幕府的融和，採取公武合體政策。於1862年，以強硬的手段，促使將軍德川家定與孝明天皇之妹和宮聯姻 ❷ ，企圖利用朝旨刷新幕政。但和宮的強制性政略婚姻，招致尊攘派的反感，以致發生安藤信正在坂下門外被襲擊的事件。

在1863年8月的政變以後，尊攘派退出京都。翌年，成立公武合體派的雄藩聯合政權。但不久之後，卻因幕府和薩摩藩的對立而瓦解。蓋薩摩藩在政變中居於領導地位，而抱有領導政局的野心，因此脫離幕府而轉向倒幕派。

維新變革出力最多的是西南四雄藩薩摩、長州、土佐、肥前，

---

❷　公指朝廷，武指幕府，即促進兩者合作的運動。

❷　和宮當時已與有栖川宮熾仁親王訂婚（當時兩人均滿十五歲），可說是取消婚約下嫁給將軍。

但這些藩的步調並不一致。蓋各藩有各自不同的立場，相互之間，爾虞我詐，相互猜疑，尤其激進派掌權的長州藩，最受忌刻。其後成為倒幕主力的薩摩藩內部，卻由堅主「公武合體論」的島津久光專權，彈壓激進派，因此薩摩與長州的對立日益加劇。

二、倒幕運動

㈠長州藩的攘夷

當薩摩藩的島津久光全力推動「公武合體」，壓制激進反幕志士之際，長州藩的下級武士和浪人，卻狂熱地展開尊王攘夷運動，尤其吉田松陰門下的高杉晉作、木戶孝允等長州藩士，與三條實美、岩倉具視等公卿提攜，使朝議為之一變，於是朝廷乃決意攘夷。各地的尊攘派亦起而響應，於是朝廷內外尊攘派乃壓倒了公武合體論，而蔚為一股強烈的勢力。終於逼迫幕府實施攘夷運動。幕府不得不定1863年5月10日為發動攘夷日期。長州藩乃率先砲轟航行下關海峽的美、法、荷等國船隻的事件。

薩摩藩亦在鹿兒島灣對英國軍艦作戰，雙方損失均重。眼見外國的船堅砲利，知一味攘夷之非計，乃紛向英國購買武器，並設立工廠，製造武器，以謀富國強兵之策。藩士西鄉隆盛、大久保利通等倒幕派，已逐漸得勢而掌握了實權，於是多年來主張「公武合體」的薩摩藩與主張尊王攘夷的長州藩遂日益接近。長州藩在此困境中，深知攘夷之不可能，只可作為倒幕的手段，高杉晉作、伊藤博文等倒幕派乃逐漸抬頭。

長州、土佐的尊攘派，與公卿協力，在朝廷占有勢力，與地方的同志呼應，倒幕的氣勢驟增。薩摩藩既然如此，較傾向於佐幕的土佐與肥前二藩，對長州藩當無同情之理。他們在「禁門之變」後，準備興師問罪，追究長州藩的責任。這是處於劣勢的幕府，力圖鞏

固幕府權力的最好機會，且有在法國支援下增強絕對主義政權的呼聲，於是籌劃第一次長州征伐。但各藩的財政並不充裕，無法呼應作大規模出兵。受命征伐長州總督德川慶勝，卻有盡可能不用武力迫使長州藩屈服之意。

處於危機的長州藩，保守派取代了攘夷派，掌握藩政，不戰而降幕府。攘夷派高杉晉作乃脫藩隱匿，木戶孝允則亡命不歸，激進派全部退出而暫持觀望。慘敗於列強艦隊，且向幕府投降的長州藩當政者，卻無解決危機的良策，於是又由激進派再度取得霸權。這是高杉晉作歸國及「諸隊」❷⁹的連繫與武裝蜂起的結果。

在薩摩藩方面，島津久光所主倡的「公武合體論」已遇到困境，以西鄉隆盛為首的倒幕激進派遂掌握了政治大權。西鄉隆盛為中心的勢力，主要是以中下級鄉士階層為主幹，他們大多是從窮困之中從事木棉、紙張等的生產，或經營菜種、茶葉等經濟作物的農業，對封建政治機構抱持批判的眼光，屬於具有鎌倉時代以來的傳統鄉士，但他們卻有發動百姓一揆的本領。

⒀倒幕運動

幕府對於英國偏袒薩摩藩與長州藩的動向頗有戒心，而愈益仰賴法國，法國的援助與日俱增❸⁰。法國公使羅淑亞(Léon Roches)，意欲將本國拿破崙三世政權的積極政策在日本實現，積極支援幕府，實行軍事、經濟的指導，以促進親法統一政權的確立。

---

❷⁹ 所謂諸隊乃是豪農、豪商乃至中農的一般庶民參加之下成立的騎兵隊，屬於龐雜的武力集團，結成於下關的砲轟列強軍艦事件時。此後在軍事訓練方面已累積豐富的經驗，很快收復了山口，逼進萩地方，一掃保守派的勢力。由於其不受「家格」拘束，著重自由才能的發揮，因此得以日益強大，甚至組織穢多（賤民）的「維新團」，極為活躍。

❸⁰ 在法國支援下，成立法式訓練與步槍裝備的步兵隊、騎兵隊、砲兵隊，以及九艘新式戰艦組成的「德川艦隊」。

　　當然幕府並非束手無策，仍然抱持一種絕對主義統一國家的目標。將軍德川慶喜所標榜的幕政改革實與明治政權所施行的改革如出一轍。不僅如此，對於再度成為激進派據點而標榜反幕氣勢的長州藩，亦思加以斷然的壓制。實際上很多藩已缺乏與長州藩交戰的意願，德川慶喜卻始終堅持此一主張，蓋恐加以放任，將使幕府的威令盡失。

　　長州與薩摩藩原處於對立，雙方的連繫不易，但在長州藩主導權再度轉入倒幕派之手，而幕府又再企圖征伐長州的情勢下，經土佐藩士坂本龍馬、中岡慎太郎等的斡旋，終於在1866年成立了「薩長軍事同盟」❸，不啻從尊王攘夷向尊王倒幕推進一大步。在薩摩與長州二藩主導下，推動以武力謀求以天皇為中心的政治統一，逐漸超越狹隘的鄉黨意識、諸藩的範圍，顯現出國家民族意識的覺醒。

　　支持幕府的雄藩逐漸與幕府離反。幕府則於同年夏天，命令全國大名組軍，再度征討長州。將軍且親赴大阪督戰，終因薩、長密約，以及其他各藩響應不力，連御三家、親藩亦拒絕協力，戰局對幕府軍不利。且在開戰前後，江戶和大阪等地發生大規模的農民一揆。類此動向對幕府形成威脅，旋即以將軍德川家茂在大阪病死為由停戰。第二次長州征伐完全失敗，幕府威信大喪。

　　長州藩的尊攘派因下關戰爭的失敗，已悟一味攘夷之非是，且判斷只要日本信守條約，列強不至於否認日本的政治體制，甚至認為與列強從事貿易有利，於是轉向倒幕派。薩摩藩亦因受過薩英戰爭失敗的教訓，積極推行開放港埠的進取政策和富國強兵政策，遂從公武合體轉為倒幕派。薩長兩藩遂從1865年起，殊途同歸，並駕齊驅，推行倒幕運動。可見對外政策的轉變繫於國際壓力，這也是

❸　約定於幕府第二次征伐長州之際的軍事支援等。實際上，二藩已透過歐洲軍火商，在購買槍砲與非法貿易（通商條約禁止江戶幕府之外的軍火承購）上有合作關係。

促成倒幕的主因。

執對日外交牛耳的英國，採取捨棄幕府，傾向於協助朝廷建立近代國家的外交方針，而與薩摩、長州藩等倒幕勢力接近。當時英國駐日公使何禮國(Sir R. Alcock)，對薩摩藩的貿易進取政策寄以很大的期望。彼以為諸藩攘夷的原因是對於幕府獨占貿易的反感而來，因此對於幕府於1864年開始加強統制橫濱的生絲貿易不滿，而不信任幕府。繼任的英使巴夏禮(H. S. Parkes)，認定幕府已無安定政治的能力，復為對抗法國與幕府的聯合，乃全力勸告開明的諸侯謀求日本的近代化，慫恿諸藩抗拒幕府的貿易壟斷政策，以擴展市場，並供應薩摩、長州二藩武器、船艦和技術。

英國既然對於幕府與長州藩的紛爭保持表面中立，實際袒護反幕派的態度，在幕府沒有外援就不能維持的情況下，此舉無異間接協助倒幕派。這是明治維新成功的原因之一。

但與英國對立的法國，卻協助幕府，以擴大其勢力。幕府內部有乞援法國，首先滅亡長州藩，再及於「天子及諸侯」，廢除封建制度，確立郡縣制度的意圖。但法國實已心有餘而力不足，幕府內部亦有反對論者，蓋恐依賴外國的援助，將促成民心之背離，此議遂寢。在此內政與外交的複雜關係之中，形成得到法國支持的幕府與取得英國支援的倒幕派雄藩之間的鬥爭。

此時，幕府隨著與西洋諸國之通商貿易盛行，屢次派遣使節、留學生到海外，積極建設陸海軍，並以開成所為中心，振興科學技術，開發新產業，起用人才，以圖充實國力。另一方面，尊攘派亦自1863年英國艦隊砲轟鹿兒島，翌年英美法荷四國聯合艦隊攻擊下關以來，知攘夷運動之輕率，乃轉而進行通商，吸取西洋文化，以取得優先地位。由此可見從封建權力蛻變為近代權力的萌芽，這亦可視之為傾向絕對主義權力者。但王政復古推動的統一國家之成立，才是具有絕對主義國家的性質。

三、江戶幕府的崩潰

(一)奉還大政

1866年，時局遽變，一橋慶喜繼任第十五代將軍，得到法國的援助，開始以幕府為中心，推行政治改革，以鞏固專制主義的中央集權國家體制。但為了征伐長州的善後，幕府與薩摩藩發生衝突❸❷。

適朝廷支持公武合體的孝明天皇崩逝❸❸，由年僅十四歲的皇太子睦仁踐祚(1867年)，是為明治天皇，公武合體的結合遂完全解體。這是代表具有強烈意志的公武合體派的天皇消失，而出現了對政治一無所知的幼小天皇。

堅持公武合體論的孝明天皇之死，使江戶幕府頓失去了維持殘局的重要依靠。朝廷內激進的倒幕派得勢，岩倉具視等倒幕派公卿與薩摩、長州勢力內外呼應。翌年(1867年)薩摩、長州加上安芸藩的三藩攻守同盟成立，著著進行倒幕的計劃，並獲得朝廷討幕的密旨，討幕勢力聲勢大振。這時法國因歐洲情勢的變化，改變其對日政策，不再支持幕府，以免導致與英國抗爭，幕府完全陷於孤立。

在幕府第二次征伐長州聲中，各地農村掀起了農民暴動，京都、大阪地方陷入混亂。在此情況下，眼見討幕軍結成的土佐藩，仍堅持公武合體的立場，倡導以德川氏為中心的封建聯邦制。藩士後藤象二郎與坂本龍馬圖謀由前藩主山內豐信勸告將軍慶喜，「奉還大政」以制倒幕派之機先。薩、長二藩的武力討幕遂又中止。

但在倒幕密敕下達的同時，德川慶喜省察時勢，於同年10月，接受土佐藩的建議，毅然奏請「奉還大政」。其實土佐藩的本意，不過是藉此以消弭倒幕派舉兵的藉口，為一種捨名求實的苦肉計。倒

---

❸❷　除了處分長州問題之外，懸而未決的兵庫開港敕許引起雙方爭論。

❸❸　以三十六歲之英年猝死(1866年)，而有被討幕強硬論者毒殺之說。

幕派洞燭機先，遂發動政變，於同年年底，在京都集結數萬兵力，由朝廷發布「王政復古」的號令，接受將軍的辭職與「奉還大政」，並廢止攝政、關白以及幕府機構，新設總裁、議定、參與等三職以代，萬機出於欽定。新政權遂歸諸於激進派的公卿與薩摩、長州、土佐三藩為中心的討幕派士族之手。

總之，德川幕府至此告終。自德川家康受命為將軍以來，凡二百六十五年，源賴朝開府鎌倉以來，長達六百七十六年的武家政治至此遂告結束。

綜觀上述，明治維新的原動力為當時數雄藩的下級武士。他們鑑於外患頻仍，幕政日非，倡導尊王攘夷論，聯合朝廷的公卿、諸藩的上層武士、富商與地主等，擴大陣線，造成形勢，迫使德川幕府知大勢已去，而不得不就範，結果導致不流血的革命──「奉還大政」。但本質上，這不能算是政權的和平轉移，蓋德川慶喜及佐幕派各藩，仍企圖抵抗，不願放棄其領邑，及至戊辰之役，佐幕勢力被剷除之後，才真正完成全國統一的局面，王政復古才得以落實。

㈡王政復古

德川慶喜之奉還政權，乃是幕府政治之衰微所導致的必然結果，但亦有制機先的投機打算。為此奉還大政後的政局仍以京都為中心，擾攘不安。

朝廷雖接受慶喜奉還政權之請，但實際上內部有岩倉具視的倒幕派與二條等佐幕派的對立，且無立即號令天下的準備與實力。於是在接納之後立即採取召開諸侯會議，以決定大事的方針。

其實，在「奉還大政」後，慶喜的實力依然存在，擁有廣大的領邑與相當的兵力，壓制諸藩實綽綽有餘。德川家與薩摩、長州為敵，如能奪回受制於倒幕派的天皇，則整個局勢將扭轉。事實上，薩摩與長州二藩的領導者對此亦最為戒懼，因此天皇成為雙方爭奪

的對象。

這時，在權謀術數的政治力，或民眾的把握上，透過深刻的政治體驗的薩摩、長州藩領導者顯然較居優勢，他們常能制機先而主宰全局。

倒幕派的目標乃在事態的根本解決，亦即迫使幕府不能再度獲得其原有的勢力與地位。「奉還大政」後，大久保利通、西鄉隆盛、木戶孝允等倒幕派中心勢力，說服了一部分滿足於「奉還大政」這一形式上勝利的勢力，並集結薩、長二藩的軍勢於京都、大阪，於1867年12月9日發動政變。此一政變，乃在排除德川家，確立天皇政權的宣言，實屬成功。

至此，將軍乃發出「辭官納地」㉞的聲明。舊權力的幕府雖日趨無力，卻仍保持其政治實體，維新政府雖有天皇政權的形式，但實質上毫無鞏固的基礎，而處於競爭態勢，只有依靠武力始能掌握政權。

佐幕派憤德川慶喜所受處分之不公，於1868年1月，發動鳥羽、伏見之戰㉟。倒幕軍乘勢東征，進軍江戶，德川慶喜急從海路返回江戶，制止部下的妄動。當時有識之士咸認新政伊始，應儘量避免不必要的殺伐，江戶始得免於戰禍。幕府陸軍總裁勝安房與官軍西鄉隆盛會談，結果得以不流血的開放江戶城。經過江戶城的和平讓渡，慶喜的處置㊱，佐幕派的零星反抗等過程㊲，不久擴及到佐幕

㉞ 辭退官位，歸還領邑。

㉟ 亦稱戊辰之役。幕府軍受倒幕軍之激，乃從鳥羽、伏見進軍，與薩摩、長州兩藩聯軍交戰。德川慶喜所率幕府軍人數裝備居優勢，但士氣低落，而慶喜亦無決戰之意志，雙方交戰僅四日，幕府軍即從大阪撤退。

㊱ 德川慶喜軟禁於水戶，德川氏被降為只領有靜岡地方七十萬石的大名。

㊲ 一部分幕臣組織彰義隊反抗，會津、庄內諸藩，亦繼續對抗官軍，但均被平定。

據點的東北諸藩的決定性戰爭❸。但東北諸藩的反抗，對薩摩、長州的指導者而言，毋寧是遂行新政的絕好機會。

倒幕軍有很多具有高度民族意志的豪農與當地商人。在「公武合體」或採取旁觀的諸藩之積極參加倒幕戰，實有賴這些人的崛起。不僅如此，都市的貧民與苦於生活的小農民的暴動，大都傾向於倒幕軍。在此情勢下，率領幕府海軍精銳的榎本武揚在北海道函館的抗戰，實際已毫無意義。榎本的軍隊雖有法國軍官的參謀指揮協助，但列強既已宣布局外中立，法國又無打破列強協調之意，此時支援幕府已為時已晚。

在各國局外中立之中，英國公使巴夏禮不願見到內亂導致日本市場的全面混亂，而居中調停。江戶不流血開城的背後，巴夏禮居功甚偉。

---

❸　東北的松平容保，始終希望維護德川家的勢力，動員了所有反對新政府的人，但已成強弩之末，不久盤據於北海道函館的海軍副總裁榎本武揚，亦告屈服。

三民大專用書書目——國父遺教

三民大專用書書目——歷史・地理

書名	作者	身分	譯者	機構
戰國風雲人物	惜秋	撰		
漢初風雲人物	惜秋	撰		
東漢風雲人物	惜秋	撰		
蜀漢風雲人物	惜秋	撰		
隋唐風雲人物	惜秋	撰		
宋初風雲人物	惜秋	撰		
民初風雲人物（上）、（下）	惜秋	撰		
中國文化史	杜正勝	主編		中央研究院
世界通史	王曾才	著		考試委員
西洋上古史	吳圳義	著		政治大學
羅馬人的故事Ⅰ ——羅馬不是一天造成的	塩野七生	著	徐幸娟 譯	
羅馬人的故事Ⅱ ——漢尼拔戰記	塩野七生	著	張惠君 譯	
羅馬人的故事Ⅲ ——勝者的迷思	塩野七生	著	林雪婷 譯	
羅馬人的故事Ⅳ ——凱撒時代（盧比孔之前）	塩野七生	著	李曼榕 李璧年 譯	
羅馬人的故事Ⅴ ——凱撒時代（盧比孔之後）	塩野七生	著	黃紅杏 譯	
羅馬人的故事Ⅵ ——羅馬和平	塩野七生	著	張麗君 譯	
我的朋友馬基維利	塩野七生	著	沈寶慶 譯	
馬基維利語錄	塩野七生	著	楊征美 譯	
世界近代史	李邁先	著		
世界現代史（上）、（下）	王曾才	著		考試委員
西洋現代史	李邁先	著		前臺灣大學
東歐諸國史	李邁先	著		前臺灣大學
英國史綱	許介鱗	著		臺灣大學
德意志帝國史話	郭恒鈺	著		柏林自由大學
法國史	吳圳義	著		政治大學
印度史	吳俊才	著		前政治大學
日本通史	林明德	著		臺灣師大
日本史	林明德	著		臺灣師大
日本信史的開始——問題初探	陶天翼	著		中央研究院
日本現代史	許介鱗	著		臺灣大學

三民大專用書書目——政治‧外交

書名	著者		服務單位
政治學	薩孟武	著	前臺灣大學
政治學	鄒文海	著	前政治大學
政治學	曹伯森	著	陸軍官校
政治學	呂亞力	著	臺灣大學
政治學	凌渝郎	著	美國法蘭克林學院
政治學概論	張金鑑	著	前政治大學
政治學概要	張金鑑	著	前政治大學
政治學概要	呂亞力	著	臺灣大學
政治學方法論	呂亞力	著	臺灣大學
政治理論與研究方法	易君博	著	政治大學
公共政策	朱志宏	著	臺灣大學
公共政策	曹俊漢	著	臺灣大學
公共關係	王德馨 俞成業	著	交通大學
中國社會政治史㈠～㈣	薩孟武	著	前臺灣大學
中國政治思想史	薩孟武	著	前臺灣大學
中國政治思想史（上）（中）（下）	張金鑑	著	前政治大學
西洋政治思想史	張金鑑	著	前政治大學
西洋政治思想史	薩孟武	著	前臺灣大學
佛洛姆（Erich Fromm）的政治思想	陳秀容	著	政治大學
中國政治制度史	張金鑑	著	前政治大學
比較主義	張亞澐	著	政治大學
比較監察制度	陶百川	著	國策顧問
歐洲各國政府	張金鑑	著	前政治大學
美國政府	張金鑑	著	前政治大學
地方自治	管歐	著	國策顧問
中國吏治制度史概要	張金鑑	著	前政治大學
國際關係 ——理論與實踐	朱張碧珠	著	臺灣大學
中國外交史	劉彥	著	
中美早期外交史	李定一	著	政治大學
現代西洋外交史	楊逢泰	著	政治大學
中國大陸研究	段家鋒 張煥卿 周玉山	主編	政治大學

三民大專用書書目——社會

書名	著者	服務機構
社會學（增訂版）	蔡文輝 著	印第安那州立大學
社會學	龍冠海 著	前臺灣大學
社會學	張華葆主編	東海大學
社會學理論	蔡文輝 著	印第安那州立大學
社會學理論	陳秉璋 著	政治大學
社會學概要	張曉春等著	臺灣大學
社會心理學	劉安彥 著	傑克遜州立大學
社會心理學	張華葆 著	東海大學
社會心理學	趙淑賢 著	
社會心理學理論	張華葆 著	東海大學
歷史社會學	張華葆 著	東海大學
鄉村社會學	蔡宏進 著	臺灣大學
人口教育	孫得雄編著	
社會階層	張華葆 著	東海大學
西洋社會思想史	龍冠海 著 張承漢	前臺灣大學
中國社會思想史（上）、（下）	張承漢 著	前臺灣大學
社會變遷（增訂新版）	蔡文輝 著	印第安那州立大學
社會政策與社會行政	陳國鈞 著	前中興大學
社會福利服務 ——理論與實踐	萬育維 著	陽明大學
社會福利行政	白秀雄 著	臺北市政府
老人福利	白秀雄 著	臺北市政府
社會工作	白秀雄 著	臺北市政府
社會工作管理 ——人群服務經營藝術	廖榮利 著	臺灣大學
社會工作概要	廖榮利 著	臺灣大學
團體工作：理論與技術	林萬億 著	臺灣大學
都市社會學理論與應用	龍冠海 著	前臺灣大學
社會科學概論	薩孟武 著	前臺灣大學
文化人類學	陳國鈞 著	前中興大學
一九九一文化評論	龔鵬程 編	中正大學

三民大專用書書目——心理學

書名	作者		服務單位
心理學（修訂版）	劉安彥	著	傑克遜州立大學
心理學	張春興 楊國樞	著	臺灣師大等
怎樣研究心理學	王書林	著	
人事心理學	黃天中	著	淡江大學
人事心理學	傅肅良	著	前中興大學
心理測驗（修訂版）	葉重新	著	臺中師院
青年心理學	劉安彥 陳英豪	著	傑克遜州立大學 省政府
人格心理學概要	賈馥茗	著	國策顧問
兒童發展心理學	莊稼嬰 默瑞·湯馬斯 汪欲仙	著	蒙特雷國際研究院

三民大專用書書目——美術

書名	作者		服務單位
廣告學	顏伯勤	著	輔仁大學
展示設計	黃世輝 吳瑞楓	著	
基本造形學	林書堯	著	臺灣藝術學院
色彩認識論	林書堯	著	臺灣藝術學院
造　形(一)	林銘泉	著	成功大學
造　形(二)	林振陽	著	成功大學
構　成(一)	林清田	編著	臺灣藝術學院
畢業製作	賴新喜	著	成功大學
設計圖法	林振陽	編著	成功大學
廣告設計	管倖生	著	成功大學
藝術概論（增訂新版）	陳瓊花	著	臺灣師大
藝術批評	姚一葦	著	前國立藝術學院
美術鑑賞（修訂版）	趙惠玲	著	臺灣師大
舞蹈欣賞	平珩	主編	國立藝術學院
戲劇欣賞——讀戲、看戲、談戲	黃美序	著	淡江大學

音樂欣賞（增訂新版）	陳 林	樹 谷	熙 芳	著	臺灣藝術學院
音樂欣賞	宮 芳	辰	編著	
音 樂	宋 允	鵬	著	
音 樂（上）、（下）	韋 林	瀚 聲	章 翁	著